OONA HORX STRATHERN

KINDNESS ECONOMY

DAS NEUE WIRTSCHAFTSWUNDER

Für meine wunderbaren »beings«,
Tristan und Julian

Wir übernehmen Verantwortung! Ökologisch und sozial!

- Verzicht auf Plastik: kein Einschweißen der Bücher in Folie
- Nachhaltige Produktion: Verwendung von Papier aus nachhaltig bewirtschafteten Wäldern, PEFC-zertifiziert
- Stärkung des Wirtschaftsstandorts Deutschland: Herstellung und Druck in Deutschland

OONA HORX STRATHERN

KINDNESS ECONOMY

DAS NEUE WIRTSCHAFTSWUNDER

AUS DEM ENGLISCHEN ÜBERSETZT VON AXEL WALTER

GABAL

Externe Links wurden bis zum Zeitpunkt der Drucklegung des Buches geprüft. Auf etwaige Änderungen zu einem späteren Zeitpunkt hat der Verlag keinen Einfluss. Eine Haftung des Verlags ist daher ausgeschlossen.

Ein Hinweis zu gendergerechter Sprache: Die Entscheidung, in welcher Form alle Geschlechter angesprochen werden, obliegt den jeweiligen Verfassenden.

Bibliografische Information der Deutschen Nationalbibliothek

Die Deutsche Nationalbibliothek verzeichnet diese Publikation in der Deutschen Nationalbibliografie; detaillierte bibliografische Daten sind im Internet über http://dnb.d-nb.de abrufbar.

ISBN 978-3-96739-150-3

Übersetzung: Axel Walter, Jena
Lektorat: Anja Hilgarth, Herzogenaurach
Umschlaggestaltung: Tina Mayer-Lockhoff, Berlin
Illustrationen: Julian Horx
Autorenfoto: Aria Sadr-Salek
Layout: Maureen Forys, Happenstance Type-O-Rama
Satz: Lohse Design, Heppenheim | www.lohse-design.de
Druck und Bindung: Salzland Druck, Staßfurt

Wir drucken in Deutschland.
www.gabal-verlag.de
www.gabal-magazin.de
www.facebook.com/Gabalbuecher
www.twitter.com/gabalbuecher
www.instagram.com/gabalbuecher

PEFC
PEFC/04-31-2251

PEFC zertifiziert
Dieses Produkt stammt aus nachhaltig bewirtschafteten Wäldern und kontrollierten Quellen.

www.pefc.de

INHALT

VORWORT VON MATTHIAS HORX

Gibt es eine *andere* Ökonomie? oder: Aufbruch ins Symbiozän

Existiert eine Alternative zum »Kapitalismus«? Diese Frage spielte in meiner Jugend eine wichtige, geradezu existenzielle Rolle. In meiner Universität tummelten sich ungefähr 20 marxistische Gruppen: Marxisten, Leninisten, Trotzkisten und alle ihre bizarren Abspaltungen, die sich auf irgendeinen ganz besonderen oberschlauen Theoretiker bezogen. Sie bekämpften sich wütend gegenseitig, bezichtigten sich unentwegt als Verräter, marschierten aber stets gemeinsam gegen den Kapitalismus.

Gott sei Dank hat es damals mit der Abschaffung des Kapitalismus nicht so ganz geklappt. Denn immer dann, wenn man den Kapitalismus abschaffte, kam sofort die nächste Diktatur, das nächste brutale Regime zum Vorschein. Bis heute ist das so, und es scheint nicht aufzuhören.

Irgendwann haben wir verstanden: Abschaffen alleine bringt nichts. Es ist sogar ziemlich dumm. Aber irgendwie ist die Sache mit dem »Kapitalismus« nie so ganz geklärt worden. Und heute wird sie wieder heiß diskutiert.

Ich setze »Kapitalismus« immer in Anführungsstriche, weil es sich um eine Worthülse handelt, mit der man Unheil anrichten kann. Was ist das eigentlich? Die »Herrschaft der Wallstreet«, wie es jetzt die ganz Linken und ganz Rechten im gleichen Tonfall herbeten? Die Börsenspekulation, die 2009 zur größten möglichen Bankenkrise führte? Die Tatsache, dass Mieten (auch mal) steigen? Der Eigentumsbegriff? Man kann sich fürchterlich in solche Reizworte hineinsteigern und dadurch die Sicht auf die Welt verengen. Sind die eher sanften Sozialstaaten des Europäischen Nordens »kapitalistisch«? Gibt es nicht auch so etwas wie eine ausgleichende, kreative Marktwirtschaft? Oder regiert überall nur der finstere »Neoliberalismus«, der sein blutiges Haupt immer wieder aufs Neue erhebt?

Ist Kapitalismus die Herrschaft der »bösen Ökonomie«? Und wie verhält sich beides in Richtung Zukunft?

Dieses Buch von Oona, meiner klugen und zukunftsgewandten Frau, stellt eine interessante These in den Raum der Möglichkeiten: Könnte, so fragt dieses Buch, eine Ökonomie auch *freundlich* sein? Auf menschlichen Begegnungen und Verbindungen basieren? Könnte Ökonomie eine Art *Evolution* durchlaufen, in der sie ihre innere Logik verändert?

Unmöglich, sagt die Phalanx derjenigen, die die Welt in ordentliche Kästen und Ideologien eingeteilt haben. Ökonomie muss immer kalt, starr, funktional, ausbeuterisch sein. Das ist ihr Wesen. Sie *muss* unterdrücken und ausbeuten und »ungerecht« sein, sonst gäbe es ja kein Wachstum und keinen Wohlstand …

Wie sagte der unlängst verstorbene weise Intellektuelle Hans-Magnus Enzensberger so schön?

»Geld allein macht nicht unglücklich.«

Wenn man mich fragen würde, was am meisten zu einer besseren Zukunft beitragen könnte, dann würde ich zwei Wörter wählen. Oder besser drei: Freundlichkeit, Zugeneigtheit, Respekt.

Alle drei Begriffe sind im englischen Begriff »Kindness« vereint; ich beneide meine Frau immer um ihre englische Muttersprache, wo Komplexes und Emotionales ungleich eleganter ausgedrückt werden kann.

Ist es nicht das, was uns in der überheizten, überreizten, digitalbeschleunigten, zur Atomisierung neigenden Erregungs-Gesellschaft unserer Tage am meisten fehlt? Was, wenn man so will, einer riesige Marktlücke, die auch eine Gesellschafts-Lücke ist? Zu-Neigung. Das Interesse am anderen. Die Kraft, und Kompetenz, sich miteinander zu beschäftigen, aufeinander zuzugehen, konstruktiv zu kooperieren, statt sich ständig anzuschreien …

»Märkte sind Konversationen«, lautete vor nahezu 20 Jahren, am Beginn der digitalen Umformung, der Titel des »Cluetrain«-Manifestes, ein von Digital-Idealisten veröffentlichter Zukunfts-Aufruf. Man sah damals im Potenzial des Digitalen eine neue humane Marktwirtschaft aufdämmern, in der Menschen, Kunden, Mitarbeiter neue emanzipative Rollen einnehmen würden. Seitdem hat es viele Desillusionen gegeben. Das Digitale hat Menschen weniger zusammengeführt als getrennt, es hat dem Turbo-Kapitalismus (lassen wir hier mal die Anführungsstriche weg) eher noch einen Turbo draufgesetzt.

Aber gleichzeitig ist in den letzten Jahren etwas geschehen, was wir weitgehend ignorieren. Oder erst in der Corona-Zeit langsam *erahnt* haben: Es verändert sich etwas Substanzielles in der Arbeitswelt, *von innen heraus*, in den Firmenkulturen. In den neuen, jüngeren und weniger männlich-weißen Führungsetagen. Neue Generationen stellen den »Old Deal« infrage, und zwar von unten und von oben. Die alten Arbeitsformen des Industrialismus, die geschlechtergetrennte Nine-to-five-Logik, bricht auf. In gewisser Weise vertauschen sich sogar die Machtpositionen im Herzen der Ökonomie: von Kapital zu Arbeit. Die wahre knappe Ressource der Zukunft ist die menschliche Arbeitskraft. Aber nicht mehr im Sinn funktionaler Einpassung in funktionsteilige Maschinen. Sondern als *Können und Wollen.*

Das, was man »Arbeitsethos« nennt, verändert sich von der reinen Leistungsbereitschaft zur Sinnforderung. »Was hat dieses Unternehmen mir zu bieten?«, heißt es heute. Statt »Wo bekomme ich noch einen Arbeitsplatz?«.

Im Zentrum dieser beginnenden Transformation steht die größte ökonomische, technologische, politische Herausforderung unserer Epoche: die »Blaue Revolution« – der Übergang von einer auf fossilen Rohstoffen und Ausbeutung der Ressourcen (auch der Humanressourcen) basierenden Wirtschaft zu einem Zivilisationsmodell des Ausgleichs.

Die Kindness-Ökonomie ist eine Wirtschaftsweise, in der das Verhältnis eines »Unternehmens« (ob klein, groß, Mittelständler oder Einzelunternehmer) zur Natur, zur Gesellschaft und zur Zukunft eine viel größere Rolle spielt als im alten industriell-fossilen Modell. Früher wurden gesellschaftliche Themen in den Hinterzimmern der Chefetagen besprochen. Heute gibt es keinen CEO mehr, der sich nicht zu den Ver-Antwortungen seines Unternehmens öffentlich verhalten muss. Wofür steht das Unternehmen? Was sind seine Werte? Was hat es vor, um Antworten auf die Gegenwartskrisen zu finden? Was sind seine Lösungsangebote?

Kindness-Ökonomie benennt eine Wirtschaftsweise, in der man den Kunden, oder Konsumenten, nicht nur als »Verbraucher« wahrnimmt. Sondern auch als Freund. Den man womöglich sogar kritisieren darf, ja muss. Indem man ihm zum Beispiel ein Produkt anbietet, das sinnvoller ist als das, was er gewohnt war. Nachhaltiger. Schöner nicht nur im Sinne der Verpackung. Intelligenter im Zukunfts-Kontext.

Man spürt genau, ob ein Unternehmen im Sinne dieser neuen Verantwortung tickt. Oder ob es nur trickst. Nebelkerzen verschießt. Aber dabei auf dem alten Prinzip des »Mehr um jeden billigeren Preis« (statt besser) beharrt. Mit anderen Worten: sich der Transformation, die längst begonnen hat, verweigert.

Unsere Aufgabe als Zukunftsforscher-Paar und Zukunfts-Familie sehen wir darin, Möglichkeitsräume zu eröffnen und zugänglich zu machen. Dabei geht es auch um Begriffe, die uns die Zukunft entschlüsseln können. Wir leben im Anthropozän. In der »Herrschaft des Menschen« über den Planeten. Oona hat für das Zeitalter, das dahinter auf uns wartet, den Begriff »Symbiozän« gefunden. Das Wort handelt von einem anderen Denken, Fühlen und Handeln. In Zusammenhängen statt Spaltungen. In Möglichkeiten statt »Problemen«. In Verbindungen und konstruktiver Zuversicht. Ein bisschen (irischer) Humor ist unerlässlich. Und eine ordentliche Portion Gelassenheit. Versuchen Sie es einmal. Es wirkt. Es geht ganz leicht. Man muss nur einfach damit anfangen.

WARUM EINE »KINDNESS ECONOMY«?

Zeit für ein neues Wirtschaftswunder

Die Zukunft ist kein Ort, zu dem wir gehen,
sondern eine IDEE in unserem heutigen Bewusstsein.
Etwas, das wir erschaffen und das uns dabei verwandelt.

STEPHEN GROSZ, *The Examined Life*[1]

Beginnen möchte ich mit einem Geständnis: Dieses Buch ist kein Buch über die Ökonomie, über die Wirtschaft im klassischen Sinne. Es geht auch nicht wirklich um *Kindness*, also um Freundlichkeit, Nettigkeit oder Ähnliches. Die *Kindness Economy* ist etwas ganz anderes. Hier gilt eine neue Währung, die sich auf das Wirtschaftsleben und unser Konsumverhalten, aber auch darauf auswirken wird, wie wir in unseren Häusern, unseren Gemeinschaften und unseren Städten leben und arbeiten werden. Die Idee zu diesem Buch entstand aus drei Gründen: Erstens, weil in Gesprächen über Ökonomie bislang kaum jemals von *Kindness* die Rede ist, und zweitens ist in Büchern über *Kindness* selten von der Ökonomie die Rede. Und drittens, und das ist mir der wichtigste Punkt, ist *Kindness* ein Begriff, eine Strategie, eine Bewegung, wovon wir in Zukunft mehr hören werden. Und weil *Kindness* auch im Deutschen schon ein Begriff ist, haben wir uns dazu entschieden, die zugehörigen Adjektive wie *kind, kinder* oder *unkind* (im weiteren Sinne von »freundlich« bzw. »freundlicher« oder »unfreundlich«) ebenfalls beizubehalten. Sie stehen hier im Buch immer *kursiv* und sind definitiv nicht mit dem deutschen »Kind« oder den »Kindern« zu verwechseln.

Was hat »Kindness« – Freundlichkeit in dem erwähnten erweiterten, vertieften Sinn – mit Wirtschaft zu tun? Kindness als Triebfeder einer neuen Ökonomie? Auf den ersten Blick scheinen das eher zwei Begriffe zu sein, die sich nur schwer vereinbaren lassen, ja sich fast schon ausschließen. Warum glaube ich daran, dass sich die Kindness Economy rasant verbreiten wird, und warum gerade jetzt? Ich bin keine Ökonomin (aber bitte: Hören Sie jetzt nicht auf zu lesen), und ich bin auch nicht *kinder* als die meisten Menschen, die ich kenne. Doch aus meiner dreißigjährigen Erfahrung als Trendanalystin und Zukunftsforscherin heraus sehe ich einen zunehmenden Trend hin zu einem neuen, umfassenden Konzept für die Wirtschaft, in dem Kindness – eine aufrechte Art der Zugewandtheit, des gegenseitigen Respekts – eine Basis darstellt, mit der wir auch weiterhin konsumieren und unserem Profitdenken frönen können, dabei aber mehr auf die Menschen und den Planeten achten. Das Ganze ist Teil unserer wirtschaftlichen Entwicklung von der reinen Industriegesellschaft hin zur postindustriellen, zur Dienstleistungs- und Wissensgesellschaft. Dabei geht es um den Übergang von einer rein profitorientierten zu einer wertebasierten Wirtschaft. Vom Wirtschaftswunder zum Wertschöpfungswunder.

Von den Surfern lernen

Wenn das alles ein wenig zu abstrakt, idealistisch oder sentimental klingt und Sie bereits leichte Skepsis überkommt, haben Sie bitte noch einen Moment Geduld. Und vertrauen Sie mir – aufgrund meiner Berufserfahrung und deshalb, weil ich eine Surferin bin. (Nun, ich gebe zu, dass ich erst spät zum Surfen kam, erst mit 55, und ich habe noch viel zu lernen.) Surfer und Trendanalysten haben viel gemeinsam: Wir greifen gern auf bestimmte Bilder und Analogien zurück: auf die Form, die eine Welle annimmt, auf den Rhythmus, in dem Wellen sich aufbauen, und auf den Wandel der

Gezeiten. Auch die Art und Weise, wie Surfer eine Welle reiten, ist eine leicht nachvollziehbare Metapher für ein Nachdenken über die Zukunft. Folgende Zeilen stammen von Wolfram Eilenberger:

Auf ihren scharf geschnittenen Brettern tauchen sie unter den kommenden Herausforderungen so lange geschmeidig hindurch, bis sie den idealen, nie exakt zu vermessenden Ort erreicht haben, um den höchsten und gewaltigsten Wellen ihrerseits den Rücken zuzuwenden – und diese in einer Kaskade wendiger Manöver technisch versiert auszutanzen. Wahrlich: Von den Surfern lernen hieße, selbst unsere Zukunft lieben lernen![2]

Leicht ist Surfen also wahrhaftig nicht. Aber es ist auch kein Zufall, dass einer der besten, inspirierendsten und erfolgreichsten Unternehmensführer in der Kindness-Ökonomie, wie Sie feststellen werden, ein versierter Surfer ist!

Die *unkind* Economy

Wenn Sie einen einfachen Grund dafür suchen, warum wir eine Kindness-Ökonomie brauchen, dann denken Sie nur an die vielen Beispiele für eine »unfreundliche« Economy, von denen wir täglich hören und lesen. Hören Sie Freunden und Verwandten zu, die in ihrem Job unglücklich sind oder deren Talent verschwendet wird. Lesen Sie Elon Musks Schreiben aus den Tagen seiner Twitter-Übernahme, in dem er vorschlug, all jene »gehen zu lassen« (d.h. zu feuern), die nicht bereit seien, lange und hart zu arbeiten. Natürlich könnte man (und würden Sie vielleicht auch) argumentieren, dass die Wirtschaft schon immer auf die eine oder andere Weise *unkind* war, wie die zahlreichen Wirtschaftstheorien, die sich mit den ökonomischen Vorgängen auf der Weltbühne befassen, das zur Genüge zeigen. Kindness, wie auch immer verpackt, ist kein Wort, das man im Zusammenhang mit dem klassischen Wertschöpfungsgeschäft je zu hören bekommt oder auch nur erwartet. Unternehmen wie Uber und Amazon sind in den letzten Jahren aus den falschen Gründen in die Schlagzeilen geraten – die Geschichten von ausgebeuteten, gestressten Arbeitern sprechen für sich (und ganz zufällig auch für einen ausgebeuteten, gestressten Planeten). Ist es wirklich so verwunderlich, dass diese Unternehmen nun darum kämpfen, ihre Mitarbeiter zu halten, neue Talente anzuwerben, und es in einigen Fällen nicht schaffen, ihre Gewinne zu steigern oder auch nur zu behaupten? Kindness ist schlichtweg nicht Teil der DNA dieser Unternehmen, noch spielt sie im Denken ihrer Direktoren und Eigentümer irgendeine größere Rolle. Und auch wenn sie viel vom »Wert« ihrer Unternehmen sprechen, wird es im Geschäftsleben – wie wir sehen werden – künftig nicht einfach nur um Wert, also Gewinne gehen, sondern um Wert und Werte. Wir werden vom traditionellen Denken in Wertschöpfungsketten zu einer Logik des Wertschätzungskreislaufs und von der Effizienz zur Effektivität übergehen.

Die Trend-Gegentrend-Dynamik

Warum also jetzt? Aus meiner Sicht als Trend- und Zukunftsexpertin handelt es sich dabei um eine logische Entwicklung in der sogenannten Trend-Gegentrend-Dynamik. Das hört sich komplizierter an, als es ist. Einfach ausgedrückt rufen viele (wenn nicht sogar die meisten) Trends eine Art Gegentrend hervor. Ein Trend mag groß sein oder auch klein, doch weil jeder Trend faktisch eine Veränderung oder einen Umbruch (positiv oder negativ) in der Wirtschaft oder in der Gesellschaft darstellt, wird er einen gegenläufigen Trend oder eine neue Gegenbewegung auslösen. Es ist eine echogleiche Kraft, die groß und mächtig sein kann. Denken Sie etwa an das aktuelle Festhalten an allen möglichen analogen Dingen als Gegentrend zum großen Trend zur Digitalisierung. Oder an die Regionalisierung bzw. Lokalisierung als Gegentrend zur Globalisierung. Sie wissen, worauf ich hinauswill, oder? Mein Mann, Matthias Horx, sagt in dem Zusammenhang: »Megatrends machen nur Sinn, wenn wir sie als komplexe evolutionäre Prozesse verstehen, die sich laufend verändern, so wie sich große Flüsse den Landschaften und Klimaveränderungen anpassen.«

Im nächsten Stadium des eigentümlichen Entwicklungsprozesses zur Trendanpassung passiert dann das Magische: Die Dynamik von Trend und Gegentrend bringt ihrerseits wiederum neuartige Verschmelzungen oder Kombinationen von Trends hervor, die wir, wer hätte das gedacht, als »Synthesen« bezeichnen (siehe Abbildung unten).

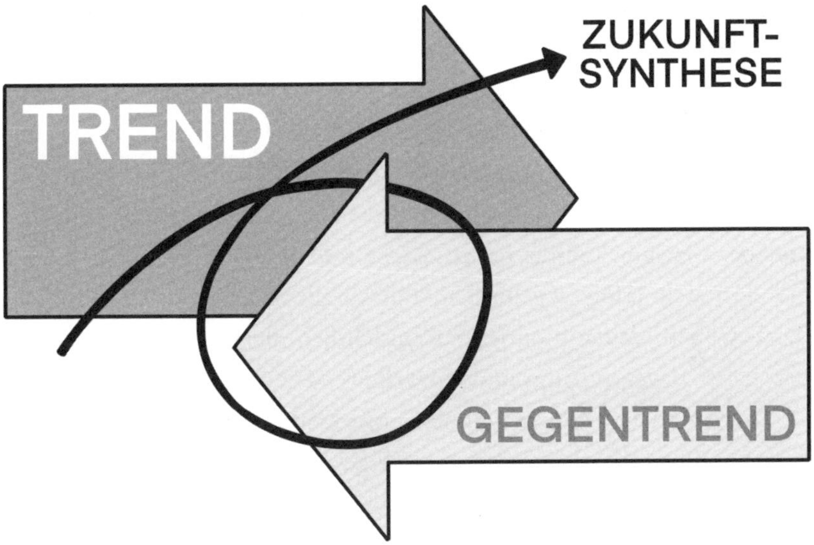

An dieser Stelle nun können wir beginnen, die scheinbar paradoxe Idee der Kindness Economy nachzuvollziehen. In dem zuvor angeführten Beispiel des Trends zur Globalisierung und des Gegentrends zur Lokalisierung erleben wir also jetzt einen Trend zur »Glokalisierung« (der gleichzeitigen Befriedigung lokaler wie globaler Bedürfnisse). Und da ein neuer Trend immer auch einen Vorwand liefert, um ein neues Modewort zu erfinden, bezeichnen wir die Synthese aus Digitalisierungs- und Analogtrend als »omline« (wo es darum geht, ein meditativ »om«-artiges Gleichgewicht zwischen unserem Online- und Offline-Leben zu finden). An dieser Stelle gebe ich offen zu, dass ich Verfechterin des »Flexitarismus«-Trends bin – die meisten Tage der Woche bin ich ohne Zweifel und entschieden Vegetarierin, an ein oder zwei Tagen aber kann ich auch »flexibel« sein und Fleisch essen (nur das Fleisch von den glücklichen Kühen eines befreundeten Bauern, der noch dazu Neurologe ist). Man könnte argumentieren, dass man damit die Behauptung, Vegetarier zu sein, ins Lächerliche zieht, doch wie bei vielen Resultaten der Trend-Gegentrend-Dynamik handelt es sich auch hier um eine Optimierungsstrategie.

Diese seltsame neue Landschaft (einschließlich des Vokabulars, das auf ihrer Grundlage entsteht) bildet im Wesentlichen eine neue Rahmenstruktur für die Wirtschaft. Und das bringt uns zurück zur Entstehung der Kindness-Ökonomie. Über Jahre hinweg hat uns in erster Linie eine äußerst erfolgreiche, auf Wertschöpfungsketten basierende Wirtschaft vorangebracht. In dieser linearen Logik gilt: Mehr ist besser, größer ist besser, und der Gewinn kommt immer zuerst und hoffentlich schnell. Dieser Trend ist nicht erfolglos geblieben, und wir alle haben in vielerlei Hinsicht (buchstäblich) davon profitiert. Offensichtlich nicht immer davon profitiert haben dagegen Natur und Umwelt.

Der Grundlogik von Trend und Gegentrend folgend, hat der durch die Wertschöpfungsökonomie und ihren Siegeszug befeuerte Trend zum Konsum viele unterschiedlich geartete Gegentrends angestoßen, von der großen ökologischen Bewegung, die in den 1960er-Jahren ihren Anfang nahm, über Fridays for Future in jüngerer Zeit bis hin zu solchen Dingen wie dem Minimalismus und dem »ZeroWaste«-Trend. Der Gegentrend zum hemmungslosen Konsum besteht im Weniger-Konsumieren und Weniger-Produzieren. Doch auch wenn es Menschen gibt, die froh, ja glücklich sind, wenn sie ihren ökologischen und ökonomischen Fußabdruck durch ihren Lebensstil verringern können, hat sich dieser Trend nicht durchgesetzt, schon gar nicht außerhalb der Industrieländer.

Man könnte denken, die Lage sei ziemlich hoffnungslos. Die Lösung aber liegt auch hier wieder in einer Synthese oder Verschmelzung der beiden Trends – in der Kindness-Ökonomie –, die sagt, dass wir die Kehrtwende schaffen können. Statt zuerst an den Profit zu denken, dann an die Menschen und irgendwann vielleicht auch an den Planeten, sollten wir umdenken. Halten wir uns an den Rat von Mary Portas, einer britischen Kommunikationsberaterin, die den Begriff *kindness economy* zuerst aufgebracht hat: Denken wir an die Menschen, denken wir an den Planeten und denken wir auch an den Profit. Und zwar in dieser Reihenfolge.[3]

»Kindwashing«

Unternehmen, die sich *kind* verhalten, belassen es nicht bei den üblichen arbeitnehmerfreundlichen Angeboten wie hier und da einem freien Tag, einem niedlichen Therapiehund, der im Büro seine Runden dreht, oder einer vernünftigen Espressomaschine und dazu einem kostenlosen Barista-Lehrgang. Genauso, wie wir gelernt haben, Unternehmen, die *Greenwashing* betreiben, auf die Spur zu kommen (das sind Unternehmen, die zwar Nachhaltigkeit versprechen, diese aber nie umsetzen), genau so müssen wir auch lernen, die Entsprechung dazu innerhalb der Kindness-Ökonomie zu erkennen – das, was ich als *Kindwashing* bezeichne.

Bei dieser Verschiebung von der Wertkette zur Wertekette geht es nicht darum, allem nachzujagen, was Geld wert ist, sondern darum, neue Werte hinzuzufügen. Die Frage ist: Welche, und wie weit gehen diese Werte? Sind sie echt und nachhaltig (ökonomisch und ökologisch) oder nur ein bisschen symbolisches Kindwashing, um von weniger freundlichen Praktiken abzulenken? Wird zum Beispiel Metas *Threads* wirklich auf Kindness basieren, wie Mark Zuckerberg behauptete, als er die Markteinführung seines Kurznachrichtendienstes als Konkurrenz zu Twitter im Juli 2023 ankündigte? Bei der Kindness Economy geht es in Wirklichkeit um eine ganze Kindness-Kultur, und mein Ziel ist es, anhand von Beispielen aufzuzeigen, wie sie verstanden, gepflegt und vor allem auch so gefördert werden kann, dass sie profitabel und erstrebenswert ist – das heißt, wie die Kindness Economy neue Talente und Investitionen anziehen kann. Wenn Unternehmen neben wirtschaftlichem Erfolg auch soziale und ökologische Wirkung erzielen wollen, kann daraus etwas noch viel Größeres erwachsen. Die Kindness-Ökonomie hat das Potenzial, unser Leben in allen seinen

Aspekten zu umfassen und zu bereichern. Dabei sollte es nicht nur darum gehen, was wir kaufen oder in was wir investieren, sondern auch darum, wo wir leben und wie wir leben. Es geht um unsere Häuser, um unsere Gemeinden und unsere Städte. Es geht darum, wie wir arbeiten, für wen wir arbeiten und sogar, warum wir arbeiten.

Entscheidende Momente

»Aber«, so werden Sie vielleicht fragen, *»warum jetzt?«* Wir befinden uns in einer Situation, die Adam Tooze, ein Historiker, der sich mit Wirtschaftskatastrophen befasst, als »Polykrise« bezeichnet. Die Rede ist dabei von einem großen Durcheinander zusammenhängender Probleme, das sich größer (und gefährlicher) anfühlt als die Summe seiner Teile.[4] Als wären Krieg, steigende CO_2-Werte und die Angst vor einem nuklearen Winter nicht schon genug, hat sich auch noch eine neue Verdrossenheit über den klassischen Kapitalismus breitgemacht, von der mittlerweile sogar die konservativsten Medien und Unternehmen befallen wurden. Selbst der gute alte Marxismus erlebt gerade ein Comeback. *Karl Marx' Ecosocialism* von Kohei Saito, einem (zumindest im Westen) bisher relativ unbekannten japanischen Professor, hat sich überraschend zu einem weltweiten Bestseller entwickelt. Könnte das auch damit zu tun haben, dass wir uns gern der Vorstellung hingeben, die Technologie sei imstande, alle unsere Probleme zu lösen? Dass es einfacher ist, die Technologie zu ändern als unser Verhalten? Wie David Sax schrieb, »verliert das Versprechen, das sich mit einer digitalen Zukunft verbindet, für uns nichts von seiner berauschenden Wirkung. Denn anstatt sich mit der Komplexität der menschlichen Realität und den Lektionen der Geschichte herumzuschlagen, lenkt es die Erwartung auf einen Neuanfang, genau wie irgend so eine Kolonie auf dem Mars, von der Elon Musk nach einem harten Tag in den Twitter-Minen fantasiert.«[5] Oder ist es die Erkenntnis, dass wir uns dank solcher Bewegungen wie Fridays for Future der ökologischen Herausforderungen, vor denen unsere Kinder und Enkel stehen, stärker bewusst sind? Oder vielleicht dank des Aufstiegs von Frauen in der Arbeits- und Geschäftswelt?

»Es gibt etwas in der Geschichte«, so sagte einmal der Philosoph Gershom Scholem, »das man *plastic hours* nennen könnte.« Darunter verstand er die entscheidenden Momente, in denen sich wirklich etwas ändern lässt. Bewegt man sich in solchen Momenten, so geschieht etwas. Aber, und darauf kommt es an, es geschieht nichts, wenn man sich nicht in seinem Denken bewegt. In diesen besonderen Momenten werden das kollektive Empfinden und die soziale Ordnung von einer plötzlichen Bewegung erfasst, Stillstand weicht der Veränderung und die Menschen können Hoffnung fassen. »Plastic hours« sind selten und werden meist durch eine Krise ausgelöst. Neben den gut belegten und wechselnden ökologischen und wirtschaftlichen Herausforderungen sehen wir uns auch mit einem enormen, bisher nie dagewesenen Ausmaß an Ernüchterung unter den Arbeitskräften, an gesellschaftlicher Unzufriedenheit und an Einsamkeit konfrontiert. In dieser Situation ist die in der Wirtschaft jahrzehntelang betriebene Strategie, alles dem Profit unterzuordnen und sich um die Menschen oder den Planeten »einen Dreck zu scheren«, nicht mehr länger tragbar. Es ist an der Zeit, endlich Verantwortung zu übernehmen und, wie Mary Portas sagt, »to give a fuck about the future«.

Ein Ja zur Zukunft

Ich möchte mit diesem Buch erreichen, dass wir uns für die Zukunft engagieren. Uns Gedanken machen, uns hinterfragen. Sollte Ihnen die Idee einer Kindness Economy etwas weichgespült oder langweilig, harmlos oder auch unmöglich vorkommen, so überlegen Sie noch mal. Kindness hat viele Seiten und birgt viel Potenzial. Sie kann durchaus grausam sein, sie kann ein Ärgernis darstellen, sie kann seltsam sein, sie kann sogar überraschend sein (das zeige ich Ihnen im nächsten Kapitel). Vor allem aber sollte man sie nicht unterschätzen. In diesem Buch stelle ich Ihnen symbolträchtige und bewegende Beispiele von Unternehmen und Menschen vor, die den Weg vorgeben, den es zu beschreiten gilt. Ein Anspruch auf Vollständigkeit oder gar Endgültigkeit verbindet sich damit nicht. Diese Menschen und Unternehmen sind nicht das Nonplusultra. Es sind auch nicht alles Heilige oder Heilsbringer, die von jedem Makel frei wären. Zudem bilden sie (noch) nicht die Mehrheit, doch sie alle gehen mit gutem Beispiel voran und weisen den Weg zu einer anderen Art des Wirtschaftens.

Sie lernen auch die Menschen hinter den Unternehmen kennen. Denn sie sind es, die die nächste Generation von Unternehmern, Entwicklern und Stadtplanern inspirieren werden, die ihrerseits wiederum aus den Fehlern ihrer Vorgänger lernen, sich von ihrem Vermächtnis leiten lassen und hoffentlich in ihre Fußstapfen treten werden (oder auf ihren Wellen reiten, falls sie Surfer sind!). Ich für meinen Teil möchte Sie – sei es als Verbraucher, als Arbeitnehmer oder Arbeitgeber oder als Führungskraft – dazu anregen, anders zu denken und anders zu handeln. Außerdem hoffe ich, dass das Buch seinen Teil dazu beiträgt, in einer von Zynismus und Pessimismus geprägten Zeit Zuversicht zu verbreiten. Es handelt von Strategien für eine bessere Gesellschaft, für erfüllende Arbeitsplätze, freundlichere Städte und eine bessere Lebensqualität für uns alle. Kindness wird eine starke Kraft zur Veränderung sein, während wir uns gleichzeitig auf die Suche machen, um in unserer Arbeit, in unserem Leben sowie für unsere Zukunft Sinn zu finden.

Gina Miller, Geschäftsfrau und politische Aktivistin, ist überzeugt, wie sie Mary Portas gegenüber sagte, »dass wir an einem Punkt angelangt sind, wo wir uns entscheiden müssen, welchen Weg wir gehen wollen. Den, auf dem wir aufgeben und die Menschen glauben, dass es keine Hoffnung gibt, dass das System versagt, dass wir in kaputten Ländern und kaputten Gesellschaften leben. Oder den, der besagt, dass wir den Samen für eine andere Zukunft legen können, wenn wir uns verbinden und als ein Bewusstseinsstrom zusammenfinden. Wir können der Hoffnung wirklich Nahrung geben und die Zukunft mit neuem Leben erfüllen.«[6]

Nicht zuletzt ist mein Ziel dabei das gleiche, das auch der österreichisch-amerikanische Psychologe und Philosoph Paul Watzlawick verfolgte. In der Einleitung zu seinem Buch *Wie wirklich ist die Wirklichkeit* heißt es:

Es ist die unverblümte Absicht dieses Buches, unterhaltend zu sein und dem Leser in anekdotischer Form gewisse willkürlich ausgewählte Gebiete […] vorzulegen, die ungewöhnlich, merkwürdig und vielleicht sogar unglaublich sind […] Dem Pedanten mag diese Form der Darstellung oberflächlich und unwissenschaftlich erscheinen, doch sollte er sich vor Augen halten, dass es zwei Formen wissenschaftlicher Erklärung gibt. Die eine beginnt mit der Formulierung einer These und führt dann den Nachweis ihrer Gültigkeit für das Verständnis von Erfahrungstatsachen. Die andere besteht im Vorlegen einer großen Zahl von Beispielen aus verschiedensten Gebieten und versucht, auf diese praktische Weise aufzuzeigen, welche Struktur diesen scheinbar ganz verschiedenen Beispielen gemeinsam ist und welche Schlussfolgerungen sich daraus ziehen lassen. Bei den beiden Methoden fällt dem Gebrauch von Beispielen also sehr verschiedene Bedeutung zu. In der ersten müssen die Beispiele Beweiskraft haben. In der zweiten ist ihre Rolle die von Analogien, Metaphern und Veranschaulichungen – sie sollen beschreiben, in leichter verständlicher Sprache übersetzen, doch nicht notwendigerweise auch beweisen.

Ich werde in diesem Buch beiden Methoden folgen. Und halte es mit Watzlawick, der sagte: »Ich hoffe, es dem Leser dadurch zu ermöglichen, an die komplexen Probleme der Wirklichkeitsauffassung sozusagen durch die Hintertür heranzukommen. Die hier folgenden Ausführungen setzen weder ein Verständnis von Formeln noch von abstrakter Theorie voraus.«[7]

1

KINDS OF KINDNESS

Kindness – nicht nur zuckersüß

Wenn der Leser – wie ich – eine Gesellschaft aufbauen möchte, in der die Einzelnen großzügig und selbstlos zugunsten eines gemeinsamen Wohlergehens zusammenarbeiten, kann er wenig Hilfe von der biologischen Natur erwarten. Lasst uns versuchen, Großzügigkeit und Selbstlosigkeit zu lehren, denn wir sind egoistisch geboren.

RICHARD DAWKINS[8]

Kindness ist eine viel komplexere und auch verzwicktere Sache, als man meinen könnte. Denn *kind* muss nicht immer rein positiv sein. Es ist eine jener tückischen Eigenschaften oder Handlungen, die zunächst völlig harmlos wirken, bei näherer Betrachtung aber nicht nur durchaus strittig, sondern auch komplex und überraschend sein können. Zwar sollten wir uns alle um eine freundlichere Gesellschaft und Wirtschaft bemühen, gleichzeitig aber gilt es sich auch vor den daraus resultierenden Fallstricken und Problemen in Acht zu nehmen. In der Definition von *kindness* zeigt jedoch selbst das Wörterbuch Schwächen, da es eine ganze Reihe von Bedeutungen ausblendet. Offiziell definiert das Cambridge Dictionary *kindness* als »die Eigenschaft, großzügig, hilfsbereit und liebevoll gegenüber anderen Menschen zu sein, oder eine Handlung, die diese

Eigenschaft aufweist«[9]. Interessanterweise nennt so gut wie keine Definition *kindness* im Zusammenhang mit einer profitorientierten Tätigkeit, und so entstand die Idee für dieses Buch.

Aber lassen Sie uns zunächst über die ursprüngliche Bedeutung von Kindness nachdenken. Wenn wir uns ihren evolutionären Zweck genauer ansehen und in dem Zusammenhang auch unsere eigenen Vorurteile und Motivationen überprüfen, dann treten andere Facetten zutage und tauchen andere Fragen auf. Instinktiv verbinden wir Kindness mit Attributen wie »großzügig«, »freundlich«, »nett«, »unschuldig« und »einfühlsam«. Auf der anderen Seite verbinden wir Kindness nicht selten mit einem Hauch von Pathos, ordnen sie als kitschig und etwas langweilig ein oder halten sie – noch schlimmer – für etwas, das leicht dementen alten Menschen oder Frauen zugeschrieben wird. Das mag jetzt etwas hart klingen, aber es soll verdeutlichen, dass Kindness nicht nur die eine zuckersüße Bedeutung hat: Bei näherer Betrachtung finden wir nicht nur ihre gute, sondern auch ihre schlechte und sogar hässliche Seite. Sie kann, wie wir noch sehen werden, langweilig, grausam, lächerlich und sogar egoistisch sein. Als ich über die Bedeutung der Worte *kind* und *kindness* nachzudenken begann, bemerkte ich nicht nur, dass das wirtschaftliche Element dabei fehlte, sondern ich stellte auch fest, dass es viele verschiedene widersprüchliche Interpretationen und Verwendungen gibt, die vielleicht mit dem Alter, der Persönlichkeit, der Erziehung oder (wie wir sehen werden) mit den Hormonen zu tun haben!

Die irgendwie nette Kindness

Es gibt ein Wort, das häufig verwendet wird, wenn Menschen etwas nicht mögen (meist, wenn ein neues Rezept ausprobiert wurde), aber niemanden verletzen wollen. Sie sagen, etwas sei »interessant«, in der Hoffnung, mit einer Notlüge davonzukommen. In ähnlicher Weise, erinnere ich mich, wurde in meiner Jugendzeit das Wort *nett [kind]* in anderer als der ursprünglichen Bedeutung verwendet. Das war in der schrecklichen hormonellen Phase, als ich anfing, Jungs zu mögen, und alles ein bisschen verwirrend und widersprüchlich fand, wenn es darum ging, welche Merkmale als attraktiv galten. Auf dem Schulhof standen wir Mädchen oft kichernd zusammen und nahmen potenzielle Verehrer und ihre Eigenschaften nach Strich und Faden auseinander. »Er scheint wirklich ganz nett zu sein« wurde nie als großartiges Kompliment angesehen, oder wenn man es doch so empfand, dann behielt man es für sich. Stattdessen fühlten wir uns einvernehmlich und schlimmerweise eher zu den bösen Jungs hingezogen, die uns einfach aufregender und verlockender erschienen. Ich führte das auf die Hormone zurück. Bei den Jungs war es das Gleiche. Auch sie waren eindeutig nicht an *netten,* ruhigen Mädchen wie mir interessiert. Sie waren auf jemanden und etwas aus, das mehr Spaß versprach. Auch das schob ich auf die lästigen Teenagerhormone. Wie eine zugegebenermaßen nicht wissenschaftliche Umfrage unter meinen inzwischen erwachsenen Freunden (männlichen wie weiblichen) ergab, handelte es sich dabei um eine zum Glück kurze, eher hässliche Phase in der Entwicklung all unserer Wünsche und Beziehungen, und viele, wenn nicht alle, haben später wunderbar *nette* und liebevolle Partner gefunden. Auch ich habe in der Zwischenzeit einen wunderbaren *netten* Mann geheiratet. Und ziehe heute jedes Mal die Augenbrauen hoch, wenn jemand das Wort *nett* in leicht ironischer, schräger oder zynischer Weise verwendet.

Die nicht wirklich nette Kindness

Im Grunde unseres Herzens würden wir gerne glauben, dass alles, was man aus Kindness tut, auch immer gut gemeint ist. Interessanterweise ist das aber nicht immer der Fall. Kindness kann Ausdruck von Egoismus oder einer nicht altruistischen Haltung sein, und zwar selbst dann, wenn wir versuchen, unseren Freunden, Kunden, Mitarbeitern oder dem Gesprächspartner zu vermitteln, dass unsere Absichten rein und gut sind. Nehmen wir etwa folgendes, auf den ersten Blick ganz unschuldig wirkendes Szenario: Eine ältere weißhaarige Dame sitzt in einem Einkaufszentrum an einem Tisch. Sichtlich müde vom Einkaufen, ruht sie sich bei einer Tasse Kaffee aus, als sie von einem jungen Mann angesprochen wird, der unbeholfen einen kleinen Blumenstrauß umklammert. Er beugt sich zu ihr hinunter und fragt, ob sie die Blumen einen Moment halten könne, er wolle nur eben seine Jacke aus seinem Rucksack holen. Nachdem er sich demonstrativ die Jacke angezogen hat, dreht er sich zu der Frau um, wünscht ihr noch einen schönen Tag und geht davon. Während sie perplex mit dem Strauß in der Hand zurückbleibt, zeichnet sich auf dem Gesicht des jungen Mannes beim Weggehen ein schmales selbstzufriedenes Lächeln ab. Diese Szene wurde von dem jungen Mann selbst, Harrison Pawluk, auf TikTok gepostet und mit der Bildunterschrift versehen: »Ich hoffe, das hat ihr den Tag versüßt.«

Wie nett, denkt man zunächst. Dann aber schaut man sich das Gesicht der Dame genauer an. Sie sieht nicht nur ratlos aus (was verständlich ist), sondern sie scheint zu seufzen, wirkt irritiert, vor allem aber erkennt man auf ihrem Gesicht weder einen Ausdruck der Dankbarkeit noch der Freude. Sie versuchte sogar, Pawluks Team die Blumen zu geben, als sie bemerkte, dass sie die Szene filmten. Manche würden darin vielleicht eine unfreundliche, undankbare Reaktion sehen, wie sie für eine mürrische alte Frau typisch ist. Es bestätigte sich, dass Maree, so wird die Dame genannt, alles andere als glücklich über die Aktion war. Und das aus gutem Grund. Gegenüber australischen Fernsehreportern, die sie aufgespürt hatten, machte sie keinen Hehl daraus, dass sie sich vorgeführt vorkomme, nur damit Pawluk Klicks auf sein Video im Internet erhalte: »Er hat mich bei meiner Pause gestört. Er hat ohne meine Zustimmung ein Video aufgenommen, es hochgeladen und etwas daraus gemacht, was es nicht war. [...] Ich glaube, dass er ziemlich viel Geld damit verdient.«[10] Sie wollte nicht bemitleidet werden, sie wollte die Blumen nicht, und sie schien es auch nicht nötig zu haben, dass man ihr den Tag »versüßte«, wie Pawluk glaubte annehmen zu dürfen. Wäre sie ein gelangweilt aussehender Mann mittleren Alters gewesen, hätte er sich nicht zu dieser Annahme verstiegen und ihn angesprochen. Aber dann wäre sein Video vielleicht auch nicht 50 Millionen Mal aufgerufen worden.

Solche Videos sind Teil des Trends zu sogenannten *random acts of kindness,* frei übersetzt »spontanen Nettigkeiten«, die in den sozialen Medien zu Tausenden gepostet und repostet werden und sich rasend schnell verbreiten. Es gibt sogar eine Stiftung und eine Webseite, die sich ausschließlich mit solchen dem Zufall entsprungenen Handlungen aus Kindness befassen (randomactsofkindness.org/). Die aufgelisteten »Taten«, wie etwa, in einem überfüllten Bus jemandem einen Sitzplatz anzubieten, würde ich dabei schlicht als gute Manieren bezeichnen. In einer idealen Welt würde man sie als normales Verhalten betrachten und sonst nichts. Eine der oft zitierten und gut gemeinten Ideen hinter den »guten Taten« ist dabei diese: Wenn einem Freundlichkeit widerfährt, dann sollte man im Gegenzug selbst wiederum etwas Freundliches für jemand anderen tun. Und so weiter. Würde das wirklich funktionieren, würde ich nach den Gesetzen der Mathematik erwarten, dass in der nächsten Generation jeder jeden Tag von Hunderten *random acts of kindness* überschwemmt wird.

Viele dieser Handlungen reduzieren Kindness dabei einfach auf ein Meme, das nur dann wirklich etwas wert ist, wenn es gefilmt und veröffentlicht wird. Stille Akte der Freundlichkeit bekommen eine schlechte Presse – oder, besser gesagt, gar keine. Sieht man einmal von einigen besonders peinlichen, egoistischen TikTok-Stars ab, die das Prinzip Kindness in Verruf bringen, sind die Absichten der meisten *random acts of kindness*-Aktivisten – oder RAKtivisten, wie sie sich selbst nennen – zwar wohl größtenteils positiv und durch die Bank absolut gut gemeint. Dennoch habe ich viele dieser »acts« im Verdacht, dass sie der Arbeit an einer echten, effektiven Kindness-Ökonomie für alle eher im Weg stehen oder von ihr ablenken.

Die grausame Kindness

Die Wendung *cruel to be kind*, im Sinne von »gemein oder gar grausam sein, um Gutes zu bewirken«, ist eine dieser schrecklichen »Weisheiten«, die wir viel zu oft und in den seltsamsten Situationen von uns geben. So könnte man sie etwa verwenden – um eines der banaleren Beispiele anzuführen –, wenn es darum geht, jemanden davon abzuhalten, noch eine Tafel Schokolade oder einen großen fettigen Donut zu essen, weil es zu seinem eigenen Besten sei. Oder, schon komplexer, verwenden sie manche, um zu rechtfertigen, dass sie drogenabhängigen oder alkoholkranken Bettlern auf der Straße kein Geld geben, weil sie ihnen so helfen, ihre Abhängigkeit zu überwinden. Auch meine eigenen Versuche, aus Kindness heraus hart zu sein, sind nach hinten losgegangen. Ich bin mit Eltern aufgewachsen, die sich eine Zigarette nach der anderen ansteckten. Bei meinen gelegentlichen Auslandsreisen mit Freunden oder mit der Schule kamen sie immer mit der Bitte auf mich zu, ihnen ein paar Schachteln billiger zollfreier Kippen mitzubringen. Als Teenager habe ich es gehasst, wenn sie rauchten, und mich auf ziemlich hochtrabende Weise moralisch ins Zeug gelegt und geweigert, als Zigarettenschmugglerin aktiv zu werden. Dabei ging es mir nicht darum, dass es illegal war (was es eindeutig war), sondern darum, dass sie weniger rauchen sollten. Vermutlich habe ich damit am Ende mehr mir geschadet als ihnen. Nicht nur, dass sie einige Tage lang sehr mürrisch waren, sie rauchten auch genauso viel wie vorher – vielleicht sogar noch mehr, gerade weil sie mürrisch waren –, und das ging zulasten jeglicher Erhöhung meines Taschengelds.

Für ein klassischeres Beispiel zur Verwendung des *cruel to be kind* werfen wir einen Blick zurück nach Sparta, wo man missgebildete Säuglinge vorgeblich »aus Kindness« sterben ließ. In seiner Biografie *Leben des Lykurg* berichtet der griechische Philosoph Plutarch, wie die antiken Spartaner ihre Neugeborenen einem Ältestenrat zur Begutachtung vorlegten. Die Babys, die als »gesund und stark« erachtet wurden, blieben am Leben, diejenigen aber, von denen man meinte, sie seien »von niederer Geburt oder missgebildet«, wurden aussortiert und dem Sterben überlassen. Plutarchs Behauptung nach geschah dies »mit der Begründung, dass es weder für sie selbst noch für die Stadt besser sei, wenn sie ihr natürliches Leben schlecht gerüstet leben«[11]. Diese Ereignisse sollen nur als Beispiel dienen; sie haben wohl um 600 v. Chr. stattgefunden, und damit schätzungsweise 700 Jahre vor der Geburt des Autors, und es gibt neuere Belege dafür, dass alles frei erfunden war. Archäologen haben zahlreiche Hinweise darauf gefunden, dass viele Neugeborene mit gesundheitlichen Problemen tatsächlich gut versorgt wurden. Die Überreste beeinträchtigter Säuglinge weisen darauf hin, dass sie offenbar genährt wurden, und »ein anonymer griechischer Arzt, der um 400 v. Chr. schrieb, beriet die Ärzte jener Zeit darin, wie sie Erwachsenen, ›die von Geburt an kurzarmig sind‹, helfen konnten.«[12]

Die *cruel to be kind*-Mentalität zeigt sich in seltsamer Form auch bei der aktuellen Generation von Klimaaktivisten, die sich auf Straßen festkleben und stundenlang den Verkehr blockieren, um ein Zeichen gegen den Verbrauch fossiler Brennstoffe zu setzen. Damit stoßen sie bei den Menschen, die versuchen, zur Arbeit zu kommen, oder die ihre Kinder zur Schule bringen wollen, auf wenig Gegenliebe. Eine andere Aktion von Klimaaktivisten, die ein vorwiegend negatives Echo in der Öffentlichkeit auslöste, war der Anschlag auf Vincent van Goghs Gemälde *Sonnenblumen*, das sie am 14. Oktober 2022 mit Tomatensuppe übergossen. Wie der irische Künstler Charlie Scott mich erinnerte, nagte van Gogh stets am Hungertuch und verdiente in seinem kurzen Leben kaum genug, um sich eine Suppe leisten zu können. Das war dann wohl weniger »Grausamkeit aus Kindness« als vielmehr »gedankenlose Grausamkeit«.

Die natürliche Kindness

Es wäre schön, wenn wir wüssten, dass es in unserer DNA liegt, *kind* zu sein, oder dass wir auf eine Weise mit Suppe um uns werfen können, die mehr Kindness offenbart. Wie der britische Evolutionsbiologe Richard Dawkins schrieb, wäre »eine menschliche Gesellschaft, die lediglich auf dem Gesetz des universellen rücksichtslosen Gen-Egoismus beruhte, eine Gesellschaft, in der es sich sehr unangenehm leben würde«.[13] Werden wir nun alle von unserem »egoistischen Gen«, wie Dawkins es nennt, angetrieben, oder gibt es einen natürlichen evolutionären Drang oder Zweck, *kind* zu sein? Brauchen wir Kindness zum Überleben? »Was uns Erfolg haben ließ«, so Brian Hare und Vanessa Woods in ihrem Buch *Survival of the Friendliest,* »während andere Menschen ausgestorben sind, war eine Art kognitiver Superkraft: eine besondere Art von Freundlichkeit, die man als kooperative Kommunikation bezeichnet.«[14] Noch immer diskutieren wir darüber, ob dieser Erfolg aus angeborenen oder erworbenen Eigenschaften resultiert oder ob wir uns mehr an die Epigenetik halten sollten und damit an jene Wissenschaft, die besagt, dass Umwelt- oder Erfahrungsfaktoren und Dinge wie traumatische Erlebnisse zu einer veränderten Aktivität der

Gene führen können. Doch jede Meinung hängt so oder so von dem eigenen Glauben an den freien Willen ab. Adam Omary schreibt in der Zeitschrift *Psychology Today:* »Unser Charakter basiert weder vollständig auf unseren Genen, noch sind wir dem Einfluss der Gene auf unser Verhalten hilflos ausgeliefert, noch sind wir völlig frei und unbeeinflusst von unserer genetischen Veranlagung. Die Antwort liegt irgendwo in der Mitte.«[15]

Die reifende Kindness

Ich begann mich zu fragen, ob wir mit zunehmendem Alter freundlicher und wohlwollender werden bzw. ob das zum »Reifeprozesses« dazugehört. Können wir als Gesellschaft oder als Einzelne lernen, uns mit der Zeit in diese Richtung zu entwickeln? Meine liebe Großmutter Kathleen sagte immer, dass die Menschen um das fünfzigste Lebensjahr herum den einen oder den anderen Weg einschlagen: Entweder werden sie zu mürrischen alten Knackern (daher sind bizarre BBC-Sendungen wie *Grumpy Old Women* und *Grumpy Old Men* so beliebt) oder sie werden viel freundlicher und nachsichtiger. Meine Oma gehörte eindeutig zur letzteren Gruppe – und zwar ganz eindeutig. Als zum Beispiel einmal ein paar Handwerker beim Verlassen ihrer Wohnung einige Teile aus Silber mitgehen ließen, meinte sie nur lapidar, dass sie das Geld wahrscheinlich dringend gebraucht hätten.

Prüfen Sie sich selbst (ob Sie nun über 50 sind oder nicht): Glauben Sie, dass Sie früher freundlicher oder weniger freundlich waren? Das ist eine undankbare und schwierige Aufgabe, neigen wir doch dazu, uns in erster Linie an Extreme zu erinnern – an Zeiten und Anlässe, als wir wirklich furchtbar oder wirklich freundlich und nachsichtig waren oder als andere wirklich furchtbar oder wirklich freundlich und nachsichtig zu uns waren. Ich zum Beispiel schulde mehreren Ex-Freunden und einem Ex-Ehemann immer noch eine Entschuldigung oder auch drei für einige Unnettigkeiten (obwohl, wenn ich es mir recht überlege, einige von ihnen auch mir eine Entschuldigung schuldig sind). Bei einer Person, der ich keine Entschuldigung schuldig bin, handelt es sich um einen bestimmten britischen

Bildhauer. Als ich in den 1980er-Jahren für eine einflussreiche Londoner Kunstzeitschrift arbeitete, riet ich dem Redakteur davon ab, eine bestimmte Ausstellung zu besprechen, da ich wusste, dass der Künstler seine Frau geschlagen hatte (seine Stieftochter war eine enge Freundin von mir). Er war ein aufstrebender Künstler, und noch dazu kein schlechter, wie ich zugeben muss. Er stellte in einer angesehenen Galerie aus, und er hatte nicht die leiseste Ahnung, warum er nicht besprochen wurde. Da seine Frau ihn zum Glück inzwischen verlassen hatte, wusste ich, dass er diese Folge meines unnetten Verhaltens nicht an ihr auslassen würde.

Es gibt interessante Geschichten von Menschen, die Jahre später aus einem Schuldgefühl heraus versuchen, das zu tun, was sie für richtig und *kind* halten. In Italien etwa wundern sich Museumskuratoren und leitende Mitarbeiter aus den Archäologieabteilungen darüber, dass Touristen in großem Stil Artefakte zurückschicken, die sie, als sie jung und kühn waren, aus Kulturstätten gestohlen hatten. Aber damit nicht genug, legen sie ihrer Post auch noch ein aufrichtiges Bekennerschreiben bei. Manch einer wird vielleicht sagen, dass es hier nicht um Kindness geht, sondern um Schuldgefühle, von denen die Leute geplagt sind. Auf eine bescheidene symbolische Art aber zeigt das Beispiel dennoch, dass wir fähig sind, uns zu ändern, oder dass wir mit zunehmendem Alter freundlicher, zugewandter und gütiger werden können. Eine der besten Geschichten handelt von einer Amerikanerin, die ein Paket, welches ein antikes Marmorfragment enthielt, an das Nationalmuseum in Rom schickte. In ihrem brutal ehrlichen Brief schrieb sie: »Bitte verzeihen Sie mir, dass ich so ein amerikanisches Arschloch bin und mir etwas genommen habe, das mir nicht gehört. Ich fühle mich schrecklich, weil ich das Stück nicht nur von dort gestohlen habe, wo es hingehört, sondern weil ich auch noch draufgeschrieben habe.« Offensichtlich erfolglos hatte sie versucht, die Beweise, die sie belasteten, abzuschrubben, denn auf dem bearbeiteten antiken Stück stand immer noch zu lesen: »To Sam, love Jess, Rome 2017«. Bob Martin, einem Amerikaner in seinen Sechzigern, reichte es nicht, einen zerknirschten Brief zu schreiben. Er ging noch einen Schritt weiter und reiste 2018 persönlich bis nach Paestum, einem in der süditalienischen Region Kampanien gelegenen riesigen archäologischen Park, in dem sich antike griechische Ruinen befinden, um eine kleine Figur zurückzugeben, die er vor über 50 Jahren von dort entwendet hatte. »Ich war wirklich überrascht«, so Gabriel Zuchtriegel, der Direktor des Parks. »Es war zwar nicht das erste Mal, dass so etwas passiert ist. Noch nie aber hat jemand dafür einen so weiten Weg auf sich genommen.«[16] Nach Pompeji sind offenbar so viele gestohlene Relikte zurückgebracht worden, dass das Museum dort eigens für sie eine Sonderausstellung eingerichtet hat.

Kindness als Empathie

Viele Menschen glauben, dass Kindness in erster Linie auf Empathie beruht, also auf der Fähigkeit, die Gefühle und Erfahrungen einer anderen Person zu verstehen und zu teilen. Empathie aber ist nicht per se ein Zeichen von Kindness. (Und um noch ein bisschen mehr Verwirrung zu stiften: Empathie ist auch nicht gleichbedeutend mit Sympathie.) Kindness kommt hinzu, wenn Sie sich die Zeit nehmen, empathisch zu sein und die Dinge aus der Sicht anderer zu sehen – seien es Ihre Freunde, Ihre Mitarbeiter, Kunden oder Lieferanten usw. –, oder wenn Sie versuchen, nachzuempfinden, wie diese sich fühlen. Empathie ist ein wichtiges Instrument, das uns für die Notwendigkeit von Kindness sensibilisiert. Kindness ist dann sozusagen das Folgeprodukt.

Dazu die Geschichte von Tom Chapman. Chapman, ein Herrenfriseur, erkannte schon früh in seiner Karriere, dass er sich beruflich in einer einzigartigen Position befand: Er konnte seinen Kunden nämlich nicht nur einen tollen Haarschnitt verpassen, sondern ihnen darüber hinaus auch helfen. Denn wie er in seinem Salon im englischen Torquay feststellte, erzählten ihm die Leute Dinge über ihr Leben, die sie sonst kaum jemandem erzählen würden. Eine Frau, die ich kenne, erzählte ihrem Friseur von ihrer Angst, ihr Mann habe möglicherweise eine Affäre, weil niemand sonst in ihrem Umfeld ihr zuhörte. Eine andere erzählte ihrem Friseur, dass sie eine Affäre habe, weil sie es einfach jemandem erzählen musste. Während einige Friseure diskret mit den Augen rollen – »So genau wollte ich es gar nicht wissen!« –, sehen andere darin eine Chance. Chapman sagte dem *Guardian*: »Die Beziehung zwischen einem Friseur und seinem Kunden oder seiner Kundin hat etwas ganz Vertrauensvolles.«[17]

Frauen sind ja generell mitteilsamer, doch Chapman stellte fest, dass auch viele Männer sich ihm gegenüber öffneten. Sie berichteten aus ihrem Leben, weil sie wussten, dass ihre Geheimnisse bei ihm sicher waren. Doch was er dabei zu hören bekam, beunruhigte ihn oft, und so entwickelte er eine immer größere Sensibilität dafür, wenn sich bei seinen Kunden Anzeichen einer Depression zeigten. Nachdem sich ein Freund das Leben genommen hatte, ergriff Tom die Initiative. Er gründete das *Lions Barber Collective,* um sämtliche Herrenfriseure darin auszubilden, wie sich Suizide verhindern lassen – sprich, wie man Kunden erkennt, die mit ihrer psychischen Gesundheit zu kämpfen haben, und sie an die Stellen verweist, an denen sie Hilfe erhalten können. Wie die schockierenden Zahlen des britischen National Health Service zeigen, ist Selbstmord die häufigste Todesursache bei Männern unter 50 Jahren. In den Vereinigten Staaten waren zwischen 2000 und 2020 78,7 Prozent aller Personen, die Suizid begangen haben, männlich, und weltweit wurden drei von vier Selbstmorden von Männern verübt.[18]

Die Idee, dass man Empathie lehren und trainieren kann, bildet den Hintergrund einer interessanten neuen Initiative an irischen Schulen. Ziel ist es, Probleme wie Mobbing und Rassismus zu bekämpfen, und wie sich gezeigt hat, hilft das Programm nicht nur dabei, das Verhalten zu verbessern, sondern auch die schulischen Leistungen. Wissenschaftler haben herausgefunden, dass Kinder mit einer angeborenen Empathie-Fähigkeit zur Welt kommen; dazu konnten sie nachweisen, dass Kleinkinder nicht nur erkennen können, wenn jemand anderer sich in Not befindet, sondern dass sie auch zu Anteilnahme fähig sind. Mit zunehmendem Alter sind sie jedoch immer weniger dazu in der Lage, weshalb es zwingend erforderlich ist, in den Schulen die Erziehung zur Empathie einzuführen. Pat Dolan, der seit vielen Jahren auf diesem Gebiet forscht, äußerte gegenüber der *Irish Times:* »Das ist genauso wichtig, wie Mathe und Englisch zu lernen. [...] Ich würde sogar noch weiter gehen und sagen, dass wir auf dem Weg, den die Zivilgesellschaft nimmt – nicht nur in diesem Land, sondern weltweit –, auf Empathie angewiesen sein werden.«[19] Zusammen mit seinem Team, das er an der Universität Galway leitet, hat Dolan an über 100 an die Primarstufe anschließenden irischen Schulen ein zwölfwöchiges »Programm zur Aktivierung sozialer Empathie« eingeführt. Dabei geht es zunächst darum, den Schülern beizubringen, was Empathie ist und warum sie wichtig ist. Anschließend können sie das Gelernte dann in einem Projekt ihrer Wahl anwenden. Wie Dolan erklärte, verbessert sich durch das Programm nicht nur das prosoziale Verhalten (die Bereitschaft, Gutes zu tun), sondern auch die kognitive Empathie (die Fähigkeit, sich in die Perspektive anderer hineinzuversetzen) und die affektive Empathie (die Fähigkeit, mitzuempfinden, was andere fühlen). Dolan ist jedoch Realist. Auch wenn er sich wünscht, dass es zu einer »empathischen Revolution« kommt, die die ganze Gesellschaft durchdringt, weiß er, dass er keine neue Generation aus lauter Mutter Teresas oder Heiligen erschaffen kann. »Wir alle haben unsere Schwächen«, so Dolan. »Nur weil man mal hin und wieder über die Stränge schlägt, heißt das noch lange nicht, dass man nicht empathisch wäre.« Dabei weist er sehr empathisch darauf hin, dass »man an einem Freitagabend vielleicht eher zur Empathie fähig ist als an einem Montagmorgen«.[20]

Die selbstlose Kindness

Jeder von uns könnte an einem verregneten Montagmorgen aufwachen und beschließen, etwas Altruistisches zu tun. *Altruismus* wird in der Psychologie allgemein definiert als »Handeln, um jemand anderem zu helfen, ohne an die eigenen Kosten zu denken«. Das Wort leitet sich vom französischen *autrui,* »andere Menschen«, ab. Interessanterweise haben Studien gezeigt, dass Altruismus nicht nur dem Empfangenden, sondern auch dem Gebenden zugutekommt. In einem Artikel von Michael Vlerick, Dozent an der philosophischen Fakultät der Universität im niederländischen Tilburg, heißt es: »Die Entwicklung von altruistischem Kooperationsverhalten – bei dem die Handlung eines Organismus dessen eigene Fitness verringert und die Fitness eines anderen Organismus steigert – ist nur dann sinnvoll, wenn es sich auf genetisch verwandte Organismen richtet (Verwandtenselektion) oder wenn man erwarten kann, dass der Gefallen erwidert wird (reziproker Altruismus).«[21]

Tatsächlich ist Altruismus also nicht immer selbstlos. Im äußersten Fall kann er, wie Dr. Sanxing Sun erklärt, sogar pathologisch werden. Sun stellte die Behauptung auf, dass Menschen »die eigennützige Motivation, die ihrem Tun zugrunde liegt, mit wahrer altruistischer Absicht verwechseln«. Infolgedessen ist es »wenig wahrscheinlich, dass sie sich zurückhalten und sich nicht von ihrer eigennützigen Motivation mitreißen lassen«[22]. Zur Veranschaulichung verweist Sun auf Don Quijote, die Hauptfigur in Miguel de Cervantes' berühmtem gleichnamigen Roman, der zu viele Geschichten über Ritter gelesen und eine Besessenheit von Rittertum, Ritterlichkeit und Turnierspielen entwickelt hat. Don Quijote beschließt, die Pflichten des Rittertums anzunehmen und nach dem ritterlichen Kodex zu leben, um so die Welt zu retten. Traurigerweise entwickeln sich seine Abenteuer schnell zu einer Farce, und der arme und verwirrte fahrende Ritter, der heldenhaft gegen imaginäre Feinde kämpft, wird für seine Bemühungen verspottet und gibt seine Mission schließlich auf. Offenbar scheinen noch nicht einmal diejenigen, für die er sich so selbstlos eingesetzt hat, seine Hilfe zu würdigen. Wie Sun in seinem Aufsatz hervorhebt, »will Don Quichote durch sein ritterliches Verhalten in Wirklichkeit ein viel größeres Verlangen befriedigen, nämlich das, sich in einem glorreichen Licht zu sehen und ein Gefühl der Bedeutung oder der Überlegenheit über andere zu haben«. Wir haben es hier mit einem Fall des sogenannten Egoschutz-Altruismus zu tun, oder mit abtrünnigem Altruismus, wie ich gern dazu sage.

Diese heikle Beziehung zwischen Ego und Altruismus findet sich in einer Geschichte aus dem wahren Leben, die im *Guardian* erschienen ist, treffend zusammengefasst. Martin Love erzählt darin von seinem unbeabsichtigten Versuch, ein Don Quijote von heute zu sein.[23] Es ist eine Story, die den vielen von uns etwas sagen wird, die schon einmal altruistisch gehandelt und sich im Nachhinein gefragt haben, ob das wirklich erwünscht oder erwartet war und wer am Ende eigentlich am meisten davon profitiert hat: der Empfangende oder der Gebende. Martin Loves Story beginnt damit, dass er einen Anhalter namens Brendan mitnimmt. So weit, so kind. Sie kommen ins Gespräch und Brendan erzählt Love, er habe eine schwere Zeit hinter sich. Erst habe es eine Familientragödie gegeben, dann sei er noch Opfer eines Raubüberfalls geworden, bei dem ihm Ausweis und Geld gestohlen wurden. Verzweifelt und hungrig, wie er ist, sei ihm nichts weiter übrig geblieben, als zu versuchen, sich per Anhalter durchzuschlagen. Je länger sie fahren, desto schrecklicher wird Brendans Geschichte, und Loves innere Bereitschaft, Brendan zu helfen, steigt in eben diesem Maße an. An der Victoria Station, dem Ziel ihrer Reise, bietet er Brendan an, ihm ein Flugticket zurück nach Irland zu kaufen und auch die Kosten für den neuen Ausweis zu übernehmen, den Brendan dazu benötigt. »Zu meinem eigenen Erstaunen«, so berichtet Love im *Guardian*, »hörte ich mich sagen: ›Ich werde dir 200 Pfund geben, Brendan.‹« »Klasse«, erwidert Brendan, offenbar nicht im Geringsten überrascht. Um nach einer kurzen Pause hinzuzufügen: »Und mach dir keine Sorgen. Ich werde dir das Geld auf jeden Fall überweisen, wenn ich nach Hause komme.« Anschließend notiert er sich Loves Telefonnummer und verspricht, er werde ihn anrufen, sobald er die Überweisung veranlasst habe. Und so hält Love brav und ganz altruistisch an einem Geldautomaten an und händigt Brendan das Geld aus. Beim Aussteigen umarmt dieser Love herzlich und voller Dankbarkeit. Als Love die letzten Kilometer nach Hause fährt, denkt er darüber nach, was er getan hat und was er seiner Frau wird sagen müssen. Denn schließlich ist es ja auch ihr Geld. Seine Frau, so erklärte Love dem *Guardian*, habe sich über seine Leichtgläubigkeit sehr gewundert, doch er habe nach wie vor nur das Beste von Brendan denken wollen und fest daran geglaubt, dass dieser sich melden würde. Erst Wochen später, als er immer noch nichts von Brendan gehört habe, habe ihn das ungute Gefühl beschlichen, dass »Brendan, nachdem man *ihn* in Birmingham ausgeraubt hatte, in Victoria *mich* ausgeraubt hat«.

Nachdem er wochenlang von seinen Freunden wegen seiner Naivität aufgezogen worden war, las Love die Arbeit von Sanxing Sun. Heute geht es ihm besser, wenn er an Brendan denkt. »Wäre ich misstrauischer, hätte ich gar nicht erst angehalten [...], aber ich habe angehalten. Er hat um Hilfe gebeten, um eine Mitfahrgelegenheit, um Geld, damit er nach Hause kommen konnte, und ich habe es ihm in gutem Glauben gegeben. Das ist doch etwas Gutes. Wenn er mich betrogen hat, dann ist das seine Sache und nicht meine. [...] Es war kein Kredit; ich habe Brendan das Geld überlassen. Mich hat das 200 Pfund gekostet. Doch an jenem Abend und zu jenem Zeitpunkt in seinem Leben brauchte Brendan das Geld dringender als ich. Vielleicht müsste man eigentlich fragen: Habe ich ihm genug gegeben?« Love nimmt übrigens auch weiterhin Anhalter mit.

Kindness als Währung

Ich stelle mir Kindness gern als eine Art Währung mit verschiedenen Münzen und Scheinen vor, die für unterschiedliche Zwecke und Ziele umgetauscht werden können. So kann – oder vielmehr könnte – Kindness wie jede andere Währung auch auf unterschiedliche Arten im Geschäftsleben gewinnbringend eingesetzt werden. Leider herrscht im Business oft die Mentalität des »jeder gegen jeden«, weil wir uns von anderen bedroht fühlen oder uns vor irgendetwas fürchten, und dann wird Kindness zu einem Luxus, den sich nur wenige Unternehmen leisten können und wollen. Sie ist dann sozusagen ein Privileg der Elite und der Wohlhabenden oder vielleicht sogar auch nur Weltverbesserern, Nonnen, Heiligen und Wohltätigkeitsorganisationen wirklich möglich.

In gewisser Weise spielt es keine Rolle, ob man es lieber Altruismus oder Empathie nennen möchte: Wichtig ist nur, dass wir die Notwendigkeit von mehr Kindness erkennen und einen passenden Rahmen dafür finden. In Zeiten wirtschaftlicher Probleme und Rezessionen, drohender Kriege und Unsicherheiten wird Kindness in den Mittelpunkt rücken, und zwar als der Inbegriff dessen, was uns als Einzelne, als Gemeinschaft und als Gesellschaft zusammenhält. Und die nächste Stufe, der nächste logische Erweiterungsschritt besteht meiner Meinung nach darin, dass wir Kindness als rechtsverbindliches Wirtschaftsprinzip anerkennen.

2

DER HINTERN DES AFFEN

War früher alles besser?

Der moderne Kapitalismus funktioniert darüber, dass er die Vorstellungen kolonisiert, die sich die Menschen vom Möglichen machen.

RICHARD SENNETT[24]

Es ist ein Running Gag unter Futuristen: Jedes Mal, wenn uns jemand erzählen will, dass früher alles besser war (was häufig vorkommt), fragen wir zurück: »Wärst du vielleicht lieber vor 50 Jahren zu einem Zahnarzt gegangen? Hättest du lieber in einem Bergwerk des 19. Jahrhunderts oder in einer Fabrik des 20. Jahrhunderts gearbeitet? Würdest du lieber unter den wirtschaftlichen Bedingungen der 1950er-Jahre leben?« Ich nutze als anschauliches Beispiel gern auch den Vergleich der sanitären Zustände – und hier vor allem der Toiletten – heute und vor 100 Jahren.

Unsere Gesellschaft hatte offenbar schon immer ein Nostalgieproblem. So sollen schon Mönche des 16. Jahrhunderts geklagt haben, dass die moderne Welt verkomme und es im 15. Jahrhundert doch so viel besser gewesen sei. Das bringt die Frage auf, woher das kommt. Waren wir in der Vergangenheit *kinder*, also freundlicher und mehr auf das Wohl anderer bedacht? Stoiker wie Seneca (2 v. Chr.–65 n. Chr.) und Mark Aurel

(121–180 n. Chr.) haben bekanntlich gelehrt, dass »die Tugend das einzige Gut« für den Menschen sei. Schon sie waren der Meinung, dass Dinge wie Gesundheit, Reichtum und Vergnügen das Potenzial haben, »tugendhaftes Handeln« anzustoßen, quasi das »Material« dazu sind. Das klingt doch verdächtig nach einem frühen Manifest der Kindness Economy.[25] In unserer jüngeren Vergangenheit aber – seien wir ehrlich – war Kindness für die meisten Menschen kaum von Bedeutung. Und sie war schon gar nicht die treibende Kraft oder auch nur das »Material« für eine Wirtschaft. Die Oktoberausgabe des Kultmagazins *Fast Company* aus dem Jahr 2000 zitiert Regeln für das geschäftliche Wachstum des Unternehmens THQ; darunter diese: »*Think cheap.* Gib nur dann Geld aus, wenn du es musst. Suche nach Möglichkeiten, wie du mit geringstem Mitteleinsatz die höchste Rendite erzielst.« Die 6. Regel lautet: »Wirf Leute raus. Trenne die Spreu vom Weizen.«[26]

Bis heute herrscht die Meinung vor, dass die Wirtschaft in erster Linie auf Profit ausgerichtet und das Wohlergehen von Mensch und Planet dabei von untergeordneter Bedeutung ist, falls es überhaupt irgendeine Rolle spielt. Unternehmerische und wirtschaftliche Belange werden oft ganz bewusst von den Anliegen getrennt, die unmittelbar mit Gesellschaft und Umwelt zu tun haben. Positiv zu bewerten ist, dass wir uns als Gesellschaft weiterentwickelt haben und nach außen hin viele Dinge besser geworden sind. Wir haben mehr Kontrolle über unser Leben, wir sind individueller geworden, wir haben bessere Wohnungen und sicherere Städte, und – ja, ich sage es noch einmal – wir profitieren davon, dass es in Zahnmedizin und Sanitärwesen zu einem Quantensprung in der Entwicklung gekommen ist. Doch all hat seinen Preis.

Die Affenleiter

Wie es scheint, haben wir in vielem einen Gipfel erreicht – beim Konsum, bei der Produktivität –, getrieben von dem schwindelerregenden Ziel der letzten Jahrzehnte, schneller, billiger und immer effizienter zu produzieren. Ein Paradebeispiel dafür ist die Fast Fashion: Sie lebt von billigen

Arbeitskräften und führt die Nachhaltigkeitsziele ad absurdum und ist doch nur *ein* Symptom eines übermäßig aufgeblähten Systems. Es gibt ein Sprichwort aus dem 16. Jahrhundert, das sich vor dem Hintergrund dieser Situation geradezu aufdrängt. Leicht abgewandelt lautet es: »Je höher der Affe klettert, desto mehr zeigt er von seinem Hintern.« Die Wendung war auf Menschen gemünzt, die mit jeder Sprosse, die sie auf der Erfolgsleiter emporstiegen, mehr Unzulänglichkeiten und Inkompetenz zeigten. Dieses wirklich bestechende Sprichwort lässt sich auf viele Arten und auf viele Menschen anwenden (mir drängen sich an dieser Stelle eher unerfreuliche Bilder von Elon Musk und Donald Trump auf). Aber nehmen wir es einmal als allgemeine Metapher für die Wirtschaft. Heute befinden wir uns auf der ökonomischen Entwicklungsleiter bzw. auf dem Entwicklungsbaum ziemlich weit oben. In den Strategieabteilungen vieler Unternehmen herrscht dabei immer noch der Glaube vor, es sei besser, die Leiter noch weiter nach oben zu klettern, egal, wie hässlich sich das von unten ausnimmt, und egal, wer (die Arbeitnehmer) oder was (die Umwelt) dabei im Weg steht.

Die Mär vom freien Markt

Betrachtet man die letzten Jahre, so beruhten die populärsten Wirtschaftstheorien und -strategien in der freien Welt auf der freien Marktwirtschaft. Diese ist nach allgemeiner Definition eine von staatlichen Eingriffen oder staatlicher Regulierung freie Wirtschaftsordnung (das heißt, in einem völlig freien Markt erfolgt die Preisgestaltung allein auf der Grundlage von Angebot und Nachfrage). Ein anschauliches Beispiel dafür bietet die Politik der britischen Tories und dabei speziell die erste – und einzige – Grundsatzrede, die Liz Truss 2022 auf dem Parteitag der Konservativen hielt. Darin sprach sie von »drei Prioritäten«, die sie für die Wirtschaft habe: »Wachstum, Wachstum und nochmals Wachstum.« Den Planeten erwähnte sie dabei mit keiner Silbe, und auch über die Menschen und deren Wohlergehen schwieg sie sich aus. Ganz ähnlich verläuft die Argumentation in anderen Ländern und politischen Systemen, in denen der Staat sich zurückzieht und die öffentlichen Ausgaben kürzt. Man betont stattdessen die Vorteile freiwilliger Tätigkeiten und die Vorzüge des zwischenmenschlichen »Anstands«. »Es herrscht eine Kultur«, so die für den *Guardian* schreibende Kolumnistin Moya Lothian-McLean, »die auf einen *Kindness*-Umgang miteinander setzt anstatt auf solide Rechtsgrundlagen und staatliche Sicherheitsnetze, die uns auffangen, wenn wir fallen.«[27]

Visionäre, Futuristen und selbst einige Wirtschaftswissenschaftler und Politiker haben im Laufe der Jahrhunderte darüber nachgedacht, wie sich die Gesellschaft *kinder*, inklusiver oder gerechter gestalten lässt, damit mehr Menschen und manchmal sogar der Planet davon profitieren. So verweist etwa der Ausdruck *conscious capitalism* auf die Idee von einer sozial verantwortlichen Philosophie für Wirtschaft und Politik. Dahinter steht der Gedanke, dass Unternehmen nach ethischen Prinzipien vorgehen sollten, während sie gleichzeitig nach Gewinn streben. Adam Smith, der schottische Wirtschaftswissenschaftler aus dem 18. Jahrhundert, gilt als der Vater des »Conscious Capitalism«. Eine seiner häufig zitierten Feststellungen lautet: »Nicht vom Wohlwollen des Metzgers, Brauers und Bäckers erwarten wir das, was wir zum Essen brauchen, sondern davon, dass sie ihre eigenen Interessen wahrnehmen. Wir wenden uns nicht an ihre Menschen-, sondern an ihre Eigenliebe, und wir erwähnen nicht die eigenen Bedürfnisse, sondern sprechen von ihrem Vorteil.«[28] Sein Hauptwerk, *An Inquiry into the Nature and Causes of the Wealth of Nations* (1776), leistete einen ganz wesentlichen Beitrag zur Begründung der freien Marktwirtschaft. Schon in seinem 1759 erschienenen Buch *The Theory of Moral Sentiments* hatte er geschrieben:

> *»Ein Einzelner darf niemals sich selbst auch nur irgendeinem anderen Einzelnen so sehr vorziehen, dass er diesen anderen verletzen oder beleidigen würde, um sich dadurch einen Vorteil zu verschaffen […] Es gibt keinen einigermaßen redlichen Menschen […], der nicht in seinem Innern die Wahrheit jenes großen stoischen Grundsatzes fühlte, dass es mehr der menschlichen Natur zuwider sei, einen anderen Menschen ungerechterweise einer Sache zu berauben oder seinen eigenen Vorteil zu Unrecht durch den*

Verlust oder Nachteil eines anderen zu fördern, als selbst der Tod, als Armut, als Schmerz, als all die Unfälle, die ihm, sei es an seinem Körper oder an seinen äußeren Verhältnissen zustoßen können.«[29]

Auch wenn er »Conscious Capitalism« oder »Kindness Economy« nicht wortwörtlich verwendet hat, glaubte Smith, dass die Menschen in großer Zahl profitieren, wenn wir uns an hohe moralische Standards halten.

Während es viele Wirtschaftstheorien darüber gibt, wie man Gewinne erzielt, ist die Idee, dass »wir die Umwelt mit mehr Kindness behandeln« sollten, relativ neu. Und zwar aus dem einfachen Grund, dass es sich um ein relativ neues Problem handelt. Von den potenziellen Auswirkungen des CO_2-Anstiegs hatte man vor der Mitte des 20. Jahrhunderts wenig bis keine gesicherten Erkenntnisse, ja sie waren nicht einmal ein Thema. Arbeitsbedingungen und Lebensqualität hingegen waren schon zu Marx' und Engels' Zeiten wichtige Anliegen. Die Geschichte der guten Absichten ist sicher keine reine Erfolgsgeschichte. Oft genug zahlte sich Idealismus nicht aus, scheiterte an den Umständen oder stieß auf viel Gegenwind. Wenn es darum geht, dass Kindness nach hinten losgehen kann, kommen einem die Wirtschaftstheorien von Marx in den Sinn. Der Kommunismus hat dennoch seine Anhänger. Er ist ein System, das auf dem Papier darauf abzielt, den Menschen mehrheitlich Gleichheit zu bringen, das aber in der Vergangenheit nachweislich zu massenhaftem Leid geführt hat. Da genügt ein Blick nach Russland, Nordkorea und China.

Der Affe auf dem Krypto-Baum

Ein deutliches Beispiel dafür, wie hässlich der Affenhintern sein kann, ist der Zusammenbruch der Kryptowährung FTX im November 2022. Zunächst sah es so aus, als versagte hier einmal mehr ein Großunternehmen, als sei dies nur ein weiteres typisches Beispiel von Misswirtschaft, in dem Fall durch FTX-Gründer Sam Bankman-Fried. Durch den äußerst lässigen Kleidungsstil, den Bankman-Fried pflegte, umgab ihn eine Art vertrauenswürdiger Vibe, so nach dem Motto: Seht her, ich bin nur ein harmloser Hippie. Sah man dann allerdings genauer hin, entpuppte sich die ganze Firmenkonstruktion als das, was sie wirklich war: nämlich, wie Alex Hern das im *Guardian* so treffend formulierte, als »drei Kinder im Trenchcoat, die sich als erwachsener Mann ausgaben«[30]. FTX, das einst auf einen Marktwert von 32 Milliarden Dollar taxiert wurde, hatte laut Hern »eine sehr komplizierte Firmenstruktur, bei der die Eigentumsverhältnisse unklar waren. Dazu verfolgte seine Leitung einen höchst unkonventionellen Ansatz, was Unternehmensführung und zwischenmenschliche Beziehungen betraf.« Letzteres bezieht sich auf die Tatsache, dass sich der Inner Circle, die Führungsriege des Unternehmens, ein Luxus-Penthouse auf den Bahamas teilte. Nach einem von Hern zitierten Bericht der Branchennews-Seite *CoinDesk* bezeichnete man den Inner Circle als »Polykül« (Menschen leben in einem Polykül, wenn sie polyamor sind, also in einer Art nichtmonogamer Beziehung, und mehr als nur einen Partner oder eine Partnerin lieben.). Der *Guardian* zitiert außerdem einen Bericht über »einen eigens beschäftigten Psychiater, der ständig vor Ort war, um verschreibungspflichtige Aufputschmittel auszugeben«. Anderen Berichten zufolge sollen sich Dinge zugetragen haben, die den sprichwörtlichen Affen (und seinen Hintern) in den Schatten stellen. Wäre er nicht so erfahren gewesen, hätte der Executive Manger John Ray III, der nach dem Zusammenbruch des Unternehmens hinzugezogen wurde, vielleicht andere Medikamente gebraucht, um sich wieder zu beruhigen. »Solange ich in meinem Beruf tätig bin«, berichtete er, »habe ich es noch nie erlebt, dass die Unternehmsaufsicht so vollständig versagt hat, wie das hier der Fall war, und es praktisch keine Informationen zu den Finanzen gab, denen man hätte vertrauen können.« Und das sagte ein Mann, der, was Betrug betraf, ziemlich abgehärtet war. Schließlich hatte man ihn geschickt, um die Hintergründe des riesigen Bilanzskandals aufzuklären, der den Zusammenbruch des Energieunternehmens Enron zur Folge hatte. »Diese Situation aber ist beispiellos«, fügte Ray hinzu, »denn hier kommt wirklich alles zusammen: angefangen bei der gefährdeten Integrität der Systeme und der mangelhaften Regulierungsaufsicht im Ausland bis dazu, dass sich die Kontrolle in den Händen einer sehr kleinen Gruppe von Leuten konzentrierte, die ebenso unerfahren wie unbedarft und dazu potenziell gefährdet waren.«[31]

Laut einem Antrag, der bei einem US-Konkursgericht eingereicht wurde, schuldet FTX seinen 50 größten Gläubigern fast 3,1 Milliarden Dollar. Abgesehen davon sind Hunderte von Kleinanlegern leer ausgegangen. Interessanterweise hält sich das öffentliche Mitgefühl meist in Grenzen, wenn Leute, die in Kryptowährungen investiert haben, damit Geld verlieren. So nach der Devise: *Es war ja sowieso alles virtuell, was habt ihr denn erwartet?* Das Traurige dabei ist, wie in vielen solcher Fälle, dass auch viele normale Menschen dem Hype erlegen sind, weil sie auf das schnelle Geld hofften, und nun ihre gesamten Ersparnisse verloren haben. In einem Brief, der zuerst von *CoinDesk* veröffentlicht wurde, schrieb Sam Bankman-Fried: »Ich bedauere zutiefst, dass ich meiner Aufsichtspflicht nicht in dem nötigen Maße nachgekommen bin. Rückblickend wünschte ich mir, wir hätten viele, viele Dinge anders gemacht. [...] Ich werde tun, was ich kann, um das bei euch – und bei den Kunden – wiedergutzumachen, und wenn ich den Rest meines Lebens dafür brauche.«[32] Es könnte allerdings sein, dass er den Rest seines Lebens im Gefängnis verbringen muss; zum Zeitpunkt der Abfassung dieses Textes (Sommer 2023) ist der Prozess von Bankman-Fried für Oktober 2023 angesetzt, nachdem die Bahamas ihn im Dezember 2022 festgenommen und auf deren Bitte an die USA ausgeliefert hatten. Er sieht sich einer Anklage wegen des Verdachts auf Betrug, Geldwäsche und heimlicher Absprache gegenüber.

Fragwürdiger Altruismus

Zu meinem Glück, und das gebe ich freimütig zu, habe ich das tiefere Konzept der Kryptowährungen noch immer so wenig durchdrungen, dass ich in naher Zukunft wahrscheinlich nicht in sie investieren werde. Angesichts meines Interesses an der Kindness Economy gab es jedoch zumindest eine Sache, die mich von FTX hätte überzeugen können. Und damit meine ich Bankman-Frieds persönliches Leitkonzept, den sogenannten *effective altruism.* Auf dem Papier klingt das großartig. Laut Wikipedia ist effektiver Altruismus (EA) eine philosophische und soziale Bewegung, die dafür eintritt, »mittels Evidenz und Vernunft herauszufinden, wie man anderen so viel wie möglich nützen kann, und auf dieser Grundlage zu handeln«.[33] Menschen, die den Zielen des EA nacheifern – Effektive Altruisten genannt –, richten ihre Entscheidung für einen Beruf häufig daran aus, wie viel Gutes sie damit bewirken können. Außerdem unterstützen sie wohltätige Projekte mit ihrem Geld, und zwar nach dem Prinzip des größtmöglichen Nutzens.

In ihrer Kolumne für die Zeitungsausgabe des *Guardian* schrieb Moya Lothian-McLean:

> *»Bankman-Fried wurde ja angeblich in die Kryptowirtschaft getrieben, weil er am ›effektiven Altruismus‹ hatte festhalten wollen. Beim EA ging es ursprünglich darum, möglichst viel Zeit und möglichst viel Geld für philanthropische Zwecke einzusetzen. Das hat sich mit ihren prominentesten Vertretern geändert. Jetzt geht es darum, sehr, sehr reich zu werden und dieses Geld dann für Projekte auszugeben, die die Menschheit besser machen. Diese Philosophie des* Earn-to-give *stützt sich ganz wesentlich auf datengesteuerte Analysen, welche Projekte und Anliegen die besten ›Besserungsrenditen‹ versprechen. Das ist Utilitarismus mit einem Gottkomplex.«*[34]

Welche »göttlichen« Absichten Bankman-Fried auch immer hatte, das Ganze ist gehörig schiefgegangen und hat der EA-Bewegung (zumindest in meinen Augen) einen ziemlichen Dämpfer versetzt.

Das Problem mit diesen sogenannten »großzügigen« philanthropischen Taten, mit denen sich Geschäftsleute, die in erster Linie auf Publicity aus sind, gern brüsten, zeigt sich zum Beispiel an der 100-Millionen-Dollar-Spende, die Jeff Bezos an Dolly Partons Wohltätigkeitsprojekte entrichtete. Ja, das war durchaus großzügig, und Bezos setzte sogar noch einen drauf: Auch auf das Risiko hin, wie eine Teilnehmerin zur Wahl der Miss World zu klingen, an die man die Frage richtet, was sie mit dem Preisgeld machen würde, falls sie gewinnt, gelobte er, noch mehr von seinem Vermögen herzugeben und damit wichtige Anliegen wie die Bekämpfung des Klimawandels und den Weltfrieden zu unterstützen. Mir kommt in dem Zusammenhang eine Moral aus Äsops Fabeln in den Sinn, die ich mit meiner frühen Kindheit verbinde. Sie besagt in etwa, dass es nicht großzügig ist, wenn man etwas hergibt, das für einen selbst keinen Nutzen hat. Auch auf die Gefahr hin, wie eine altgediente Linke zu klingen, möchte ich die außergewöhnliche und streitbare Journalistin Marina Hyde zitieren, die für den *Guardian* schreibt. Hyde rechnete die Sache schnell durch und bekam dabei Folgendes heraus: »Wenn Sie ein Einkommen beziehen, wie es dem durchschnittlichen Gehalt in Großbritannien entspricht, und Ihre Steuern zahlen, beträgt Ihr Nettoeinkommen 72 Pfund pro Tag. So gesehen beläuft sich Jeffs wohltätige Gabe folglich auf einen Betrag von 34,56 Pfund. Haben Sie jemals 34 Pfund für wohltätige Zwecke gespendet? Bezahlen Sie Ihre Steuern? Wenn ja, dann sind Sie sogar noch großzügiger als Jeff Bezos, der es bekanntlich systematisch vermeidet, seine zu zahlen.«[35]

Dabei ist es nicht nur die Tatsache, dass Bezos kaum Steuern zahlt, die mich veranlasst hat, bei Amazon keine Bestellungen mehr vorzunehmen. Der andere Grund ist, dass die »Kindness«, die ihm Publicity verschafft, die alles andere als freundlichen Arbeitsbedingungen und die mangelnde gewerkschaftliche Vertretung in vielen Amazon-Lagern weltweit verschleiert. Ganz zu schweigen von den Bedingungen für die gestressten Zusteller, die ich nonstop in ihren Lieferwagen herumfahren sehe und die kaum Zeit haben, auf die Toilette zu gehen oder sich eine Unterschrift geben zu lassen, bevor sie weitermüssen, um die nächste Station anzusteuern. Wäre es da im Geist der Kindness nicht besser, der Konzern würde das Leben seiner Arbeiter verbessern, indem er ihnen bessere Bezahlung und Arbeitsbedingungen bietet? Dann kann er sich um den Planeten kümmern und sich darüber klar werden, was er mit seinen Milliardengewinnen machen will.

Unkind Companies

Ein weiterer aufsehenerregender Fall eines Firmenzusammenbruchs ist der von Elizabeth Holmes und *Theranos*, dem Unternehmen, das behauptete, seine Edison-Maschinen könnten durch Verwendung von nur wenigen Tropfen Blut Krebs, Diabetes und andere Krankheiten erkennen. Bis sich herausstellte, dass sie das nicht konnten. Die Verluste der Anleger gingen in die Millionen. Im November 2022 wurde Holmes wegen Betrugs zu elf Jahren Haft verurteilt. Wie sie im Zuge der Gerichtsverhandlung sagte, sei sie tief bestürzt über ihre Verfehlungen. »Es hat mich sehr geschmerzt, was die Menschen durchmachen mussten, weil ich sie enttäuscht und im Stich gelassen habe.« Der Richter wiederum stellte Holmes' unternehmerische Fähigkeiten heraus und nannte sie gar eine »brillante« Unternehmerin. »Scheitern«, so sagte er ihr auch, »ist nicht normal. Aber durch Betrug zu scheitern, ist nicht in Ordnung.«[36] Ebenfalls nicht in Ordnung ist, was im Laufe des Prozesses ans Licht kam – dass *Theranos* ein sehr unangenehmer Ort zum Arbeiten war. Ein Podcast mit der Tech-Reporterin Heather Somerville vom *Wall Street Journal* und der Moderatorin des *WSJ Tech News Briefing* Julie Chang brachte die toxische, ja fast unethische Arbeitskultur, die dort geherrscht hatte, ans Licht: »Ehemalige Angestellte von *Theranos* sprachen von langen, zermürbenden Arbeitszeiten und vielen Situationen, die mit enormem Stress verbunden waren«, so Somerville. »Es gab auch die Aussage, dass sich Mitarbeiter unter Druck gesetzt fühlten, im Namen des Unternehmens zu lügen und Ärzte im Namen des Unternehmens zu täuschen. Und viele dieser Dinge führten laut Zeugenaussagen dazu, dass die Mitarbeiter gestresst waren, Angst hatten und schließlich in einigen Fällen kündigten.«[37]

Der Chef vom Dienst wurde mit dem, ich vermute ironischen, Spitznamen »Sunny« Balwani bezeichnet. In der Zeitschrift *Wired* heißt es dazu:

»Das allergrößte Problem war die dysfunktionale Unternehmenskultur, in der man an der Entwicklung [der Technologie] arbeitete. Holmes und Balwani betrachteten jeden, der Bedenken äußerte oder etwas einzuwenden hatte, als Zyniker und Neinsager. Mitarbeiter, die nicht locker ließen, wurden in der Regel ausgegrenzt oder entlassen, Kriecher hingegen befördert. Die Angestellten waren Balwanis Lakaien. Er erwartete von ihnen, dass sie ihm zu jeder Tages- und Nachtzeit sowie an den Wochenenden zur Verfügung standen. Er checkte jeden Morgen die Sicherheitsprotokolle, um nachzusehen, wann sie sich an- und abgemeldet hatten.«[38]

Wired zufolge überprüfte Balwani jeden Abend die technische Abteilung, um sich zu vergewissern, dass die Mitarbeiter noch an ihren Schreibtischen saßen und arbeiteten. Und das um 19.30 Uhr! *Wired* berichtete aber auch, dass einige Mitarbeiter mit der Zeit weniger Angst hatten und lernten, mit Balwani umzugehen, »als ihnen aufging, dass sie es mit einem launischen Kleinkind zu tun hatten, das nur über einen begrenzten Intellekt und eine noch begrenztere Aufmerksamkeitsspanne verfügte«.[39]

Erinnert Sie das an irgendein anderes »Mann-Kind« oder an einen Chef, von dem Sie vielleicht schon einmal gelesen haben? Das schließt den Kreis und bringt mich zurück zu Elon Musk, der mit Twitter den vorhin erwähnten Entwicklungsbaum nach oben geklettert ist. Da ich nicht auf Twitter bin, lässt es mich kalt, ob Trump wieder auf die Plattform zurückkehrt oder nicht. Was mich aber nicht kalt lässt, ist die Verherrlichung einer Arbeitskultur, in der Kindness ein Fremdwort darstellt. Sobald Musk Twitter 2022 übernommen hatte, entließ er als eine seiner ersten Amtshandlungen gleich einmal 4.000 Mitarbeiter. Zudem machte die Mitarbeiterin Esther Crawford im Anschluss an seine Übernahme den Twitter-Hashtag *#SleepWhereYouWork* auf, nachdem ein Foto von ihr im Schlafsack und mit Augenmaske viral gegangen war. Das war im November 2022, kurz nachdem Musk bekannt gegeben hatte, dass er seine Mitarbeiter vor die Wahl gestellt hätte, sich entweder auf »lange Arbeitszeiten mit hoher Intensität« einzustellen – und das per Unterschrift zu akzeptieren – oder ihre Stelle aufzugeben. Crawford ist in der Zwischenzeit entlassen worden, und viele haben mittlerweile gekündigt.[40] Wer für Twitter arbeitet, der ist nicht gerade von Kindness umgeben.

Auf der anderen Seite veröffentlichte Musk im Juni 2014 unter dem Titel »All Our Patent Are Belong to You« ein Statement, in dem er erklärte, dass Tesla sich »im Geiste der Open-Source-Bewegung« zurückhalten und

»gegen niemanden eine Patentklage anstrengen wird, der unsere Technologie in guter Absicht nutzen möchte«.[41] Das kann man so und so verstehen: einmal als eine sehr großzügige Geste, um dazu beizutragen, dass bald umweltfreundlichere, nachhaltigere Fortbewegungsmittel unsere Straßen befahren, und zum anderen eher zynisch, als einen Versuch, sich selbst zu schützen. Denn in der *Harvard Business Review* wird Musk mit den Worten zitiert: »Wenn wir Patente veröffentlichen würden, wäre das geradezu lächerlich. Denn die Chinesen würden sie einfach als Anleitung benutzen.«[42] Alles in allem ist Musks Strategie die Umkehrung der Kindness Economy – es geht ihm dabei in erster Linie um Profit, dann (vielleicht) um den Planeten und schließlich (wenn man Glück hat) um die Menschen.

Wenn Sie dennoch der Meinung sind, dass die Haltung der Leute vor einigen Jahrzehnten eine bessere war, dann schauen Sie sich *The Wolf of Wall Street* an. Der Film basiert auf der wahren Geschichte von Jordan Belfort und der von ihm betriebenen Maklerfirma Stratton Oakmont. Belfort verstieß gegen das Gesetz, betrog seine Aktionäre und manipulierte die Aktien von Dutzenden von Unternehmen, um in den 1990er-Jahren ein Leben auf großem Fuß zu führen. Der Film verherrlicht die Welt der Börsenmakler (was einen bestimmten Schlag Mensch anspricht), offenbart (glücklicherweise) aber auch die Kehrseite, sprich den »Hintern« eines solchen Verhaltens, und zeigt den Niedergang von Belfort – er zeigt, wie der Affe von dem zitierten Baum herunterfällt.

Der Tiger im Baum

Enorme Stresssituationen, eine »für alle wirtschaftlich sinnvolle« Kürzung der Sozialleistungen und harte Arbeit sind nichts Seltenes im Haifischbecken der Wirtschaft, sei es im Börsenhandel, im Bankwesen, in Start-ups oder nach Übernahmen. Zugegeben, es kann schon enorm berauschend sein, im Zentrum von etwas Neuem und Aufregendem zu stehen, das Reichtum verspricht und einem Dollarzeichen in den Augen treibt, genau wie bei Daffy Duck in den *Looney Tunes* (sagt das Bild nicht alles?!). Aber das muss ja nicht heißen, dass man sich den Mitarbeitern oder sogar auch der Umwelt gegenüber *unkind* verhält. Musk, das sollte man ihm zugutehalten, hat sich für die Elektromobilität ins Zeug gelegt und Tesla zu einem Synonym für Elektroautos gemacht, so wie Hoover zu einem Synonym für Staubsauger wurde. Bei Tesla wimmelt es im Ökosystem Arbeitsplatz aber auch nur so von Anschuldigungen wegen inakzeptablen Verhaltens. *Wired* schreibt dazu: »Manchmal feuerte Musk Mitarbeiter zuhauf; manchmal schüchterte er sie auch einfach nur ein. Ein Manager hat sogar einen Ausdruck für diese Ausbrüche erfunden – *Elons rage firings* [etwa: Elons Wut-Entlassungen] –, und er verbot seinen Mitarbeitern, Musks Schreibtisch in der Gigafactory zu nahe zu kommen, aus Sorge, dass eine zufällige Begegnung, eine falsche Antwort auf eine unerwartete Frage den Job der Betreffenden gefährden könnte.«[43]

Gefühle der Unsicherheit und eine Atmosphäre der Einschüchterung wirken sich im Arbeits- und Privatleben der meisten Menschen alles andere als förderlich aus. Jon McNeill, einer von Musks Top-Leuten, griff auf ein altes Sprichwort zurück, als er versuchte, seinen Chef zu beruhigen: »Kein Mensch kommt auf eine gute Idee, wenn er von einem Tiger verfolgt wird.«[44] Dem Artikel in *Wired* zufolge hat Musk durch sein Verhalten viele talentierte Mitarbeiter verloren – und vergessen wir diejenigen nicht, die nicht einmal im Traum daran denken würden, sich in einem solchen Umfeld zu bewerben.

Schlechte Chefs

Trotz der Gesetze gegen Diskriminierung am Arbeitsplatz und ungerechtfertigte Entlassung ist diese Art von Verhalten nach wie vor nichts Ungewöhnliches. Ich denke an meine eigene Erfahrung zurück, als ich mich für eine Stelle als Bildredakteurin beim *Telegraph Magazine* in London bewarb. Dort wurde mir gesagt, dass ich, obwohl perfekt für die Stelle qualifiziert, nicht geeignet sei, da ich Ende 20 wäre, gerade geheiratet hätte (meinen ersten Mann) und daher wahrscheinlich in den nächsten Jahren Mutterschaftsurlaub nehmen wolle. Die Frau, die das Vorstellungsgespräch mit mir führte, hätte ganz sicher keine besonders nette Chefin abgegeben, und darum war ich in dem Fall froh, dass ich die Stelle nicht bekam. Obwohl ich, so unnett das auch klingen mag, die Genugtuung genossen hätte, ihr abzusagen, wenn sie mir die Stelle trotzdem angeboten hätte.

In einer bestimmten Generation und in manchen Arbeitsfeldern hält sich hartnäckig der Glaube, dass die sogenannten *strong arm tactics* – herumschreien und schikanieren, um zu bekommen, was man will – am besten funktionieren. Diese diktatorischen Methoden scheinen heute jedoch völlig fehl am Platz, und die Forschung hat wiederholt nachgewiesen, dass sie auch nicht zielführend sind. Im Gegenteil, sie sind kontraproduktiv: Die Menschen sind nicht produktiver, sondern um einiges weniger produktiv, wenn sie unter großen Druck gesetzt werden. Wie Musk netterweise demonstriert hat, geht diese Taktik im heutigen Arbeitsklima immer häufiger nach hinten los.

Laut einer Umfrage, die das IZA Institute of Labor Economics unter dem spannenden Titel »How Common are Bad Bosses?« [etwa: Wie verbreitet sind schlechte Chefs?] durchgeführt hat, fallen immer noch etwa 13 Prozent der Führungskräfte in Europa in diese Kategorie.[45] In der Umfrage bewerteten Angestellte ihren unmittelbaren Vorgesetzten in Bereichen wie Feedback, Respekt, Lob und Anerkennung, Hilfe bei der Erledigung der Arbeit, Unterstützung der individuellen Entwicklung, erfolgreiche Teamarbeit sowie allgemeine Hilfe und Unterstützung. Die Umfrage betraf damit nicht nur die meisten, wenn nicht gar alle Aspekte der beruflichen Tätigkeit, sie kann auch als Umfrage zur Kindness in Unternehmen gewertet werden. Interessanterweise ergab sich, dass schlechte Chefs am häufigsten im Verkehrssektor und in großen Organisationen anzutreffen sind. Dabei räumten die Forscher ein, dass sie überrascht waren, wie niedrig der durchschnittliche Prozentsatz ausfiel und dass ihnen nicht häufiger von Vorgesetzten à la Miranda Priestly (die fiese Chefin aus *Der Teufel trägt Prada*) berichtet wurde.

Fluktuation auf dem Arbeitsmarkt hängt natürlich nicht allein von der Kindness der Chefs und Vorgesetzten ab. Unzufriedenheit am Arbeitsplatz ist kein neues Phänomen, aber es ist ein Trend, der sich aufgrund der Pandemie und der Wirtschaftskrise, die daraus resultierte, beschleunigt hat.

2019 waren, so der Gallup-Bericht der Bill & Melinda Gates Foundation, weniger als die Hälfte der US-Beschäftigten mit ihrer Arbeit zufrieden. Nach einer Schätzung des Beratungsunternehmens McKinsey haben im Jahr 2022 – bezogen auf den US-Arbeitsmarkt insgesamt – bis zu 40 Prozent der Beschäftigten darüber nachgedacht, ihre Stelle zu kündigen. Als Begründung führten sie an, dass sie das Gefühl hätten, sie stünden ständig auf Abruf, würden ungerecht behandelt, ihre Arbeitslast sei viel zu hoch, sie dürften wenig selbst bestimmen und bekämen keine soziale Unterstützung.[46] Der in der Umfrage ermittelte Prozentsatz entspricht in etwa dem von 2021, wobei sich die Menschen da vor allem flexiblere Verträge und Angebote etwa zur Unterstützung der psychischen Gesunderhaltung erhofften.

Leider können viele ihren Job nicht einfach kündigen, um einen »humaneren« Arbeitsplatz zu finden, der mehr Sinn und Erfüllung bietet. Wie ein schockierender Bericht im *Guardian* vom November 2022 zeigte, verzichten selbst schwerkranke Menschen auf eine Krankschreibung durch ihren Hausarzt, weil sie glauben, sich keinen Krankheitstag leisten zu können. Dr. Kamila Hawthorne, die Vorsitzende des Royal College of GPs [eine Vereinigung der Hausärzte], berichtete, viele Patienten klagten über eine Verschlechterung ihrer körperlichen und geistigen Gesundheit aufgrund von finanziellem Stress. Und Ärzte, so Hawthorne, litten unter »moralischer Verzweiflung«, weil sie nicht mehr tun könnten, um den schwächsten und verwundbarsten Mitgliedern der Gesellschaft zu helfen.[47] Wenn sich die Wirtschaft in einer Rezession befindet oder große Unruhe am Arbeitsmarkt herrscht, fehlt es vielen Menschen an einer alternativen Beschäftigungsmöglichkeit und sie müssen in ihrem ausbeuterischen Arbeitsverhältnis ausharren, um ihre Familie zu ernähren und die Lebenshaltungskosten zu bestreiten.

Man sollte eigentlich meinen, dass Unternehmen motiviert sind, angesichts der zunehmend schlechteren Bedingungen am Arbeitsmarkt ihre Attraktivität zu steigern. Doch weit gefehlt: »Unfreundliche« Führungsansätze scheinen tatsächlich *häufiger* geworden zu sein. Laut einer Studie der Durham University liegt das daran, dass Vorgesetzte sich weniger Gedanken um die Mitarbeiterbindung machen.[48] Das zieht schlimme Kreise. Als trauriges Beispiel nennt die Studie einen Vorfall, der sich zwischen 2008 und 2009 bei der France Télécom ereignet hat. »In dem Versuch, Kosten zu senken und das Unternehmen zu verschlanken, haben Führungskräfte des Unternehmens ihren Mitarbeitern systematisch psychische Gewalt angetan. Das führte dazu, dass sich 35 Mitarbeiter zwischen 2008 und 2009 das Leben nahmen.«[49] In der Studie heißt es aber auch weiter: »Als die Öffentlichkeit auf dieses Problem aufmerksam wurde, organisierte sie sich und unterstützte die Opfer, und die Verantwortlichen wurden wegen ›institutioneller Belästigung‹ und der Schaffung eines Arbeitsumfeldes, in dem Mobbing alltäglich war, zu Haft- und Geldstrafen verurteilt.« André Spicer, Professor für Organisationsverhalten an der Bayes Business School der City University of London, glaubt, dass wir den Gipfel der »schlechten Chefs« wahrscheinlich – und Gott sei Dank – erreicht haben. Er spricht vom Elon-Musk-Effekt und geht davon aus, dass die Tage des schlechten Chefs gezählt sind.[50]

BIP vs. Lebensqualität

In gewisser Weise ist es gut – um noch einmal die bestechende Metapher von dem Affen zu bemühen –, dass wir anfangen, immer mehr von dem hässlichen »Hintern« der Wirtschaft zu sehen. Es ist nicht anders als bei der *#MeToo*-Bewegung: Je mehr wir erfahren, und sei es noch so schockierend, desto mehr können wir tun. Wie also denken wir um in puncto Kapitalismus und Konsumismus angesichts der großen Resignation unter den Beschäftigten, des massenhaften Umsichgreifens des Burn-out-Syndroms (wobei Tristan Horx, mein Sohn, statt von Burn-out lieber von Burn-in spricht), ganz zu schweigen von den frustrierenden Versuchen, die steigenden CO_2-Werte einzudämmen? George Monbiot, Gründungsmitglied der *Anti-Growth Coalition* in Großbritannien, hat dafür einen Plan. Und mehr noch, er hat eine ganze Bewegung. Auch wenn das Wort »Anti-Wachstums-Koalition« nicht gleich Begeisterungsstürme auslöst, wächst das Interesse daran. Viele Jahre lang wurden die Koalitionäre als »Stimmen des Niedergangs« und »Feinde des Unternehmertums« abgetan, die »nicht verstehen, was es heißt, Ziele und Ambitionen zu haben«.[51] Monbiot vertritt dabei den Standpunkt, dass Zuwächse beim Bruttoinlandsprodukt (BIP) nicht mit Glückssteigerungen gleichzusetzen sind. In einem Artikel für den *Guardian* stellt er fest:

»In vielen Ländern, in denen das Pro-Kopf-BIP viel niedriger ist, ist die Lebenserwartung höher und die Ausbildung besser als in den Vereinigten Staaten. Und warum? Weil Länder wie Südkorea, Portugal und Finnland so klug sind, in den öffentlichen Sektor zu investieren, und es eben nicht zulassen, dass die Reichen den größten Teil des Wirtschaftswachstums für sich abschöpfen. Das heißt nicht, dass diese Länder mehr ausgeben, sondern dass ihre Investitionen dem Allgemeinwohl zugutekommen anstatt dem Wohlstand einiger weniger.«[52]

Oder wie der Wirtschaftsanthropologe Jason Hickel sagt: »Die Mainstream Economy glaubt nach wie vor, dass Wachstum unverzichtbar ist. Dieser blinde Glaube an das BIP aber kommt nur den Reichen zugute und bringt den Planeten um. Wir brauchen nicht mehr Wachstum, um das Leben der Menschen zu verbessern. Indem wir weniger arbeiten, weniger kaufen und produzieren und in den öffentlichen Sektor investieren, können wir die Lebensqualität verbessern – und gegen die Klimakrise angehen.«[53]

Monbiot fragt weiter: »Werden wir glücklicher sein, wenn wir die Vorschriften zum Schutz von Arbeitnehmern und Verbrauchern abbauen? Nein. Wir werden feststellen, dass unsere Gesundheit, dass Wohlstand und Wohlbefinden sich verschlechtern, während die Unternehmen, die uns ausbeuten, noch reicher werden. Unser Leben weitet sich unter diesen Umständen nicht aus. Es schrumpft durch Armut, Umweltverschmutzung, schlechte Gesundheit und Ausbeutung.«[54]

Was Monbiot, Hickel und viele andere wie sie ausdrücken wollen, ist, dass die Lebensqualität, nicht das BIP, das Maß für den Erfolg einer Gesellschaft abgeben sollte.

Eine Welt voller Bedürfnisse

Wir werden als Wirtschaft und als Zivilisation weiter wachsen. Wir werden auch weder den Kapitalismus noch den Konsumismus abschaffen. Doch während wir schließlich immer mehr von dem sprichwörtlichen Affenhintern zu sehen bekommen, brauchen wir gleichzeitig neue Strategien. Einer der entscheidenden Ansätze wird es sein, den Schwerpunkt auf Effektivität statt auf Effizienz zu legen. Bei Effizienz geht es um die Fähigkeit, ein angestrebtes Ziel so zu erreichen, dass dabei möglichst wenig Zeit, Mühe und Ressourcen verschwendet werden. Effektivität ist die Fähigkeit, ein besseres Ergebnis zu erzielen, eines, das wertvoller ist oder einen größeren Nutzen für Mensch und Planet liefert. Einen früheren Punkt aufgreifend, könnte man die Behauptung vertreten, dass wir in unserer Wirtschaft den Höhepunkt der Effizienz (billiger, schneller) erreicht haben.

Dieses Denken ist natürlich nicht neu. Lassen wir einen der Väter der modernen Ökonomie zu Wort kommen, John Maynard Keynes. Er schrieb 1930:

> *»Die herrschende weltweite Depression, die ungeheure Anomalie von Arbeitslosigkeit in einer Welt voller Bedürfnisse, die verheerenden, von uns begangenen Fehler haben uns blind für das werden lassen, was unter der Oberfläche vor sich geht – was eine zutreffende Interpretation der Entwicklungstendenz wäre. Denn ich sage voraus, dass die beiden entgegengesetzten Irrtümer des Pessimismus, die jetzt in der Welt so viel Lärm machen, sich noch in unserer eigenen Zeit als falsch herausstellen werden – der Pessimismus der Revolutionäre, die glauben, die Dinge seien so schlecht, dass nichts als ein gewaltsamer Umsturz uns retten kann, und der Pessimismus der Reaktionäre, die das Gleichgewicht unseres wirtschaftlichen und gesellschaftlichen Lebens für so gefährdet halten, dass wir keine Experimente riskieren dürfen.«*[55]

Wie wir im nächsten Kapitel sehen werden, ist der Possibilismus einer der Schlüssel für das Argument, dass wir in Keynes' »Welt voller Bedürfnisse« eine Kindness Economy brauchen. Wir werden immer »Bedürfnisse haben« und »etwas wollen«. Wir müssen nicht aufhören, zu wollen oder zu konsumieren. Aber wir müssen besser wollen und besser konsumieren. Wir werden auch nicht aufhören, arbeiten zu wollen, wir brauchen einfach nur eine Arbeit, die mehr Sinn hat. Die Kindness-Ökonomie ist ein Experiment, das, wenn es funktioniert, uns wieder mit den Menschen, dem Planeten und dann mit dem Profit verbinden wird.

3

DIE PRINZIPIEN DER KINDNESS ECONOMY

Der Weckruf des Possibilismus

»Es ist gerade eine allgemeine Tendenz zu spüren, den aktuellen Zustand zu hinterfragen, und das gibt uns die Möglichkeit – als Unternehmer, als Kunden, als Menschen –, aufs Neue zu definieren: Was könnte und was sollte Kapitalismus sein?«

MARY PORTAS[56]

Eine der häufigsten – und frechsten – Fragen, die mir gestellt werden, ist, ob ich eine Optimistin oder eine Pessimistin bin. Eine solche Frage ist nicht nur unfair, sondern auch sehr schwarz-weiß. So wie der furchtbar veraltete Ausdruck *Work-Life-Balance* suggeriert, es gebe entweder das eine oder das andere, ist es auch mit dem Optimist- oder Pessimist-Sein. Hier wie da werden die Dinge auf die gleiche unfaire Weise gegeneinander ausgespielt. Ich für meinen Teil aber bin kein großer Fan davon, die Welt schwarz-weiß zu betrachten. Und in diesem Fall glaube ich auch nicht an Kompromisse: Ein bisschen optimistisch oder ein bisschen pessimistisch, das klingt nach einer Optimierungsstrategie – so wie »ein bisschen schwanger sein«! Auch auf die Gefahr hin, prätentiös oder gar unhöflich zu klingen, sage ich jedem, der mich fragt, dass ich mich lieber als Possibilistin bezeichne.

Die Definition eines Possibilisten kann etwas verwirren, und sie variiert ziemlich, je nachdem, wen man fragt (und sogar, in welcher Stimmung die betreffende Person ist). Laut Wiktionary ist ein Possibilist aus philosophischer Sicht »jemand, der den Possibilismus vertritt, also die Position, dass es Dinge nicht wirklich geben muss, damit sie Eigenschaften haben können«[57]. Historisch gesehen ist man Possibilist, wenn man »ein Sozialist [ist], der dafür eintritt, sich auf kleine, erreichbare Formen unmittelbaren Fortschritts zu konzentrieren, anstatt der Revolution gegenüber eine Ganz-oder-gar-nicht-Haltung einzunehmen«. Obwohl das eine Position ist, der ich mich anschließen könnte, halte ich mich doch lieber an die dritte Definition: »Ein Possibilist ist jemand, der weder ohne Grund hofft noch ohne Grund Angst hat. Jemand, der sich auf die Analyse von Daten stützt, um die relative Wahrscheinlichkeit zukünftiger Möglichkeiten zu verstehen, anstatt sich auf Intuition, Gefühle, persönliche Erfahrungen, Dogmen, Aberglauben, Mainstream-Denken oder mentale Modelle (z. B. Pessimismus oder Optimismus) zu verlassen.« Diese einfache Erklärung hat auf manche Menschen eine erstaunliche Wirkung, und sie fühlen sich ausgesprochen erleichtert. Es ist, als ob ihnen ein Licht aufgeht und eine schwere Last von den Schultern genommen wird. Das kann selbst den eingefleischtesten Pessimisten passieren; zwar sind sie nicht dazu bereit, einen Glaubenssprung zu wagen, der in den reinen, ungetrübten Optimismus führt, aber sie lassen sich von nun an gern als »Possibilisten« ansprechen.

Das Wort leitet sich ursprünglich vom lateinischen *possibilis* ab, was übersetzt »das, was getan werden kann« bedeutet. Zu »dem, was *nicht* getan werden kann« fällt mir ein, wie mir in der Schule gesagt wurde, ein Abschluss in Geografie, meinem Studienziel, sei nichts wert. Das ist lange her. Es war eine Zeit, in der Geografie als Studienfach nicht sonderlich viel hermachte – und ob Sie es glauben oder nicht, damals vertrat man die Auffassung, dass uns die nächste Eiszeit unmittelbar ins Haus stünde. Interessanterweise findet der Ausdruck »Possibilismus« auch in der Geografie Verwendung. Possibilismus gilt dort als »die Theorie […], dass das Verhalten des Menschen und damit auch die Kultur nicht nur durch die Umwelt bestimmt wird, sondern vielmehr auch in seiner eigenen Macht liegt«[58]. Vielleicht war es also doch keine so schlechte Sache, einen Abschluss in Humangeografie zu machen. Hätte ich stattdessen Politik studiert, wäre ich wohl zunächst für die andere Verwendung des Begriffs »Possibilismus« eingetreten: »die Überzeugung, dass nur solche Reformen in der Gesellschaft angestrebt werden sollten, für die eine realistische Aussicht besteht, dass sie sich auch erreichen lassen.«

Possibilismus ist die Idee, dass wir uns Alternativen vorstellen können, dass es eine andere Art gibt, die Dinge umzusetzen. Dabei geht es darum, die Vorstellungskraft zu aktivieren und statt vom »was ist« vom »was wäre wenn« her zu denken, wie Rob Hopkins es nennt. So ist immer wieder davon die Rede, der Klimawandel sei Resultat des »Versagens unserer Vorstellungskraft«. Dasselbe könnte man natürlich auch von unseren »Visionären« sagen. Von der Kinderbuchautorin Astrid Lindgren stammt bekanntlich der Satz: »Alles, was an Großem in der Welt geschah, vollzog sich zuerst in der Fantasie eines Menschen.« (Das gilt allerdings auch für alles Schreckliche, muss man dazusagen.)

Die Bausteine der Kindness Economy

Eine possibilistische, fantasievolle Perspektive hat meiner Meinung nach das Potenzial dafür, ökonomische Reformen in einer Größenordnung zu erreichen, die hinsichtlich der Lebensqualität jetzt und in der Zukunft einen Unterschied bewirken kann. Was also sind die eigentlichen Regeln, Prinzipien und Strategien, die die Idee der Kindness Economy ausmachen? Der Begriff *kindness economy* stammt ursprünglich von Mary Portas. Die britische Einzelhandelsberaterin und Broadcasterin prägte und entwickelte ihn in ihrem 2021 erschienenen Buch *Rebuild: How to Thrive in the New Kindness Economy*. Trotz der vielen Elemente und Bausteine, die ihre Idee im Einzelnen umfasst, lässt sie sich im Grunde auf einen Satz bringen: Wir müssen die Dinge auf den Kopf stellen – die Menschen müssen Priorität haben, gefolgt vom Planeten, und erst dann kommt der Profit. »Die Kindness Economy«, so Portas, »ist eine Bewegung, die dafür steht, wie sich die Konsumkultur ändern muss (und will). Wie Menschen kaufen und verkaufen, wie sie produzieren und leben, all das muss sich ändern. Sozialer Fortschritt und Kommerz müssen Hand in Hand gehen.«[59] Das ist natürlich leichter gesagt als getan, aber schauen wir uns doch ein paar Bausteine an.

Wie bei vielen Dingen im Leben ist es gut, wenn man kontrastiert und vergleicht (wir alle machen das, bewusst oder unbewusst, immerzu – bei potenziellen Partnern, Speisekarten, Anziehsachen und anderen Dingen mehr). In diesem Abschnitt werden die altbewährten Prinzipien der klassischen Growth Economy mit den Prinzipien der Kindness Economy verglichen, wie in der folgenden Tabelle zusammengefasst. Dabei habe ich mich an Portas' Version orientiert und mich von ihr inspirieren lassen, sie aber gekürzt, angepasst und durch eigene Kriterien ergänzt. Viele dieser Prinzipien sind selbsterklärend, und viele Elemente werden sich in den Beispielen der folgenden Kapitel wiederfinden.

GROWTH ECONOMY	KINDNESS ECONOMY
ich, ich und nochmals ich	wir, ich und sie [andere]
gedankenloser Konsum	nachhaltiger Konsum
kurzfristiges Denken	kurz- und langfristiges Denken
einfach nur kaufen	werteorientiert kaufen
seinen Kunden dienen	auch der Gemeinschaft dienen
Konsum-Status	Wohlfühl-Status
kurzfristiges Verlangen	verantwortungsbewusstes Verlangen
lineares Denken	zirkuläres Denken
achtlose Mottos	achtsame Mottos

Vom »ich, ich und nochmals ich« zum »wir, ich und sie«

Wir Futuristen bezeichnen die »Ich-Kultur« häufig als den Megatrend »Individualisierung«. Sprich: Wir leben heute in einer sehr individualistischen Gesellschaft. Dies ist eine der großen soziodemografischen Verschiebungen, die sich in vielen Aspekten unseres Lebens ausmachen lässt. Das beginnt mit der großen Zahl an Single-Haushalten im städtischen Raum und reicht bis hin zum Problem der Einsamkeit. Johann Hari hat eine gute Formulierung dafür gefunden; in seinem Buch *Der Welt nicht mehr verbunden* heißt es: »Die Einsamkeit hängt heute wie ein dicker Nebel über unserer Gesellschaft.«[60] Wie wir es bei Trends gewohnt sind, erleben wir heute einen Gegentrend zur Individualisierung oder, um mit dem deutschen Philosophen und Kulturwissenschaftler Peter Sloterdijk zu sprechen, zur »Ko-Isolation«. Je individualistischer wir als Gesellschaft werden, desto wichtiger wird das Bedürfnis nach Unterstützung durch andere, nach Verbundenheit und nach einer funktionierenden Gemeinschaft. Um es in eine historische Perspektive zu rücken, könnte man auch sagen: Einst wurden wir in Gemeinschaften hineingeboren und mussten um unsere Individualität kämpfen, heute dagegen werden wir als Individuen geboren und müssen unsere Gemeinschaft finden.

Mary Portas drückt das wie folgt aus: »Die Interessen des Einzelnen verschmelzen mit den Interessen der Gesellschaft. Vor allem bei den Millennials und der Gen Z besteht zwischen beiden keine Trennung: Was für das ›Wir‹ das Beste ist, ist auch das Beste für das ›Ich‹ und umgekehrt.«[61] Auch hier hat die Dynamik von Trend und Gegentrend zu einer besonders interessanten Synthese geführt: zu »individualistischen Gemeinschaften«, die paradox klingende Arrangements wie Co-Living- oder Working-Spaces umfassen. Das sind Orte, an denen Menschen ihre Privatsphäre haben, aber auch Dienstleistungen austauschen und/oder Räume miteinander teilen. Neben dem »Wir« gibt es auch das Bedürfnis, »sie« zu erreichen – diejenigen außerhalb der eigenen unmittelbaren Gemeinschaft, Peergroup oder Kollegenschaft – typischerweise durch die Nutzung von public spaces, also öffentlichen Räumen oder Anlagen, auch »public living rooms« genannt.

Vom gedankenlosen zum nachhaltigen Konsum

»Gedankenloser Konsum«, das klingt, als könne es das gar nicht geben. Leider aber gibt es das doch, denn »Rauschkaufen« ist offenbar modern; es gibt sogar Websites, auf denen die verrückten Dinge aufgelistet sind, die Menschen wie im Rausch gekauft haben. Was Mary Portas mit dem Begriff »unconscious consumerism« aber meint, ist passives Konsumverhalten. Im Zusammenhang der Kindness-Ökonomie ist mit »gedankenlosem Konsum« eine Konsumhaltung gemeint, bei der man die Arbeiter, Produzenten, Umweltauswirkungen und so weiter ausblendet. Diese Haltung ist in dem Sinne gedankenlos, als wir bei unseren Kaufentscheidungen keinen Gedanken daran verschwenden, welche Werte ein Produkt oder eine Dienstleistung tatsächlich vertritt oder welche realen Auswirkungen es hat. Meist geht es dabei rein ums Konsumieren oder um den Status, ohne Rücksicht auf die Folgen für Mensch oder Planet. Beim »überlegten Konsum« hingegen geht es darum, sich in seinen Kaufentscheidungen von Markenwerten, Produktauswirkungen oder der sozialen und ökologischen Nachhaltigkeit leiten zu lassen. Es geht um Verbraucher, die sich der Werte, für die Marken werben, bewusst sind und nach jenen Ausschau halten, die ihre eigenen widerspiegeln. »Sie werden Verbraucher quer durch die Generationen verlieren«, so Felix Krueger, Associate Director of Fashion and Luxury bei der Boston Consulting Group, »wenn Sie sich nicht um soziale oder ökologische Nachhaltigkeit kümmern.«[62]

Vom kurzfristigen Denken zum kurz- und langfristigen Denken

Die folgende Frage stelle ich Ihnen nur aus purem Interesse: Haben Sie auch das Gefühl, Sie stecken in einer Tretmühle fest und kommen aus dem anstrengenden In-kurzen-Phasen-Denken nicht mehr heraus? Ich meine damit: Warten Sie auch ständig auf das nächste *Pling* Ihres Smartphones, den nächsten Instagram-Like oder Twitter-Retweet? Ja? Dann stellen Sie sich jetzt eine mechanische Uhr vor, die die nächsten 10.000 Jahre auf die Sekunde genau gehen wird. Nehmen Sie dann zum Vergleich Ihre Apple Watch, die vielleicht nur eine Lebenszeit von ein paar Jahren hat und die auch noch alle paar Wochen ein Update braucht. Das Bild von der mechanischen Uhr funktioniert ein bisschen wie die Bremsschwellen zur Beruhigung des Straßenverkehrs; es hat eine bemerkenswerte und augenblicklich beruhigende Wirkung. Diese Uhr gibt es übrigens wirklich, oder soll es zumindest geben. Gerade wird sie von der Long Now Foundation vorsichtig und natürlich ohne Eile zusammengebaut und soll dann in einem Berg in Texas 10.000 Jahre lang ticken. »Die Zivilisation«, so schreibt eines der Gründungsmitglieder der Stiftung, Stewart Brand, »treibt in einen Zustand pathologisch kurzer Aufmerksamkeitsspannen [...] Es braucht eine Art Korrektiv, um die Kurzsichtigkeit auszugleichen – irgendeinen Mechanismus oder Mythos, der auf lange Sicht und die langfristige Verantwortungsübernahme ausgerichtet ist.«[63] Die Uhr, die man nur nach einen eintägigen Fußmarsch erreichen wird, soll ein Symbol unserer Verbindung in die Zukunft wie auch in die Vergangenheit sein (unsere moderne Zivilisation ist nur etwa 10.000 Jahre alt). In der Tat »würde eine solche Uhr, sofern sie imposant und technisch ausgereift genug ist, die Tiefe der Zeit für die Menschen verkörpern. [...] Im Idealfall würde sie für das Nachdenken über die Zeit das leisten, was die Fotos der Erde, die vom Weltraum aus aufgenommen wurden, für das Nachdenken über die Umwelt geleistet haben. Solche ikonischen Symbole verändern die Denkweise der Menschen von Grund auf.«[64] Was die Kindness Economy betrifft, so versteht es sich von selbst, dass sich geschäftliche Unternehmungen nicht auf Jahrtausende vorausplanen lassen. Neben der kurzfristigen Planung aber gilt es, ein etwas langfristigeres Denken zu entwickeln, wenn es zu einer bedeutsamen Langzeitveränderung kommen soll. »Sie werden Ihre Kathedrale für morgen nie errichten«, so Mary Portas in ihrem Buch, »wenn Sie nicht über ausreichend Cashflow verfügen, um heute Ihre Steinmetze zu bezahlen.«[65]

Vom Einfach-nur-Kaufen zum werteorientierten Kaufen

Bei diesem Prinzip geht es darum, dass Kunden nicht nur passiv die Ware, sondern auch das damit zusammenhängende Mindset oder Wertesystem mitkaufen. Es geht um den Übergang von der passiven zur aktiven Wahl, um bewussten Konsum. Jedes Mal, wenn Sie etwas kaufen, von Ihrer Schokolade bis hin zum Waschmittel, kaufen Sie nicht einfach nur bei irgendeinem Unternehmen, sondern Sie entscheiden sich bewusst für eine Marke mit allem, wofür sie steht. Wir treten in eine Konsumphase ein, in der Zertifizierungen immer wichtiger und auffälliger (und auch komplizierter) werden, und die neuen Kennzeichnungen und Symbole helfen uns dabei, unsere Kaufentscheidungen anhand von Faktoren wie »hergestellt ohne Kinderarbeit«, »Fair Trade« oder »vegan« zu treffen. Mary Portas zufolge dringt eine knappe Mehrheit (51 Prozent) der Generation Z heute schon tiefer in die Materie ein und informiert sich über die sogenannten »Corporate Social Responsibility (CSR)«-Praktiken einer Marke, bevor sie sich zu einem Kauf entschließt.[66] Zwar werden sich die Gefahren des Greenwashings oder Kindwashings nie ganz beseitigen lassen, doch mit zunehmender Transparenz und strengeren Zertifizierungen und Gesetzen wird es für fragwürdige Praktiken (hoffentlich) weniger Raum geben.

Vom Dienst am Kunden zum Dienst an der Gemeinschaft

Vielleicht hat uns die Pandemie mehr als alles andere vor Augen geführt, wie notwendig die Verbindung mit einer Gemeinschaft ist. Es war doch seltsam, ja paradox, dass wir erst getrennt sein mussten, damit wir uns verbunden fühlten. Dieses Gefühl gegenseitiger Verbundenheit und der Folgen des Isoliertwerdens voneinander findet sich in einem Gedicht aus dem 17. Jahrhundert treffend formuliert. Die Rede ist von John Donnes klassischem Poem *No Man Is an Island* (1624) *[Niemand ist eine Insel]*. Obwohl in der Regel nur die erste Zeile erinnert und zitiert wird, ist das Gedicht als Ganzes insofern bemerkenswert, als es auch heute noch zu uns spricht, und das in vielerlei Hinsicht – persönlich, gemeinschaftlich, umweltpolitisch und sogar, was den Brexit betrifft!

»No man is an island entire of itself; every man
is a piece of the continent, a part of the main;
if a clod be washed away by the sea, Europe
is the less, as well as if a promontory were, as
well as any manner of thy friends or of thine
own were; any man's death diminishes me,
because I am involved in mankind.
And therefore never send to know for whom
the bell tolls; it tolls for thee.«

Übersetzt heißt es: »Kein Mensch ist eine Insel, nur ganz sich selbst gehörig; jeder Mensch ist ein Stück des Kontinents, ein Teil des Ganzen. Wenn ein Erdklumpen von der See weggewaschen wird, so wird Europa ebenfalls etwas weniger, als wäre es ein ganzes Vorgebirge, als wäre es das Landgut eines deiner Freunde oder dein eigenes: Der Tod jedes Menschen vermindert mich, weil ich mit der Menschheit verflochten bin. Deshalb sende niemals Boten aus, um zu erfahren, für wen die Glocke läutet – sie läutet für dich.«[67]

Rund vierhundert Jahre später hat der Gedanke, dass kein Mensch eine Insel ist, nichts von seiner Relevanz eingebüßt. Im Kern geht es dabei um das menschliche Streben nach sinnstiftenden Beziehungen – was Portas als »Ripple-Effekt« bezeichnet. Mit Hartmut Rosa könnte man auch von »Resonanz« sprechen.[68] Diese hilft uns, die Welt in ihrer Komplexität und in ihrem Bedürfnis nach Verbundenheit und Gemeinschaft zu verstehen. Resonanz ist die Idee, dass die Qualität eines menschlichen Lebens sich nicht nur an den Ressourcen oder dem, was wir besitzen, bemisst, sondern vielmehr auch an unserer Beziehung zur Welt. Als ein Beispiel nennt Portas ihre Kette von Charity Shops, *Mary's Living & Giving*, die ihren Gewinn zu 100 Prozent an *Save the Children* spendet: »Bei jedem neuen Laden, den wir aufmachten, kamen Leute aus der Region, die sich mit Innenarchitektur, Kunst oder in anderen kreativen Bereichen auskannten, und stellten ihre Zeit kostenlos zur Verfügung [...] weil sie wussten, ihre Arbeit würde in einem großartigen Rahmen gezeigt werden – und einer guten

Sache dienen. Der Gemeinschaft etwas zurückzugeben, verschaffte ihnen ein gutes Gefühl.«[69] In London, wo ich aufgewachsen bin, gibt es einen dieser Läden, der von einer bunten Schar Freiwilliger aus der Gegend betrieben wird. Man kann dort nicht nur tolle Schnäppchen ergattern, sondern auch den neuesten Klatsch und Tratsch aus der Nachbarschaft austauschen. Zum Zeitpunkt, als Portas ihr Buch schrieb, gab es in Großbritannien insgesamt 26 Läden, deren Einnahmen sich auf die beachtliche Summe von über 30 Millionen Pfund beliefen.

Vom Konsum-Status zum Wohlfühl-Status

Als ich in den 1970er-Jahren zur Schule ging (ja, das ist schon sehr lange her), gab es ein paar Schuhmarken, die jeder in die Hände bekommen oder, besser gesagt, in die jeder seine Füße stecken wollte. Je nachdem, mit welcher Gruppe man rumhing, waren das Kickers, Doc Martens oder Vans. Die lässige Hippie-Szene stand auf Kickers, die Punks und Skinheads waren scharf auf die »DMs«, wie sie genannt wurden, und die coolen Skater-Jungs fuhren auf Vans ab. Ich besaß aus mehreren Gründen weder die einen noch die anderen: Ich war nicht besonders cool, ich hatte andere Interessen und einen anderen Geschmack, und außerdem waren das teure Marken. Damals musste man sich jedoch nicht für seine Kleidung oder Schuhe schämen. Es war eben so: Man konnte sie sich leisten oder nicht. Man war cool oder nicht. Und wenn nicht (wie in meinem Fall), war das auch egal, denn man konnte sich Status verschaffen, indem man die Hausaufgaben anderer Kinder für sie erledigte. Heute ist das alles natürlich anders. Heute lässt man zum einen die KI die Hausaufgaben machen, und zum anderen stecken heute sehr viele Kinder (und Erwachsene) von Kopf bis Fuß in Statusklamotten und tragen die entsprechenden Accessoires. Marken überbieten sich in ihren Bemühungen, die coolste und angesagteste zu sein. Wir haben erlebt, dass sich eher langweilige, altmodische Marken wie Burberry neu erfinden und jetzt heiß begehrt sind. Status lässt sich überall kaufen, und man findet ihn überall, vom neuesten Elektroauto bis zu krumm gewachsenen Möhren mit Resten von Bio-Erde an der Schale, von Stararchitekten-Häusern bis zu Designerhunden. Doch all das wandelt sich gerade. Unsere Einstellung zum Status ändert sich. Wir haben erfahren, dass für manche Menschen weniger mehr ist. Marie Kondo, die Königin des Aufräumens, hat an uns appelliert, wir sollten zu den Dingen in unserem Besitz ein animistischeres Verhältnis entwickeln. Sie brachte uns dazu, die leblosen Dinge, die uns gehören, unter der Frage zu betrachten, ob sie in uns Freude auslösen. Wenn nicht, so Kondos Empfehlung, sollten wir ihnen für ihre Dienste danken und sie loswerden. Diese Entwicklung ist nach der Pandemie am deutlichsten zu sehen. Mary Portas schrieb dazu in ihrem Newsletter:

»Durch Covid haben wir unser Zuhause mit anderen, neuen Augen zu sehen gelernt. Wir schauen jetzt darauf, wie wir leben und wie wir uns in unseren vier Wänden fühlen, nicht, wie sie uns erscheinen. Anstatt passiv Designermöbel zu konsumieren und alles möglichst perfekt aussehen zu lassen, suchen wir heute nach Möglichkeiten, wie wir Statusempfinden – Respekt und Fürsorge – in unsere Wohnungen bekommen. Genau wie die Modeindustrie wechseln wir von der leeren Welt der Statussymbole zu der tieferen Welt des Statusempfindens über.«[70]

In der schönen neuen Welt der Kindness Economy lässt sich der Wohlfühl-Status auf jedes beliebige Produkt anwenden, von der Küche bis hin zu Ihrer Kleidung. Dabei geht es nicht mehr darum, sich für Produkte zu entscheiden, die Werte verkörpern oder für einen Status stehen, wie sie von anderen definiert werden. Es geht vielmehr um eigene innere Werte und die eigene Identität.

Vom kurzfristigen Verlangen zum verantwortungsbewussten Verlangen

Die Kindness Economy greift die Idee auf, dass wir immer seltener von kurzfristigem Verlangen gesteuert werden – wozu solche Dinge wie Fast Fashion und eine Wegwerfkultur gehören – als vielmehr von etwas, das ich als »verantwortungsbewusstes Verlangen« bezeichne, also ein überlegtes Konsumieren und Arbeiten. Hier kommt einmal mehr die Trend-Gegentrend-Dynamik ins Spiel. So gern wir glauben wollen, dass wir in Zukunft weniger konsumieren, zeigt doch die Tatsache, dass sich der Trend zum Minimalismus beim Großteil der Bevölkerung nicht durchsetzt, dass das wohl nicht passieren wird. Nach weithin geteilter Ansicht besitzt jeder Mensch in Europa um die 10.000 Gegenstände, angefangen von den Büroklammern in irgendwelchen Schubladen bis hin zum Auto und der Kaffeekanne. Interessanterweise wird behauptet, dass Amerikaner etwa 30-mal so viel besitzen, nämlich außerordentliche 300.000 Dinge (ja, wenn man Donald Trump ist, dann vielleicht). Realistischer dürfte sein, dass die Zahl in die Zehntausende geht, nicht in die Hunderttausende. Im Jahr 2001 beschloss der britische Künstler Michael Landy, all seine irdischen Güter in einer Art Kunstausstellung, die er *Break Down* nannte, zu zerstören. Es handelte sich um insgesamt 7.227 Gegenstände, darunter sein Auto, Teebeutel, Zahnbürste, Reisepass, Liebesbriefe von Ex-Freundinnen und sogar seine Geburtsurkunde. Tausende Menschen waren gekommen, um der Zerstörung und Demontage seines gesamten Besitzes zuzuschauen. Das Ganze passierte in einem alten C&A-Laden im Herzen von Londons Einkaufsmekka Oxford Street. Dem *Guardian* gegenüber sagte Landy, es komme ihm vor, als sähe er seiner eigenen Beerdigung zu.[71] Die Aktion mag viele Besucher dazu motiviert haben, ihre Schränke von unerwünschten, ungeliebten und ungenutzten Dingen zu befreien, ganz ähnlich wie sie das in der Pandemie getan haben. Allerdings könnte ich mir vorstellen, dass viele Gegenstände inzwischen ersetzt wurden (in Landys Fall hofft man doch, dass darunter auch solche Sachen wie Zahnbürste, Reisepass und Kleidung waren). Landys Kunstwerk hat jedoch die Erwartung, die auf seinem (natürlich recycelbaren) Label stand, erfüllt: Es hat uns zum

Nachdenken gebracht, wie viel wir wirklich brauchen und wie viele unserer Gegenstände durch »verantwortungsbewusster« produzierte Waren ersetzt werden könnten.

Vom linearen Denken zum zirkulären Denken

Eines der Dinge, von denen wir Trendberater immer wieder abraten, ist das lineare Denken, also zu glauben, dass beispielsweise ein Produkt, eine Idee oder ein Herstellungsverfahren immer und immer mehr Gewinn abwirft. Wir bezeichnen das augenzwinkernd als »Linearitis«, was nach einer hoch ansteckenden Krankheit klingt, und in gewisser Weise sind die Altlasten der klassischen Wachstumswirtschaft auch genau das. Linearitis geht auf die schändliche Frage zurück, die man mir häufig ins Ohr flüstert: »Kennen Sie nicht einen Trend, mit dem ich viel Geld verdienen kann?« Und bevor Sie mir die gleiche Frage stellen, will ich Ihnen die Antwort verraten: Sie lautet nein. Zumindest so lange, bis Sie bereit sind, »zirkulär« zu denken, also in Kreisläufen. Die Idee ist, vom linearen, klassischen Denken in Wertschöpfungsketten zu einem Wertschöpfungskreis zu kommen. Damit kann der Kreislauf von Materialien gemeint sein, wie etwa bei dem Gestaltungs- und Herstellungsverfahren Cradle to Cradle (C2C): Das, was von einem Produkt nach seiner Nutzung bleibt, wird dabei nicht als Abfall betrachtet, sondern als Ressource, sei sie nun biologisch oder technologisch, die weiterverwendet wird. C2C ist ein den Lebenszyklus eines Produkts umfassendes regeneratives System, das Materialien als Nährstoffe behandelt, die auf gesunde und sichere Weise zirkulieren (siehe Abbildung Folgeseite).

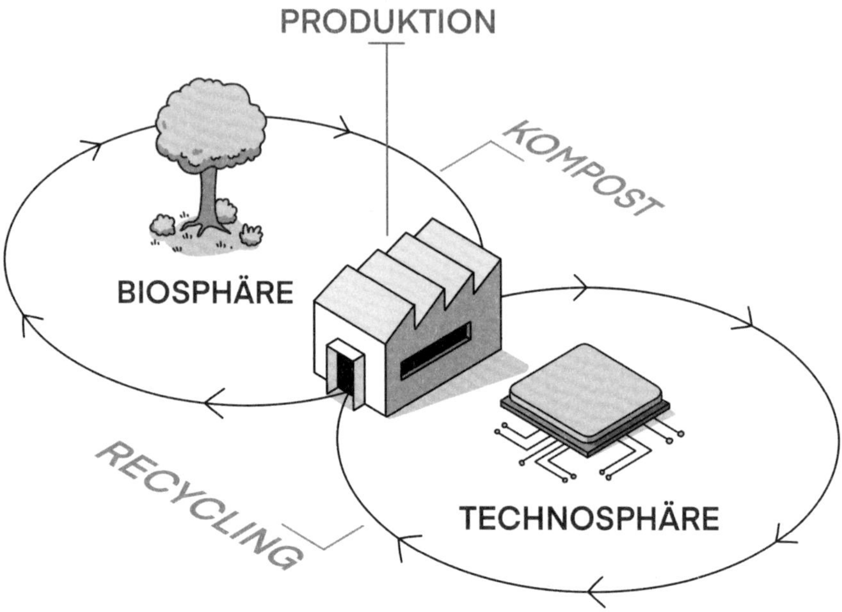

CRADLE TO CRADLE

Entwickelt wurde dieses Gestaltungsprinzip von Professor Dr. Michael Braungart, der 2022 den Ehrenpreis des Deutschen Nachhaltigkeitspreises und damit so etwas wie den Nobelpreis für Ökologie erhielt. Die Botschaft, die von C2C als Grundprinzip ausgeht, wirkt dabei weit über das Ökologische hinaus und findet auch im Sozialen und Politischen Resonanz (siehe auch Kapitel 8 zur Zertifizierung).

Von achtlosen Mottos zu achtsamen Mottos

Mottos oder Absichtserklärungen von Unternehmen sind nicht nur als Framing für eine Marke wichtig, sondern können auch sehr große Kraft entfalten. Und sie kommen und gehen mit der Zeit. Manche lügen. Einige machen schreckliche Fehler, und andere suchen sich mit einer Art Heiligenschein zu umgeben. Dazu gibt es solche, die uns lange im Gedächtnis bleiben. An sie erinnern wir uns noch, wenn sie ihren Einfluss längst verloren haben. Wenn sie unser Vertrauen oder die Relevanz, die sie für unseren Lebensstil und unsere Überzeugungen einmal hatten, längst eingebüßt haben. »Just do it« von Nike klingt mir immer noch vorwurfsvoll im Ohr, wenn ich als Power Walker unterwegs bin und jemand pfeilschnell an mir vorbeizieht. Und so ungern ich es zugebe, aber KFCs »finger-lickin' good« erregt meine Geschmacksnerven nach wie vor, auch wenn ich kein Hähnchen mehr esse. Viele der erfolgreichsten Mottos stammen von Unternehmen aus der Kreativwirtschaft, die von ihren Kunden gut dafür bezahlt werden, dass sie einprägsame Slogans für sie entwerfen. Als ich in den 1970er-Jahren als Werbetexterin für *Olgivy & Mather* arbeitete, verfasste Salman Rushdie einen Slogan, der mir persönlich am besten gefällt: »Naughty but nice« [im Sinne von: Heftig, aber lecker] – für die frischen Sahnetorten des britischen Milk Board. Wie extrem die Werte eines Unternehmens sein können, zeigt sich besonders gut am Beispiel von Patagonia. Im Jahr 2018 lautete das erklärte Ziel des Unternehmens: »We're in business to save our home planet.« Dabei hatte das Unternehmen schon früher für Aufsehen gesorgt. Am Black Friday 2011 hatte es eine Anzeige in der *New York Times* geschaltet, die legendär wurde: Darauf war eine Jacke zu sehen, und darunter stand in großen Buchstaben: »Don't Buy This Jacket.« Stattdessen ermunterte man die Leute dazu, Sachen wiederzuverwenden, zu recyceln und zu reparieren. Interessanterweise erwies sich die Kampagne als »Fehlschlag«, denn die Umsätze von Patagonia stiegen um fast ein Drittel. Daher verwundert es auch nicht, dass CEO Yvon Chouinard erklärte, »bei Patagonia ist Gewinn zu machen nicht das Ziel. Denn der Zen-Meister würde sagen, dass Gewinne geschehen, ›wenn Sie alles andere richtig machen‹«. Außerdem, so Chouinard, »wedelt in vielen Unternehmen der Schwanz (Finanzen) mit dem Hund (Unternehmensentscheidungen). Wir bemühen uns, die Finanzierung von Maßnahmen, die der Umwelt zugutekommen, damit in Einklang zu bringen, dass wir auch in den nächsten hundert Jahren noch im Geschäft bleiben wollen.«[72]

Impulse für das wahre Leben

Wenn wir Chouinards metaphorischen Hund in Richtung Kindness-Ökonomie führen wollen, brauchen wir auch neue Visionen, Prinzipien und Impulse. Impulse können dabei aus vielen Quellen kommen – von Kreativen, aus Krisen und neuerdings auch von Covid-19. Damit war nicht zu rechnen, aber dank der Pandemie haben die Idee und die Prinzipien der Kindness Economy einen unverhofften Schub erhalten. Covid hat da wirklich etwas in Bewegung gebracht. »Meiner Meinung nach«, so Gina Miller gegenüber Mary Portas, »ist es in Empfinden und Bewusstsein zu einer erdrutschartigen Verschiebung gekommen. Die Leute haben angefangen, darüber nachzudenken, wer ihnen persönlich wichtig ist, aber auch darüber, was ihnen Arbeit, Leben, Liebe bedeutet, wie sie ihr Glück finden können. Vorher ging es in erster Linie um Konsum. Doch Mitgefühl und Gemeinschaft und bewusstes Denken haben sich definitiv wieder durchgesetzt.«[73]

Portas ist eine energetische und charismatische, aber auch kontroverse Gestalt, die immer wieder versucht, Grenzen zu überschreiten. Es ist oft sehr aufschlussreich, sich die Lebensgeschichte jener Menschen zu betrachten, die hinter Vorhersagen oder neuen Ideen stehen, und dabei zu schauen, was sie inspiriert hat. In meinem Buch *A Brief History of the Future* habe ich genau das getan, nämlich mir den Zusammenhang wieder und wieder angeschaut, und das von Delphi bis heute.[74] Wie ich dabei feststellen konnte, waren viele der Vorhersagen der Futuristen durch ihre Lebenserfahrung geprägt. Als H. G. Wells in *The Time Machine* das Ende der Welt voraussagte, glaubte er – irrtümlich, wie sich herausstellte –, er würde an einer unheilbaren Krankheit sterben. Und als Charlotte Perkins Gilman in ihrem Buch *Herland* eine Welt voraussagte, in der es zur Fortpflanzung keine Männer mehr braucht, hatte sie gerade eine schreckliche Scheidung hinter sich. In ihrem Vorwort zu *Moving the Mountain* heißt es: »Es ist eine der charakteristischsten Eigenschaften des menschlichen Geistes, bessere Dinge vorauszusagen.«[75]

Auch Portas sagt leidenschaftlich gern bessere Dinge voraus, und auch ihr Hintergrund liefert viele Hinweise darauf, warum das so ist. Portas war gerade 16 Jahre alt, als ihre Mutter starb. Zwei Jahre Vater später starb auch ihr Vater, und so musste sie sich mit 18 Jahren allein um ihren jüngeren Bruder kümmern. Die nicht nur als Verfechterin der Kindness Economy, sondern auch für ihren Einsatz zur Wiederbelebung der Stadtzentren bekannte Podcasterin spricht in ihren Sendungen offen über die Zeit, in der sie sich um ihren Bruder kümmern musste. Sie erinnert sich daran, wie der örtliche Metzger und der Lebensmittelhändler ihr halfen, zurechtzukommen, indem sie ihr etwas zusteckten und ihr Kindness entgegenbrachten. Über die Menschen der örtlichen Gemeinschaft sagt sie: »Sie waren ein Licht in einer sehr dunklen Zeit.«

No Regrets

Es gibt ein paar mutige Menschen, deren Theorien und Denken unser Leben und unser Denken wirklich umkrempeln können. Nehmen wir Daniel Pink und seinen Begriff der Reue. Reue kann lähmen, deprimieren und einem manchmal das Gefühl geben, dass es keine Hoffnung gibt, keinen Sinn, etwas zu ändern, und keinen Grund, überhaupt aufzustehen. Natürlich ist es zu spät, all die Handlungen, die zu so viel menschlichem Elend und Umweltproblemen geführt haben, zu bereuen. Doch wie Pink in seinem neuen Buch darlegt, kann Bereuen manchmal auch etwas Gutes sein. Wir können daraus lernen. Reue kann uns motivieren und sogar transformieren. Im *Monocle Forecast* 2023 schreibt Pink:

> *»Reue schafft Klarheit, welches unsere Werte sind, und sie zeigt uns, wie wir es besser machen können. […] Wenn wir Reue auf kollektiver Ebene betrachten, denken wir oft auch daran, wie begrenzt unsere Fähigkeit ist, zu handeln und Dinge zu ändern. Nehmen wir etwa den Klimawandel. Kann ich persönlich etwas daran ändern, wie die ganze Welt damit umgeht? Nein. In gewisser Weise aber ist das nicht die Frage, die man sich stellen sollte. Ich für meinen Teil frage mich stattdessen oft, ob es etwas gibt, irgendeine kleine Sache, die ich in meinem eigenen Bereich tun kann. Die*

Antwort ist dabei fast immer ein klares ›Ja‹. Wir können nicht immer alles tun, aber können wir etwas tun? Auf jeden Fall.«[76]

Um etwas anders zu machen, brauchen wir Mut. Rezession, Krieg in Europa – ich muss die Gründe nicht aufzählen, die uns hindern, etwas zu ändern. Wenn wir den neuen Prinzipien der Kindness-Ökonomie folgen wollen, müssen wir auch das Korsett aus Zynismus und Pessimismus, das wir häufig mit uns herumschleppen, ablegen. Wie Lydia Polgreen in der *New York Times* schrieb, sind wir oft zynisch, um uns davor zu schützen, enttäuscht zu werden. Und wie Polgreens Frau zu ihr sagte, müsse man »unglaublich verletzlich sein, um zuzugeben: Ja, ich glaube daran, dass die Welt eine bessere Welt sein kann. Dass das, was ich tue, tatsächlich etwas verändern kann.«[77]

Kindness als Geschenk

Es hilft vielleicht, wenn man Kindness als neue Form von Geschenk oder Gabe betrachtet. Die Lektüre von Lewis Hydes Buch *Die Gabe* aus dem Jahr 1983 brachte mich darauf, anders über die Prinzipien der Kindness Economy zu denken. Auch wenn im Untertitel von der »Kreativität« die Rede ist und »wie sie die Welt bereichert«, gibt Hyde in seinem Vorwort zu, von ihm aus hätten die Vertreter des Verlags das Buch auch so bewerben können: »Flegelhafter Kritiker zieht mit einer Zauberformel gegen die blutsaugende Wirtschaft zu Felde«.[78] Sieht man einmal von Hydes Sicht auf die Wirtschaft ab, ist es interessant, der folgenden Idee nachzugehen. Er schreibt:

»Der wesentliche Unterschied zwischen Geschenk und Geschäft besteht darin, dass Geben eine Gefühlsbindung zwischen zwei Menschen begründet, Verkaufen dagegen nicht unbedingt. Ich gehe in eine Eisenwarenhandlung, bezahle mein Sägeblatt und verlasse den Laden damit. Mag sein, dass ich den Verkäufer nie wieder sehe. Diese Anonymität gehört sogar zu den Vorteilen

des Marktprinzips. Oft wollen wir uns gar nicht näher einlassen. Wenn der Händler immerfort über seine Familie plaudern möchte, kaufe ich anderswo ein. Ich brauche ein Sägeblatt, sonst nichts.«[79]

Hyde argumentiert, dass es der Akt des Gebens ist, der eine Verbindung stiftet. Die Zeiten haben sich geändert, seit er das Buch geschrieben hat – und wie ich argumentieren würde, kann in der Kindness-Ökonomie ein Geldgeschäft eine Verbindung stiften. Um Hydes Beispiel aufzugreifen: Wenn Sie sich auf den Verkäufer einlassen würden, könnten Sie etwas über die Verarbeitung der Säge, ihre vielfältigen Verwendungsmöglichkeiten und, ja, wahrscheinlich auch über die Familienangelegenheiten des Mannes erfahren. Und wenn es sich um ein lokales Ladengeschäft handelt, tragen Sie dazu bei, den Einzelhandel zu unterstützen und die dringend erforderlichen Gemeinschaftsbande zu knüpfen, jene losen Verbindungen, die Soziologen als einen wichtigen Teil unseres Sozialbioms ansehen. Sie denken jetzt vielleicht: »Okay, da gehe ich mit, aber im Supermarkt, wer hat da schon Zeit oder Lust, sich mit der Person an der Kasse zu unterhalten?« Ziemlich viele Menschen, wie sich herausstellt! In den Niederlanden haben rund 200 Jumbo-Supermärkte *Kletskassa* eröffnet, also so etwas wie »Quassel-Kassen«, an denen die Kunden sich unterhalten können, anstatt den Einkaufsvorgang so schnell wie menschenmöglich abzuwickeln. »Viele Menschen, vor allem ältere, fühlen sich einsam«, so Jumbo-CCO Colette Cloosterman-Van Eerd. »Als familiengeführtes Unternehmen und Supermarktkette haben wir eine zentrale Rolle in der Gesellschaft. Unsere Läden sind ein Ort der Begegnung, und das bedeutet, dass wir etwas tun können, um die Einsamkeit zu bekämpfen. Die Kletskassa ist dabei nur eine Möglichkeit.«[80]

Um seinen Standpunkt zu verdeutlichen, führt Hyde ein berühmtes Beispiel des französischen Anthropologen Claude Lévi-Strauss an.[81] In preiswerten Restaurants in Südfrankreich gibt es ein Ritual, bei dem Gäste an einem Gemeinschaftstisch platziert werden und jeder eine Flasche preiswerten Wein zu seiner Mahlzeit bekommt. Bevor man mit dem Essen beginnt, gießt jeder Gast nicht sich selbst, sondern seinem Nachbarn ein

Glas Wein ein. In wirtschaftlicher Hinsicht ändere sich dadurch nichts, argumentiert Hyde, in sozialer Hinsicht aber sei viel passiert. Dieser Brauch erzeuge eine flüchtige Verbindung, vielleicht sogar einen kurzen Moment von Intimität, zumindest für die Dauer der Mahlzeit. Ich würde argumentieren, dass es sich dabei um eine Form zirkulärer Kindness handelt. Wie Hyde behauptet, haben Friedensgeschenke den gleichen verbindenden Charakter. »Schon immer gingen mit Friedensangeboten zwischen Stammesgruppen spezielle Gaben einher, und noch in modernen Zeiten können Gaben ein Kriegsende besiegeln, zum Beispiel als die Vereinigten Staaten nach dem Zweiten Weltkrieg Japan beim Wiederaufbau halfen.«[82] Denken Sie an den Marshall-Plan nach dem Zweiten Weltkrieg, durch den Millionen Dollar in ganz Europa verteilt wurden, um den Kontinent wieder auf die Beine zu bringen. Ja, das bedeutete auch, dass wir US-Waren kaufen mussten, aber es hat funktioniert.

Misfits welcome

Wer also fördert und vertritt heute die neuen Prinzipien der Kindness Economy? Und von was für einem Schlag sind diese Menschen? Mary Portas bezeichnet sich selbst als *misfit* [Außenseiter, Sonderling, jemand, der nicht wirklich in die Gesellschaft passt] – als jemand, der sieht, wo in allem der Riss verläuft. Die Metapher stammt aus Leonard Cohens Song »Anthem«: »There is a crack in everything, that's how the light gets in.« Portas führt den Gedanken noch weiter und sagt: »Misfits nehmen diese Risse und erweitern sie; sie sind die Ausreißer, die Vordenker, die bereitwillig neue Wege gehen, indem sie ihre eigene, ganz spezielle Vision verwirklichen; sie sind Erneuerer und Schöpfer. Alle Misfits haben eins gemeinsam: Sie wissen instinktiv, dass das System und die alten Wege nicht mehr tauglich sind, und darum stellen sie den Status quo infrage.«[83] Im nächsten Kapitel lernen wir einige dieser wunderbaren Misfits und ihre kleinen oder großen Unternehmen kennen, die uns in eine einfühlsamere wirtschaftliche Zukunft führen werden. Wie Leonard Cohen in »Anthem« ebenfalls singt: »Ring the bells that can still ring.«

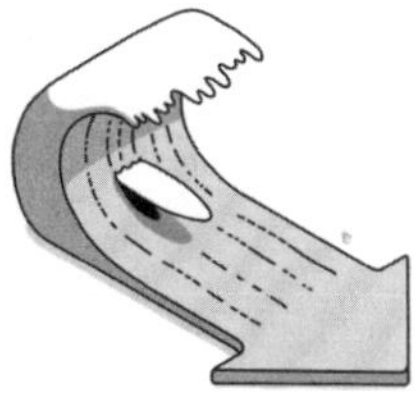

4

AUF DER KINDNESS-WELLE

Vorreiter auf dem Weg

»Vielleicht ist es an der Zeit, sich mit einer anderen Gattung von Unternehmern zu befassen: der Sorte von Menschen, die das Zutrauen haben, Träume von der Weltherrschaft, milliardenschwere Bewertungen und Artikel, die nur das Ego aufblähen, zugunsten bescheidenerer und sinnvollerer Ziele aufzugeben.«

MICHEL HOGAN[84]

Kulturanthropologen sind an sich nicht dafür bekannt, in die Zukunft zu denken, doch Margaret Mead sagte einmal: »Zweifle nie daran, dass eine kleine Gruppe von nachdenklichen, engagierten Bürgern die Welt verändern kann. Tatsächlich sind sie die Einzigen, die das je geschafft haben.« Mead, die 1978 starb, hatte jedoch in einem Punkt unrecht: Es wird keine kleine, sondern eine große Gruppe engagierter Bürger brauchen, um etwas zu verändern, viele Menschen wie Yvon Chouinard, der jener Gattung von Unternehmern angehört, die uns Hoffnung geben. Chouinard ist ein erfolgreicher Geschäftsmann, der sich aus den richtigen Gründen in den Schlagzeilen befindet. Wenn Sie nicht gerade in einer Höhle auf Digitalentzug gewesen sind, haben Sie wahrscheinlich gehört, dass er sein Unternehmen, Patagonia, abgegeben hat. Nicht an die

Aktionäre, sondern an den Planeten. Und sollten Sie tatsächlich in einer Höhle gewesen sein, dann willkommen zurück: Endlich gibt es ein paar gute Nachrichten.

Patagonia – das Geschenk an die Welt

2022 gab Chouinard, der sich selbst als »Geschäftsmann wider Willen« bezeichnet, eine neue Vision für sein Unternehmen aus. Patagonia war da bereits führend, und zwar nicht nur beim Verkauf von Outdoor-Kleidung, sondern auch in der Kindness Economy. Chouinard aber wollte mehr tun, um die Umweltkrise anzugehen. Er suchte nach einer Möglichkeit, wie er mehr Geld in den Kampf gegen den Klimawandel stecken konnte, ohne an die Werte des Unternehmens zu rühren. Also tat er etwas nie Dagewesenes: Anstatt an die Börse zu gehen, überließ er seine Firma einer gemeinnützigen Organisation und Stiftung. Auf der Patagonia-Website verkündet er: »Die Erde ist jetzt unser einziger Aktionär.«[85]

Bevor wir uns jedoch Chouinards Unternehmensleitbild näher ansehen, lassen Sie uns noch einmal dahin zurückgehen, wo alles begann. Es gibt ein Zitat des Designers Konstantin Grčić, das ich gerne verwende: »Gute neue Produkte sind nie eine Erfindung. Sie stellen eine Entwicklung dar.«[86] Das Gleiche ließe sich über Chouinards Weg zur Kindness-Ökonomie sagen – dass es eine Entwicklung war, keine Erfindung. Chouinard begann seine Laufbahn damit, Ausrüstung fürs Felsklettern zu entwerfen, und 2005, zum Zeitpunkt der Veröffentlichung seiner Memoiren – *Let My People Go Surfing: The Education of a Reluctant Businessman* [Lass die Mitarbeiter surfen gehen: Die Erfolgsgeschichte eines eigenwilligen Unternehmers, 2017] – war er bereits seit 50 Jahren im Geschäft. Sein Buch beginnt er mit den Sätzen: »Ich habe diesen Beruf nie respektiert. Es sind in erster Linie die Unternehmen, die sich den Vorwurf gefallen lassen müssen, der Feind der Natur zu sein.« Das lässt aufhorchen! »Und doch«, beeilt sich Chouinard hinterherzuschieben, »können Unternehmen Nahrung produzieren, Krankheiten heilen, die Geburtenkontrolle vereinfachen, Menschen Arbeit geben und unser Leben bereichern.« Puh, das war knapp. »Und all diese guten Dinge können sie tun und dabei Gewinn erzielen, ohne ihre Seele zu verkaufen.«[87]

Chouinard nennt Patagonia ein Experiment. Tatsächlich ist es ein sehr erfolgreiches und inspirierendes Experiment geworden – das Unternehmen hat nicht nur Erfolg, glückliche Mitarbeiter und kümmert sich um die Umwelt, sondern macht auch fantastische Gewinne. Es ist ein herausragendes Beispiel für die Kindness Economy, doch als es anfing, gab es noch keinen Namen dafür. Die Mitarbeiter von Patagonia wollten einfach nur die Berge und die Wellen genießen, die Umwelt schützen und ihren Lebensunterhalt verdienen. Die Firmenphilosophie von Patagonia war (und ist): »Das beste Produkt herstellen, keinen unnötigen Schaden anrichten und das Geschäft nutzen, um Lösungen für die Umweltkrise anzuregen und umzusetzen.«

Wenn Sie Chouinards Buch lesen, wird es Sie verblüffen, dass das Unternehmen dahin gelangt ist, wo es heute ist – gediegene drei Milliarden Dollar wert, und dazu setzt es jährlich Jacken, Mützen und Skihosen im Wert von mehr als einer Milliarde Dollar ab. Erstaunlicherweise war Chouinard in der Schule nicht einmal besonders gut in Mathe; er gibt zu, dass er den Unterricht dermaßen langweilig fand, dass er stattdessen lieber die Löcher in der Decke zählte. Einer seiner ersten und prägenden Jobs nach der Highschool bestand darin, seinem Bruder zu helfen: Dieser betrieb ein Detektivbüro, und Howard Hughes war sein größter Kunde. »Es ging zumeist um irgendwelche Techtelmechtel: die unzähligen jungen ›Starlets‹ von Hughes im Auge zu behalten, eine Jacht zu bewachen, damit sich kein ›Ungeziefer einnistete‹, oder ihn zu verstecken, sodass er nicht für einen Rechtsstreit gegen Trans World Airlines vorgeladen werden konnte.«[88] Für Chouinard war dies eine erste Lektion, wie man sich als wohlhabender Geschäftsmann *nicht* verhalten sollte. »Wir rebellierten gegen die Konsumgesellschaft«, schreibt er über diese Zeit. »Politiker und Unternehmer waren ›Schmutzfinken‹ und Unternehmen die Quelle allen Übels.«[89] Die Welt der Natur war sein Zuhause. Und auch wenn er in die Wirtschaft ging – seine Liebe zur freien Natur hat er nie verloren, und die Umwelt hat er immer vor Schaden zu bewahren gesucht.

Neue Wege ins Vertrauen

Auf der Website des Unternehmens wird erläutert, wie es zu dem wegweisenden und beispiellosen Schritt kam, dass Chouinard sein Unternehmen 2022 an den Planeten abtrat:

> *»Wir fingen bei unseren Produkten an, indem wir Materialien verwendeten, die der Umwelt weniger schaden. Jedes Jahr haben wir ein Prozent vom Umsatz hergegeben. Wir wurden eine zertifizierte B Corp und California Benefit Corporation, und wir hielten unsere Werte in der Unternehmenssatzung fest. 2018 dann haben wir den Zweck, zu dem unser Unternehmen besteht, geändert. Er lautet jetzt: Wir sind geschäftlich tätig, um unseren Heimatplaneten zu retten. Die Idee ist: Statt der Natur Wert zu entziehen und ihn in Reichtum für Investoren zu verwandeln, werden wir den Reichtum, den Patagonia schafft, zum Schutz der Quelle verwenden, aus der aller Reichtum kommt. […]*

Und so funktioniert es: Die stimmberechtigten Unternehmensaktien gehen zu 100 Prozent an den Patagonia Purpose Trust, der dazu eingerichtet wurde, um die Werte des Unternehmens zu schützen. Die nicht stimmberechtigten Aktien wiederum wurden dem Holdfast Collective übertragen, einer gemeinnützigen Organisation, die sich dem Kampf gegen die ökologische Krise und dem Schutz der Natur verschrieben hat. Die finanziellen Mittel werden von Patagonia aufgebracht: Jedes Jahr wird das Geld, das wir nach Reinvestition in das Unternehmen verdienen, als Dividende ausgeschüttet, um zur Bekämpfung der Krise beizutragen.«[90]

2022 hat Patagonia bereits 50 Millionen Dollar an NPO »Holdfast Collective« übertragen und es werden wohl noch mehr. Damit würde die neue Organisation zu einem Major Player in der Klima-Philanthropie.

Neue Wege in die Arbeitsbalance

Bevor wir über uns in Chouinards großartigen Zielen für die Umwelt verlieren, sollten wir daran denken, dass das nur der eine Teil der Patagonia-Entwicklung hin zur Kindness Economy ist. Es wäre ja auch ziemlich seltsam, wenn sich ein Unternehmen, das sich so viele Gedanken um den Planeten macht, nicht auch ebenso viele Gedanken um seine Mitarbeiter und Kunden machen würde. Womit wir wieder bei dem Titel von Chouinards Buch wären: *Let My People Go Surfing.* Ich gebe zu, dass mich der Titel hier ein kleines bisschen beeinflusst hat: Ich habe das Buch nämlich zunächst nur deshalb zur Hand genommen, weil mir das Wort *surfing* ins Auge gefallen ist. Doch schnell überzeugten mich auch Chouinards Arbeitsethik und seine Philosophie: »Wir praktizieren eine flexible Arbeitseinteilung. Das tun wir, seit wir eine Schmiedewerkstatt waren, die jedes Mal zumachte, wenn die Wellen zwei Meter hoch und spiegelglatt waren. Unsere Politik hat den Mitarbeitern immer flexible Arbeitszeiten erlaubt, solange die Arbeit ohne negative Auswirkungen auf andere getan wird.«[91]

Apropos: Während ich dies schreibe, sind meine Haare noch nass vom Surfen. Ich befinde mich gerade auf einem selbst verordneten Arbeits-Trip ins irische Donegal. Meine Schreibzeiten sind flexibel und ordnen sich dabei um jene Stunden herum, die wellentechnisch die besten, sprich die sanftesten Bedingungen für meine alternden Knochen bieten. Und sie richten sich manchmal auch danach, ob Adam Quinn, mein Surftrainer, gerade verfügbar ist und nicht etwa unterwegs, um die richtig großen Wellen zu erwischen. Natürlich surft nicht jeder gern oder lebt am Meer. Ich schon. Doch ich lebe eigentlich in Wien, und da ist es schon schwierig, Surfen zu lernen – daher die Ausrede, ich könne vor allem in Irland in Ruhe schreiben. Dass nicht jeder die freie Natur genießen kann oder möchte, gibt auch Chouinard zu: »Wir haben Mitarbeiter [...] die noch nie im Wald gepinkelt haben.«[92] Aber was es auch sei: surfen, im Wald pinkeln, Ski fahren, mit dem Hund spazieren gehen, da sein, wenn die Kinder von der Schule nach Hause kommen, oder sich ehrenamtlich in der Gemeinde engagieren – Chouinard ist überzeugt, dass flexible Arbeitszeiten dazu führen, dass die Mitarbeiter besser werden, und mit ihnen die Erträge. So war sein Unternehmen eines der ersten in den USA, das auf Firmenkosten eine Kinderbetreuung vor Ort anbot. »Bei Patagonia«, so Chouinard, »bringt unsere Kinderbetreuung eines unserer besten Produkte hervor: ausgezeichnete Kinder.«[93] Und glückliche Eltern. Es überrascht wohl nicht, dass etwa 50 Prozent seiner Mitarbeiter weiblich sind.

Neue Narrative

Chouinard ist ohne jede Frage ein außergewöhnlich erfolgreicher und zielstrebiger Mensch von seltener Kindness. Das Gleiche gilt für viele Menschen, denen ich auf meiner Suche nach den anderen Unternehmen begegnet bin. Diese Menschen sind Vorreiter und uns in ihrem Verhalten Vorbilder – sie hängen, wie es in Äsops Fabel heißt, »der Katze die Schelle an«. In der Fabel lebt eine Mäusefamilie in Angst vor einer Katze und überlegt gemeinsam, wie sie diese besiegen kann. Nach langer Diskussion schlägt eine junge Maus vor, sie sollten der Katze eine Schelle um den Hals hängen, damit sie immer hören können, wenn sie sich nähert. Eine tolle Idee, die anderen Mäuse sind begeistert. »Aber wer wagt es, der Katze die Schelle umzuhängen?«, fragt die alte, weise Maus. Und Sie werden sich vielleicht fragen, was das mit Kindness-Ökonomie zu tun hat. Äsop wollte damit sagen, dass es einfach ist, Lösungen vorzuschlagen, die offenbar unmöglich sind, und zwar nicht nur für die Bedrohung durch eine Katze, sondern auch für alle anderen Herausforderungen (in unserem Fall die Frage, wie wir die Priorisierung von Mensch, Planet und Profit in den Griff bekommen). Viele Ideen zu haben ist gut, um Probleme zu lösen, aber Ideen zu haben, *die auch funktionieren,* ist noch besser.

Während Fabeln uns Gefahren und Fallen bewusst machen können, können Geschichten und Narrative etwas verändern. Sie treiben auch die Wirtschaft an, so Robert Shiller, der Träger des Alfred-Nobel-Gedächtnispreises für Wirtschaftswissenschaften von 2013: »Vieles, was in der Wirtschaft passiert, hängt tatsächlich von den Geschichten ab, die wir uns gegenseitig erzählen, und vieles, was Menschen tun, ist nicht wirklich optimal für sie.«[94] In seinem Buch *Narrative Economics* vergleicht Shiller die Ausbreitung von Narrativen und deren Folgen mit einer Epidemie: »Es entstehen ständig neue Varianten der Grippe, die meisten davon aber verflüchtigen sich wieder. Genauso verhält es sich auch mit Narrativen – sie mutieren und verändern sich, sie kommen und gehen – aber nur einige können eine gewisse Stabilität erreichen und sich durchsetzen.«[95]

MUD – Jeans to lease

Da draußen gibt es so manche tollen Narrative, die neu und inspirierend sind. Eines, das einen Platz in meinem Herzen und in meinem Kleiderschrank gefunden hat, ist die Geschichte von MUD. MUD ist ein Unternehmen, das die Jeans verkauft und least, die mein Mann und ich jeden Tag tragen. Ja, richtig: Ich kaufe keine Jeans, ich lease sie. Wir besitzen sie nicht. Vielmehr zahlen wir MUD 9,95 € pro Monat, damit wir sie tragen können. Auf dem Etikett steht sinngemäß: »Diese Jeans gehört dir. Erst einmal zumindest. Nimm sie mit, egal wohin du gehst. Was du erlebst, gibt unserer Jeans den Charakter. Teile alle deine Erfahrungen mit ihr, bevor du sie zurückgibst.« Dieses Gefühl, dass man den Stoff in der Form, für die man sich entschieden hat, einfach für eine gewisse Zeit in seine Obhut nimmt und eine biografische Reise für ihn gestaltet, ist für viele Menschen neu. Und geht Fast-Fashion-Käufern nur schwer in den Kopf (beziehungsweise an den Hintern). Ich für meinen Teil finde es seltsam befreiend. Nach zwölf Monaten endet die monatliche Gebühr automatisch (ja, wirklich) und man kann die Jeans behalten, sofern man an ihr hängt. Oder man kann sie zurückschicken, vielleicht mit einer Geschichte über ihre Erlebnisse, damit sie als Vintage verkauft werden kann. Ist sie zu abgenutzt, um sie weiter zu tragen, wird sie recycelt.

MUDs Website zufolge wurden im Jahr 2020 fast 9.000 Paar Jeans zum Recyceln zurückgeschickt. Die Jeans und andere Denim-Produkte werden alle aus biologischer und recycelter Baumwolle hergestellt. MUD wurde 2012 von dem Niederländer Bert van Son gegründet. Nachdem er 30 Jahre lang in der Modebranche gearbeitet hatte, wollte van Son die Dinge anders machen. Die Modeindustrie, und dabei vor allem der Trend zur Fast Fashion, der sich in den letzten ein oder zwei Jahrzehnten herausgebildet hat, ist für ihn nicht nur eine ökologische Zeitbombe (die ja teilweise schon hochgegangen ist), sondern auch für viele der furchtbaren Arbeitsbedingungen verantwortlich, die in Ländern wie Bangladesch und Indien herrschen. Wie man sich leicht vorstellen kann, stand van Son vor einem ganzen Berg unüberwindlich scheinender Schwierigkeiten, doch das schreckte ihn nicht ab. Aber warum gerade Jeans? Jedes Jahr werden mehr als eine Milliarde davon gekauft, und wie van Son und viele andere glauben, gehören Jeans zu den umweltschädlichsten Artikeln in unseren Kleiderschränken (zum Glück nicht mehr in meinem). Das Problem sind dabei nicht nur die Chemikalien, die verwendet werden, um den Denim weich zu machen, sondern auch die langen Transportwege aus Asien und die Unmengen an Verpackung. Es ist auch das viele Wasser, das bei der Herstellung verbraucht wird. Schätzungen zufolge werden zur Fertigung einer Jeans etwa 7.000 Liter Wasser benötigt – was in manchen Fällen nicht einmal unbedingt ein Problem darstellen muss, wäre das Wasser danach nicht so stark mit Chemikalien belastet.

Viele Schritte waren nötig, um den Produktionsprozess und das herkömmliche Jeans-Narrativ zu ändern. Einer der wichtigsten war dabei die Abschaffung des Kaliumpermanganat-Sprays. Dieses Spray, von dem man weiß, dass es ein Risiko für die Gesundheit darstellt, wird in der Bekleidungsindustrie häufig zum Bleichen oder zur Farbabschwächung verwendet. Man denke bloß an den grässlichen Trend zu gebleichten Denim-Jeans, die aussehen, als hätte es einen Unfall gegeben und eine Flasche mit Bleichmittel wäre explodiert. MUD hingegen verwendet ausschließlich zertifizierte C2C-Indigofarben, und die Fabrikwäscherei recycelt 95 Prozent des Wassers durch Umkehr-Osmose. Sogar die Papieretiketten sind ökologisch korrekt und entsprechend zertifiziert. Derzeit verwendet MUD etwa 40 Prozent gebrauchten Denim in seiner Jeansproduktion, was nicht nur Abfall vermeidet, sondern auch den Wasserverbrauch und den CO_2-Ausstoß senkt. Laut einer aktuellen Ankündigung wird das Unternehmen bald in der Lage sein, Jeans aus 100 Prozent recyceltem Denim herzustellen.[96]

Wer trägt denn so was?

Doch wer will diese Art von Jeans kaufen? Laut van Son sind es Menschen, die Jeans genauso lieben wie den Planeten. Aber ist das wirklich ein Wachstumsmarkt?

Zunächst sind da die Menschen, die umweltbewusst und bereit sind, ihre Jeans zurückzugeben. Die typischen Early Adopter sind Veganer und Menschen, die, verallgemeinert, einen nachhaltigen Lebensstil pflegen und aktiv nach bewusster Mode suchen. Einem Bericht des R2PI-Projekts zufolge (auch »R2π« – das »R« steht für den linearen Radius, »2« ist das englische »to«, und das mathematische »Pi« steht für den Kreis, für das Zirkuläre) handelte es sich bei den meisten Early Adoptern um Leute, die aus verschiedenen Gründen viel unterwegs sind (was möglicherweise nicht so nachhaltig ist wie zu Hause zu bleiben). Seit MUD bekannter wird, zieht die Marke jedoch auch zunehmend die »Hip & Healthy an: junge Menschen, die um die Welt reisen wollen und denen es wirtschaftlich gutgeht«.[97]

Die zweite Gruppe sind die Intellektuellen: Menschen jenseits der 30, die von der Story einer sich verändernden Branche angezogen werden. Ich würde mich und meinen Mann in die zweite Kategorie einordnen und meine Kinder in die erste. Nach Angaben von MUD machen diese Gruppen etwa 11 bis 12 Prozent des europäischen Marktes aus, was etwa 30 Millionen potenziellen Kunden für diese und ähnliche Marken entspricht. Erwartet wird, dass diese Zahl in den kommenden Jahren weiter wächst.[98]

Bert van Son aber wollte die Dinge nicht einfach nur anders machen – er wollte sie *radikal* anders machen, indem er das Denken der Menschen veränderte. Er wollte allen die Auswirkungen der Jeansproduktion auf die Umwelt zeigen, und zwar über den gesamten Lebenszyklus eines Produkts hinweg, und die Bedingungen, unter denen diejenigen arbeiten müssen, die die Jeans herstellen. Vom Baumwollanbau in der Türkei bis hin zum Nähen und Waschen der Jeans in Tunesien – MUD betont immer wieder, welch großen Wert das Unternehmen auf die Philosophie fairer Produktion legt, weil glückliche Hersteller von Jeans einfach bessere Jeans produzieren. MUD sorgt dabei nicht nur für faire und gleiche Bezahlung, sondern hat auch einen Verhaltenskodex, den von den Baumwollbauern bis zu den Auslieferern alle wichtigen Partner in der Lieferkette unterschreiben müssen. Und was noch besser ist: Laut einer Marketing-E-Mail von MUD vom November 2022 lässt das Unternehmen seinen Näherinnen und Nähern »genügend Zeit, um an jeder Hose zu arbeiten«. Wie wichtig das ist, wird klar, wenn man an Fast-Fashion-Marken wie Shein denkt, die, so MUD, »mit der Stoppuhr hinter ihren Arbeitern stehen«. Es überrascht daher nicht, dass MUD eine zertifizierte B Corp ist – mehr dazu im 8. Kapitel – und dazu ein großartiges Beispiel für die Kindness Economy.

Zeit zum Aufwachen!

Manche behaupten, Produkte wie die von MUD seien elitär und abgehoben. Nicht jeder sei, werde je oder strebe auch nur danach, ein urbaner Hipster oder sogenannter Intellektueller zu sein. Darüber hinaus könnte man argumentieren, dass es sich auch nicht jeder leisten kann, über 100 Euro im Jahr für ein Paar trendige »Woke«-Jeans auszugeben. Ich selbst bin ein Kind des frühen Jeanszeitalters und wuchs in den 1970er-Jahren mit gebrauchten Levi's auf. Die wurden bei uns in Dublin auf dem Markt in Portobello von einer Frau verkauft, die sie aus den USA importiert hatte. Die Frau ist längst nicht mehr da ist, der Trend zum Kauf »vorgeliebter« Kleidung hat jedoch überdauert und nimmt immer mehr zu. Auch wenn es viele gibt, die immer nur den neuesten Stil, die neueste Farbe und den neuesten Schnitt haben wollen. Ja, jeder darf natürlich seine eigene Entscheidung treffen und Jeans der Marke F&F bei Tesco für um die 20 Euro kaufen. Solche Preise sind nicht untypisch für das Angebot auf dem hart umkämpften Jeansmarkt. Wer ist nicht schon gelegentlich in Versuchung gekommen, in eine Filiale von Zara oder H&M zu gehen? Ich schließe mich da ein, jetzt, wo die nette Dame auf dem Platz in Portobello nicht mehr da ist.

Langsam aber wachen wir auf und erkennen, was in der Welt der Fast Fashion vor sich geht. Jeans von F&F stehen seit Ende 2022 im Mittelpunkt eines großen Skandals. In der thailändischen Fabrik, in der die Jeans für Tesco hergestellt werden, haben 130 Arbeiterinnen und Arbeiter Klage gegen Tesco eingereicht und behaupten, sie würden »in Zwangsarbeit gehalten«[99]. Auf der Website von Tesco finden sich allerlei Verlautbarungen: »Unsere Jeans sehen gut aus und fühlen sich toll an. Und nicht nur das: Alle unsere Jeans werden jetzt aus einhundert Prozent Bio-Baumwolle oder nachhaltig angebauter Baumwolle hergestellt. [...] Wir verwenden Jeanologia-Techniken, um sicherzustellen, dass wir für jede Jeans weniger Energie und Wasser verbrauchen. Derzeit ist mehr als die Hälfte unserer Kleidung ›Made Mindfully‹: hergestellt unter Verwendung verantwortungsbewusst beschaffter Materialien«[100]. Laut dem *Guardian* ist die Fabrik auf burmesische Wanderarbeiter angewiesen und befindet sich in Mae Sot, einer Stadt an der Grenze zu Myanmar, die »sich, was die Rechte der Arbeiter betrifft, in den letzten zehn Jahren einen mehr als fragwürdigen Ruf als ›wilder Westen‹ erworben hat«.[101] Der *Guardian* untersuchte die Anschuldigungen der ehemaligen Fabrikarbeiter und befragte 21 von ihnen. Wie diese berichteten, erhielten sie für ihre Arbeit, die um 8 Uhr morgens begann und erst um 23 Uhr endete, gerade einmal drei Pfund und hatten nur einen Tag im Monat frei. Die meisten Arbeiter bekamen weniger als vier Pfund pro Tag und wurden nur nach dem bezahlt, was sie fertigen konnten (der thailändische Mindestlohn betrug damals sieben Pfund für einen Achtstundentag). Andere berichteten, dass sie mindestens einmal im Monat 24 Stunden durcharbeiten mussten, um F&F-Großaufträge zu erfüllen, und dass sie sich dabei so erschöpften, dass sie an ihren Nähtischen einschliefen.

Kein Wunder also, dass billige Fast-Fashion-Jeans plötzlich nicht mehr so toll aussehen und sich auch nicht mehr so gut anfühlen. Eigentlich müssten wir von unserem Instinkt oder unseren wirtschaftlichen Grundkenntnissen her wissen, dass es eine Unmöglichkeit ist, Jeans zu einem so niedrigen Preis herzustellen, ohne dass andere Menschen oder unser Planet draufzahlen. Überall auf der Welt werden nun viele ähnliche Fälle fragwürdiger Herstellungsverfahren aufgedeckt, und diese sind nur die Spitze des Eisbergs. Der Fall »Tesco F&F« ist ein erschreckend gutes Beispiel dafür, was in einer offensichtlich unfreundlichen Economy passieren kann, wie blind wir dem angeblichen Öko-Label auf unserer »woke« Jeans vertrauen und wie sehr wir bereit sind, uns davon einlullen zu lassen.

Tony's Chocolonely – ausgezeichnete Schokolade

In einer idealen Welt, in einer realisierten Kindness Economy, sollte es kein Produkt geben, das als zu gering, zu einfach oder als zu billig angesehen wird, als dass es diesen Prinzipien entsprechen könnte. Nehmen wir den Fall der Schokoladenmarke Tony's Chocolonely. Sie war mir in meinem örtlichen Supermarkt durch ihre farbenfrohe, flippige Verpackung im Retrostil aufgefallen. Abgesehen von der Tatsache, dass die Tafeln aus seltsam geformten Schokoladen-Stückchen zusammengesetzt sind, war ich besonders von dem Namen angetan. Als ich zum ersten Mal auf die Marke gestoßen bin, dachte ich, es sei eine dieser cleveren, wenn auch zynischen Werbestrategien, die darauf abzielen, einsame, also »lonely«, Menschen dazu zu verführen, ohne Gewissensbisse bergeweise Schokolade zu vertilgen. Ehrlich gesagt hat mich dieses traurige Narrativ, das mir im Kopf herumging, vom Kauf abgeschreckt. Ich fragte mich, ob ich an der Kasse nicht vielleicht mitleidige Blicke ernten würde. Vielleicht würden mich die Leute ja für eine unglückliche, einsame alte Frau halten, die anschließend nach Hause geht, um zu weinen und mit ihren Katzen zu reden, während sie sich die Schokolade schmecken lässt. Zum Glück erfuhr ich von jemandem, der sich weniger darum kümmert, was die Leute denken, dass es sich bei Tony's Chocolonely um eine der angesagtesten und coolsten Schokoladenmarken handelt, die es derzeit gibt (danke, Barbara!). Sofort machte ich mich auf den Weg zurück zum Supermarkt, um mir diese äußerst erschwingliche Schokolade in allen möglichen Geschmacksrichtungen zuzulegen. Natürlich musste ich sie alle sofort probieren – selbstverständlich nur im Namen der Trendforschung. Hinter der Marke steckt neben der leckeren Schokolade eine weitere Lektion dazu, wie man klein anfängt, aber groß und *kind* denkt.

Das echte Narrativ der Marke ist mitnichten das einer traurigen alten Dame mit Katzen. Es handelt von einem niederländischen Journalisten mit Namen Teun van de Keuken. Dieser hatte 2002 diverse Sendungen produziert, in denen er sich auf Basis selbst recherchierten Materials mit den Missständen in der Kakaoindustrie befasst. Er war nämlich dahintergekommen, dass fast keine der damals erhältlichen Schokoladen ohne Einsatz von moderner Sklaverei produziert wurde. Um dieser schockierenden Entdeckung den nötigen Nachdruck zu verleihen, ging er sogar so weit, sich den Behörden »auszuliefern«, weil er wissentlich ein illegal hergestelltes Produkt gekauft hätte. Wäre das eine Straftat, müsste vermutlich jeder Mensch an jedem Ort für mindestens ein Vergehen auf gewisse Zeit eingesperrt werden. Van de Keuken wurde nicht verhaftet (überall müssen Anwälte vor Erleichterung aufgeseufzt haben). Und gründete sein Unternehmen, das den Verbrauchern zusichert, seine eigene Schokolade werde nicht mit moderner Sklaverei oder Kinderarbeit hergestellt. Der »Lonely«-Teil des Namens geht darauf zurück, dass es Teun schien, als sei er in seinem Kampf gegen moderne Sklaverei und Ungleichheit in der Kakaoindustrie allein auf weiter Flur. »Tony« wiederum ist einfach die englische Entsprechung von Teun. Dass die Schokoladenstücke der Tafeln so ungleichmäßig groß sind, soll übrigens zeigen, wie ungleichmäßig die Verdienste in der Kakaoindustrie verteilt sind.

Wirklich ausgezeichnet

Heute ist Tony's Chocolonely eines von vielen Unternehmen, die mit dem Anspruch auftreten, fair gehandelte Schokolade herzustellen, indem sie den Bauern bessere Preise zahlen und ihnen menschenwürdige Arbeitsbedingungen bieten. Damals aber war van de Keuken so etwas wie ein Pionier. Seine Entschlossenheit – und seine Kindness – haben sich ausgezahlt. In Holland hatte er 2018 einen geschätzten Marktanteil von 18 Prozent, und 2021 überstieg der Gesamtumsatz die Marke von 100 Millionen Euro. Nicht schlecht für ein Unternehmen, dessen ehemaliger »Chief Chocolate Officer« (und CEO) Henk Jan Beltman, erklärte: »Wir sind nicht deshalb ein Unternehmen, weil wir Schokolade verkaufen wollen, und auch nicht, weil wir Geld verdienen wollen. Wir wollen die Welt zu einem schöneren Ort machen.«[102]

Tony's Chocolonely hat für seine Arbeit viel Anerkennung erhalten. Auf dem Sustainable Brand Index wurde das Unternehmen 2020 zum dritten

Mal als nachhaltigste Marke in den Niederlanden geführt, und 2022 erhielt es den Stop Slavery Enterprise Award (Goods & Service Companies) der Thomson Reuters Foundation dafür, dass es hohe Maßstäbe gesetzt hat, was die Beseitigung von moderner Sklaverei, illegaler Kinderarbeit und Menschenhandel in seinen Lieferketten betrifft. 2022 rangierte das Unternehmen zudem auf dem dritten Platz der Chocolate Scorecard, die Schokoladenunternehmen nach ihren Menschenrechts- und Umweltkriterien bewertet: Rückverfolgbarkeit und Transparenz, ein existenzsicherndes Einkommen für Kakaobauern, Kinderarbeit (bzw. ihr Nichtvorkommen), Abholzung und Klima, Agroforstwirtschaft und Agrochemiemanagement. Trotz all dieser Auszeichnungen wurde und wird auch Tony's immer wieder überprüft.[103] Das ist an sich gut so, zeigt es doch, warum wir eine gute, sprich verlässliche und verbraucherfreundliche Zertifizierung, Rechenschaftspflicht und völlig transparente Vergabesysteme für Gütesiegel brauchen.

Eine Zwischenbilanz

Die Produkte sind zu teuer? Fragen Sie Samuel Mumm

Einige werden nun sicher einwenden, das alles sei vollkommener Quatsch: Diese ganzen kleinen Symbole, die anzeigen, wie *woke* und wie *kind* man doch ist – was soll das bringen? Letztlich soll uns das doch nur dazu animieren, mehr zu kaufen und schreckliche Dinge zu tun wie mehr Schokolade zu essen. Es wird argumentiert, dass alles kein Problem wäre, wenn wir einfach nur weniger konsumieren würden. Ich sage, dass man hier nicht ansetzen kann: Menschen in einer freien Marktwirtschaft dazu bewegen zu wollen, weniger zu konsumieren, kann eine ziemlich undankbare Aufgabe sein. Wir müssen nicht unbedingt *weniger* konsumieren (obwohl ich einräumen würde, dass das in manchen Fällen auch hilfreich sein kann), wir müssen einfach nur *besser* konsumieren. »Ja«, werden Sie vielleicht sagen, »besser heißt aber eben oft auch teurer, wenn es um Jeans und supercoole Outdoor-Jacken geht.«

An dieser Stelle würde ich Sie bitten, sich einmal eine Theorie durch den Kopf gehen zu lassen. Diese trägt die schöne Bezeichnung »Samuel Mumms Stiefeltheorie über die sozialökonomische Ungerechtigkeit« und stammt von keinem Ökonomen, sondern aus der Feder des englischen Fantasy-Autors Terry Pratchett. In Pratchetts Scheibenwelt-Roman »Helle Barden« von 1993 ist Samuel Mumm der Hauptmann der Stadtwache von Ankh-Morpork:

»Mumm vermutete, dass die Reichsten der Reichen deshalb so unerhört reich waren, weil sie weitaus weniger Geld ausgaben als andere Leute. Man nehme zum Beispiel Stiefel. Mumm verdiente achtunddreißig Ankh-Morpork-Dollar im Monat, plus Spesen. Wirklich gute Lederstiefel kosteten etwa fünfzig Dollar das Paar. Erschwingliche Stiefel hingegen kosteten nur rund zehn Dollar. Etwa ein Jahr lang leisteten sie gute Dienste, dann war die Pappsohle so dünn, dass man sich selbst bei leichtem Nieselregen nasse Füße holte. […] Gute Stiefel hingegen hielten jahrelang. Wenn man fünfzig Dollar für ein Paar Stiefel ausgab, waren auch noch in zehn Jahren trockene Füße garantiert. Ein armer Teufel hingegen, der sich mit billigem Schuhwerk begnügen musste, gab in der gleichen Zeit hundert Dollar für einfache Stiefel aus und hatte trotzdem nasse Füße.«[104]

Leasing ist uncool? Fragen Sie Carrie Johnson

Leasing und der Kauf von Gebrauchtem stellen Möglichkeiten dar, wie man in bessere Qualität investiert und vielleicht tatsächlich sogar trockene Füße behält. MUD ist immer noch die Ausnahme, wenn es um Jeans geht. Aber das Mieten von Designerkleidung wird immer beliebter und cooler, insbesondere bei einmaligen Anlässen wie speziellen Partys oder Hochzeiten. Selbst die Ehefrau von Boris Johnson, Carrie, hat ein Hochzeitskleid für 45 Pfund gemietet, das als Neuware rund 4.000 Euro gekostet hätte. Das Tolle an der ganzen Sache ist, dass man modisch aussehen, ein ausgefallenes, teures Designer-Outfit tragen und trotzdem behaupten kann, dass man dem Planeten gegenüber *kind(er)* ist. Fürs Leasing interessieren sich auch immer mehr Menschen, die keine Lust auf eigene Möbel haben. Unternehmen wie CORT *(https://www.cort.com/)* haben alles im Leasingangebot, was Sie für Ihr Zuhause brauchen, von Sofas über Kissen und Stühle bis hin zu Tischen. Und geht es um Solarenergie, so kann man selbst Dachpaneele mieten, wenn man es sich nicht leisten kann, sie zu kaufen (enpal.de).

Es geht nur um den Konsum? Nein, nicht nur

Der Schriftsteller Jon Alexander würde mir vermutlich nicht zustimmen, dass das der Weg ist, auf dem wir vorwärtskommen. Für ihn ist etwas anderes entscheidend. Wie er in seinem Buch *Citizens* sagt, müssen wir davon weg, wie eine konsumentenbasierte Gesellschaft zu denken, und dazu übergehen, wie eine bürgerbasierte Gesellschaft zu denken. Er argumentiert, dass viele der Unternehmen, die behaupten, sie setzten Purpose und Planet an erste Stelle, nur weiter das Narrativ von Verbrauchern bedienen. »Wir«, so schreibt er, »leben in der Consumer Story, wie ich das nenne, in der man uns weismacht, wir seien der passive Nabel der Welt: Man verkauft an uns, und man bedient uns.«[105] Alexander weiß, wovon er spricht. Als ehemaliger Werbefachmann, der sich längst keinen Illusionen mehr hingibt, fragt er sich: »Was tun wir uns selbst an, wenn wir uns 3.000 Mal am Tag sagen, dass wir Konsumenten sind?«[106] Damit bezieht er sich auf eine Information vom Beginn seiner Tätigkeit in der Werbung. Damals wurde ihm gesagt, dass Verbraucher zwischen 1.500 und 3.000 Werbebotschaften pro Tag sehen. Seine Aufgabe bestand darin, sich solche auszudenken, die hängen bleiben. Alexander plädiert nicht einfach nur für ein neues Narrativ, sondern für einen ganzen Paradigmenwechsel – eine Bewegung weg von der konsumentengetriebenen Gesellschaft hin zu einer Gesellschaft, die von Bürgern getragen wird, die »ein Gefühl der Gemeinschaftszugehörigkeit entwickeln müssen, die Beziehungen zueinander pflegen, sich gegenseitig helfen und gemeinsam die Welt aufbauen müssen, die Philanthropie nicht länger notwendig macht«[107]. An Unternehmen wie Patagonia kritisiert er, dass »sie nur eine einzige Beteiligungsmöglichkeit im Angebot haben, nämlich kaufen oder vielleicht Geld an eine Umweltorganisationen spenden, die sie empfehlen«[108].

Bei vielen der sehr lobenswerten und schönen Beispiele, die Alexander anführt, handelt es sich um Gemeinschaftszentren und bürgerbasierte Nachbarschaftsprogramme, die arme, benachteiligte Gebiete zu neuem Leben erweckt haben. Ich würde argumentieren, dass wir beides brauchen: ja, eine stärkere Ausrichtung auf die Bürger, aber *auch* auf die Kindness Economy, und das im Rahmen eines umfassenderen Paradigmenwechsels. Und ja: Ich für meinen Teil stelle mir aktive, sozialorientierte Bürger vor, die CO_2-neutrale Co-Working-Spaces betreiben und dabei coole MUD-Jeans und gemütliche Patagonia-Jacken tragen.

Interessanterweise hat Alexander nicht allzu viel Schlechtes über BrewDog zu sagen, ein anderes Unternehmen, das den Status quo infrage gestellt hat, dabei aber nicht unumstritten ist. Vielleicht ist Alexander ja jemand, der gern Bier trinkt. Unabhängig davon aber scheint mir, dass sich die Argumente, die gegen Kleidung und viele luxuriöse oder scheinbar überflüssige Waren vorgebracht werden, gegen viele der aufstrebenden kleinen, unabhängigen Lebensmittel- und Getränkehersteller schwerer verwenden lassen. Für gesündere Nahrungsmittel einzutreten, kann tatsächlich die größte Wirkung auf die meisten Menschen haben und hat dazu das größte Potenzial für einen Dominoeffekt.

BrewDog – Sturm im Bierglas

Wie viele kleine Start-ups mit großen Ideen machte auch BrewDog Höhen und Tiefen durch, ehe sich der wirtschaftliche Erfolg einstellte. Laut dem Unternehmen selbst ist »die Story von BrewDog eine ziemlich wilde Geschichte«[109]. Bis sein Geschäftsmodell ausgereift war und sich etabliert hatte, erlebte man eine wahre Achterbahnfahrt der Gefühle und Schlagzeilen. Wie bei vielen unabhängigen Marken, die sich schließlich durchsetzten, stand am Beginn des Erfolgs eine glühende Leidenschaft für eine Sache – in dem Fall für ein gutes Craftbier, das es auf dem UK-Markt seinerzeit nicht gab. Ich bin kein Biertrinker, aber wie ich aus zuverlässiger Quelle weiß (von meinem Mann), ist das »Punk IPA« von BrewDog ein tolles Bier. Waren es 2007 ein paar Tausend Pints, die aus einem alten Lieferwagen heraus verkauft wurden, so besitzt das Unternehmen laut einer Schätzung von 2021 mittlerweile einen Marktwert von rund zwei Milliarden Dollar. Neben mehr als 200.000 Aktionären und einer ganzen Reihe verschiedener Gebräue hat BrewDog ein Braumuseum, drei Craftbier-Hotels, 105 Braubars weltweit und sogar einen nachhaltigen Bier-Club vorzuweisen. 2020 behauptete das Unternehmen, es sei die erste CO_2-negative Brauerei der Welt, und startete zudem ein »Equity for Punks«-Programm, bei dem sich Kunden in die Marke einkaufen konnten. Die Idee dabei war, »die Distanz zwischen uns und den Menschen, die sich unsere Biere schmecken lassen, zu verringern«.[110] Wie es auf der Website außerdem heißt, verpflichtet sich das Unternehmen, existenzsichernde Löhne zu zahlen und gegen moderne Sklaverei vorzugehen.[111]

Der Weg dahin aber war nicht einfach, und BrewDogs Erfolgsgeschichte ist durch ein paar anstößige Aktionen getrübt. Diese brachten dem Unternehmen aus mehreren Richtungen Kritik ein, etwa vonseiten der Transgemeinschaft und von Tierrechtsorganisationen (dafür, dass man zwölf Flaschen in die ausgestopften Körper überfahrener wilder Tiere wie Eichhörnchen oder Hermeline verpackt hatte). Ferner musste das Unternehmen im Januar 2023 fast 500.000 Pfund an die Gewinner eines Preisausschreibens zahlen, bei dem man Bierdosen aus »massivem Gold« ausgelobt hatte, die es so gar nicht gab. 2021 wiederum hatte sich der CEO bei ehemaligen Mitarbeitern entschuldigen müssen, die ihm und dem Unternehmen vorwarfen, eine »Kultur der Angst« zu fördern.[112] Zum Zeitpunkt der Abfassung dieses Textes (Sommer 2023) hatte BrewDog seinen Status als B Corp bereits eingebüßt und hat Bier aus diesem Hause in unserem Kühlschrank leider keinen Platz mehr. Aber lassen wir uns davon nicht zu falschen Schlüssen hinreißen: Teil der Kindness Economy zu sein, ist nichts Starres, sondern vielmehr ein Prozess, der ständige Überprüfung, strenge Zertifizierung und vielleicht sogar neue Gesetze erforderlich macht.

Anya Hindmarch und die Ökotaschen

Nachdem wir uns schon mit vielen der Dinge befasst haben, die im Leben wichtig sind – Kleidung, Schokolade und Bier –, lassen Sie uns jetzt zu Handtaschen kommen. Es gibt da draußen viele Marken, die für sich in Anspruch nehmen, Mensch und Planet gegenüber *kind* zu sein. Eine der ersten Verfechterinnen auf dem Luxusmarkt aber war die britische Designerin von Handtaschen Anya Hindmarch. Um uns ein Bild davon zu machen, wie sich ihre Kindness-Marke entwickelte, müssen wir ins Jahr 2007 zurückgehen. Genauer gesagt dahin, als eine Hanftasche in die Läden und dann auch in die Schlagzeilen kam, auf der die Aufschrift prangte: »I'm Not a Plastic Bag.« Es gab irre Warteschlangen, und das nicht nur wegen der trendigen Botschaft, sondern auch weil die Tasche zu einem Bruchteil dessen verkauft wurde, was Hindmarchs Kollektionen üblicherweise kosten. Die Taschen wurden zu einem Symbol für die Anti-Plastiktüten-Bewegung, die sich zu der Zeit in Großbritannien formierte. Laut einer Schätzung des British Retail Consortium waren in Großbritannien 2006 10,6 Milliarden Plastiktüten im Einsatz.[113] 2010 gab Anya Hindmarch wiederum an, diese Zahl sei nach dem Projekt auf 6,1 Milliarden gefallen.[114] Die Taschen wurden zu einem Statussymbol unter sogenannten *ecotists*. Auch bei ihnen maße ich mir kein Urteil an, sondern versuche sie nur hinsichtlich ihres Konsumverhaltens zu beschreiben und einzuordnen. *Ecotism* ist eines jener köstlichen künstlich gebildeten Trendwörter. Es zieht *Ecology* und *Egotism* zusammen und bezeichnet Individualisten, die auf ihre Statussymbole aus Designerhand nicht verzichten wollen, aber dennoch gern »den Planeten retten« würden. Ein paar Jahre später, nachdem der Hype abgeklungen war, stellte Hindmarch fest, dass »das Problem des Einwegplastiks längst nicht gelöst ist. Der Auftrag hat sich jedoch geändert. Er lautet nicht mehr Problem-›Bewusstsein‹, sondern Material-›Zirkularität‹«[115].

Was folgte, war eine clevere Kehrtwende: 2020 brachte Hindmarch eine Tasche auf den Markt, auf der die freche Botschaft prangte: »I Am a Plastic Bag.« Jede Tasche besteht aus einem wie Baumwolldrillich wirkenden Gewebe, das aus 32 recycelten Halbliterflaschen aus Plastik erzeugt wird.

Anschließend erhält es eine Beschichtung aus recycelten Windschutzscheiben. Jedes Stück soll ewig halten, und entsprechend wird es gestaltet. Dabei sind die Plastiktaschen im Vergleich nicht billig; eine Tragetasche zum Einkaufen kostet an die 1.000 Euro. Samuel Mumms Stiefel lassen grüßen, würde ich sagen. Hindmarch ist es anzurechnen, dass ihr Unternehmen zwei Jahre auf die Arbeit an der Herstellung verwendete. Dadurch hat sie dazu beigetragen, das Projekt der Kreislaufwirtschaft weiter voranzutreiben. Ferner hat das Unternehmen im Dezember 2021 eine neue Generation ebenso stilvoller wie erschwinglicher Einkaufstaschen zur Wiederverwendung herausgebracht. Diese waren zunächst für den Verkauf in britischen Supermärkten vorgesehen und sollen später auch weltweit veräußert werden. »Universal Bag« knüpft an die Initiative ihrer Vorgänger an: »Als überlegtere Anschaffung soll sie dazu anregen, ein *ReUse*-Mindset zu entwickeln. Ihr Recycling-Mechanismus – ein innovativer eingebauter Rückgabebeutel – verhindert dabei Verunreinigungen und gewährleistet einhundertprozentige Wiederverwertbarkeit.«[116]

Design für den Kompost

Bei den Bemühungen um eine andere Wirtschaft geht es nicht zuletzt auch darum, die Grenzen des technologisch, sozial und ökologisch Machbaren weiter zu verschieben. Hindmarch fühlte sich durch die Idee von einer Zukunft herausgefordert, in der es keinen Abfall mehr gibt. Die Natur mit ihren Kreisläufen inspirierte sie. Und so fragte sie sich, ob sie eine Tasche entwerfen könnte, die nie auf eine Müllhalde wandern muss. Im Oktober 2021 brachte das Unternehmen die *Return to Nature*-Kollektion biologisch abbaubarer Handtaschen heraus, die man, wenn sich ihre Lebensdauer erschöpft hat, auf einen Komposthaufen geben kann, wo sie sich innerhalb von 45 Tagen zersetzen. Das Leder, das für die Kollektion verwendet wird, ist frei von Chrom, Schwermetallen und Aldehyden und somit biologisch abbaubar. Die Häute lassen sich bis zur Kuhweide zurück komplett nachverfolgen, und sie stammen von schwedischen Scan-Hide-Höfen, die hohe Standards aufweisen, was das Tierwohl betrifft.[117] Wie bei der »I Am a Plastic Bag«-Kollektion sind sie nicht billig. Da wird man sich an den Gedanken, eine Tasche auf den Kompost zu werfen, die bescheidene 1.000 Euro gekostet hat, erst gewöhnen müssen.

Während die Taschen ausgesprochen schön gefertigt sind, übersteigen sie das Budget, das ein durchschnittlicher Verbraucher zur Verfügung hat. Zwar sind sie nachhaltig, da sie langlebig sind und ihren Besitzern länger gefallen. Andererseits aber stehen wir immer noch vor dem Samuel-Mumm-Stiefel-Dilemma, wie wir sie uns überhaupt leisten können. Dieses Problem wird sich zum Teil erledigen, sobald Open-Source-Technologien sich erheblich verbilligen und bei der Produktion künftiger Waren zum Einsatz kommen. Wenn es darum geht, eine Idee an die Menschen weiterzugeben, ist BrewDog, das alle seine Rezepte kostenlos veröffentlicht, ein sehr löbliches Beispiel. Das vielleicht beste Beispiel dafür aber ist Tim Berners-Lee, der sich weigerte, seine Erfindung des World Wide Web patentieren zu lassen. Hätte er, so wurde errechnet, lediglich 0,001 Cent für jede Nutzung verlangt, wäre er heute vermögender als Bill Gates, Jeff Bezos und Elon Musk zusammen.

Sheep Inc. – wo ist mein Schaf geblieben?

Sollten Universal Bags und Kaschmir-Pullover Ihr Budget übersteigen, können Sie sich, Sheep Inc. sei Dank, einen ethisch einwandfreien, umweltgerechten und warmen Wollpullover für viel weniger Geld kaufen. Und dazu lernen Sie auch noch ein Schaf kennen. Im Rahmen eines einzigartigen Marketingkonzepts können Sie beim Kauf eines Pullovers – oder jedes anderen Wollprodukts der Firma – das Etikett scannen und ein Schaf auswählen, um ihm einen Namen zu geben. Ich habe mir eine rote Strickjacke gekauft und verfolge nun seit geraumer Zeit die Aufenthaltsorte eines Schäfchens, das am 15. September 2017 um Mitternacht geboren wurde. Es wiegt derzeit 62 kg und grast glücklich und zufrieden ziemlich genau 18.102 km von Wien entfernt auf der Middlehurst Pastoral Station auf der Südinsel Neuseelands. Ich habe ihm den etwas einfallslosen Namen »Sheepy« gegeben (der ziemlich beliebt ist, wie sich herausstellte). Damit habe ich jetzt gleichsam exklusive »Membersheep« an einer wachsenden Gemeinschaft glücklicher Schafe.

Die Gründer von Sheep Inc, Edzard und Michael, führte der Zufall auf ziemlich merkwürdige Weise zusammen, nämlich als sie bei einer Beisetzung einen Wodka tranken (Näheres wird offenbar irgendwann einmal auf ihrer Website SheepInc.com bekannt gegeben). Beide, und das ist dann schon weniger merkwürdig, waren der gleichen festen Überzeugung, dass in der Modeindustrie etwas gehörig schieflief, und so gingen sie daran, das Modemachen neu zu erfinden. Sie bezeichneten sich selbst als »Radikale mit weichem Kern« und beabsichtigten, »uralte Techniken und moderne Innovationen miteinander zu verbinden, um sensationell weiche Strickwaren zu erzeugen, die dem Planeten mehr nützen als schaden«.[118] Nach Jahren des Herumprobierens ist es jetzt so weit. Wie das Unternehmen von sich behauptet, hat es sich zur ersten (unabhängig geprüften) CO_2-negativen Bekleidungsmarke entwickelt. Den beiden Machern, Edzard und Michael, aber ging es noch um etwas anderes. Nämlich auch und vor allem darum, eine Vorlage für die Bekleidungsindustrie zu schaffen, damit diese einen anderen Weg einschlägt und wir alle wieder wissen, woher unsere Kleidung kommt.

Wohin die Reise geht

Wir brauchen einen breiteren kulturellen Wandel hin zu einem verantwortungsbewussten Verlangen (siehe 3. Kapitel). Das heißt: Kunden werden in Zukunft aus echtem Verlangen und nicht aus Angst, Schuldgefühlen oder Gruppenzwang heraus nachhaltige Produkte kaufen wollen. Die oben angeführten Beispiele zeigen nur erste (scheinbar) kleine Schritte auf dem Weg zu einer anderen und nachhaltigeren Art des Konsumierens. Das Ganze wird Zeit brauchen, ein paar weitere Generationen, um unser Mindset in puncto Konsumverhalten wirklich zu verändern. Aber denken Sie nur daran, wie weit wir mit der Änderung unserer Einstellung etwa beim Vegetarismus oder Veganismus gekommen sind. Da zeigt sich, was möglich ist. Der Fleischkonsum geht in Europa massiv zurück, und Fleischersatzprodukte haben sogar meine Söhne, die auf Hamburger stehen, überzeugt. Oder denken Sie an den Rückgang beim Rauchen. Zugegeben, meine frühe Intervention in den 1970er-Jahren – keine Kippen für meine Eltern zu kaufen – war der Gesundheitslobby in ihrem Kampf gegen das Rauchen keine Hilfe. Schaut man hingegen nach Neuseeland, stellt sich die Sache ganz anders dar. Dort nämlich hat man Tatsachen geschaffen und im Dezember 2022 ein Gesetz verabschiedet, das den Verkauf von Zigaretten an alle Personen verbietet, die nach 2008 geboren wurden. Was diese Länder und Unternehmen (und Surfer) am meisten auszeichnet, ist die Inspiration, die sie der nächsten Generation von Unternehmern und Führungskräften bieten. Indem sie mit gutem Beispiel vorangehen, können sie Menschen inspirieren, die nicht wie Bert van Son 30 Jahre ins Land gehen lassen, ehe sie es wagen, der Katze die Schelle anzuhängen.

5

WOMIT WIR VORANKOMMEN

Umdenken und neues Denken

Was kreative Menschen tun sollen? Sie sollen sich das Hirn zermartern, um auf Ideen zu kommen. Ideen, die sich sinnvoll auf das anwenden lassen, womit wir es heute zu tun haben.

FABIEN BARON, Art Director[119]

An einer Wand der Damentoilette eines Büro, in dem ich vor vielen Jahren gearbeitet habe, war ein Graffito zu lesen: »You don't have to be mad to work here but it helps« (»Man muss nicht verrückt sein, um hier zu arbeiten, aber es hilft«). »Mad« war dabei in dem Sinne gemeint, dass man sich mit Bedingungen abfand, die wirklich furchtbar waren, und dass man ziemlich dumm war, wenn man das tat. Es bedeutete nicht »mad« im Sinne der Start-ups, wie man sie heute im Silicon Valley findet – als Teil einer verrückt-anregenden Kreativ- und Innovationskultur. Wie mir rückblickend klar wurde, handelte es sich dabei um einen jener typischen Arbeitsplätze, wo es rücksichtlos und sehr *unkind* zuging. Seinerzeit versuchte man einfach, damit irgendwie klarzukommen. Oder man sah sich nach einem anderen Job um, in der Hoffnung, woanders einen etwas motivierenderen Toilettenhumor zu finden. Das war lange vor *#MeToo, vor People before Profit*, vor *Duvet Days* (das sind Tage, an denen man sich freinehmen kann, ohne krank zu sein, einfach, weil einem nicht nach Arbeit zumute ist) und Vaterschaftsurlaub, vor Umweltschutzmaßnahmen und lange bevor auch nur daran zu denken war, dass man seine Angestellten *kind* behandelt. Ich bin mir nicht sicher, ob sich die Dinge in meinem alten Büro wesentlich geändert haben. Anderswo aber werden heute bessere Arbeitsbedingungen und eine bessere Arbeitsumgebung gefordert. Es ist eine turbulente, konfuse Zeit in der Welt der Arbeit: Den Arbeitgebern drohen Kündigungen im großen Stil, die Arbeitnehmer haben Angst vor Entlassung. Diejenigen aber, die zum Vorstellungsgespräch eingeladen sind, müssen nicht um einen Job betteln, sondern befinden sich in der Machtposition. Gerüchten zufolge soll es gefragte Bewerber geben, die aus solchen Gesprächen mit den legendären Worten herausgehen: »Ich könnte mir vorstellen, Sie als möglichen Arbeitgeber in die engere Wahl zu ziehen.« Kein Wunder, dass die Arbeitgeber nach neuen Wegen suchen, um Arbeitnehmer zu halten und anzuziehen.

Mit Transparenz

Ein Weg, um das Unternehmen als Arbeitgeber interessant zu machen, ist Transparenz. Das heißt, dass CEOs oder CFOs der Öffentlichkeit nicht nur Zahlen, Daten und Fakten des Unternehmens, sondern auch dessen Werte präsentieren. Die Gefahr für CEOs – und für jeden, der sich für die neue Welt der Kindness Values einsetzt – besteht dabei darin, dass man sich in seinem beruflichen und auch privaten Leben stärker der Kritik, prüfenden Blicken und dem Vorwurf der Heuchelei aussetzt. Einigen macht das nichts aus, oder sie fördern eine solche Publicity sogar noch, weil sie glauben, das alles gehöre zum Ruhm dazu (hat schon wieder jemand Musk erwähnt?). Und vielleicht auch, weil all das Gute, das sie tun (und kundtun), auch jegliches Fehlverhalten überlagern könnte. Und das gibt es, seien wir realistisch: Niemand ist perfekt, nicht einmal in der Welt der Kindness Economy. So räumte selbst der britische Journalist und Umweltschützer George Monbiot, der jahrelang gegen die Nutzung fossiler Brennstoffe gekämpft hatte, im Dezember 2022 im *Guardian* ein, dass er sein Haus jahrelang mit drei Holzöfen beheizt habe, die, wie er später feststellen musste, viel umweltschädlicher sind. Was ihn bisher davon abgehalten habe, darüber zu schreiben, sei »die Scham, nicht richtig mitgedacht und die größeren Zusammenhänge nicht gesehen zu haben, obwohl das doch mehr oder weniger meiner Jobbeschreibung entspricht«[120]. Ihm zufolge haben wir die Pflicht, uns und anderen gegenüber unsere Fehler einzugestehen.

Mit Rebellion

Als Yvon Chouinard sich erstmals öffnete und in *Let My People Go Surfing* ehrlich berichtete, was bei Patagonia falsch und was richtig gelaufen war, da hieß es, er sei ein Sonderfall, ein Misfit oder »Maverick«. Das englische Wort »maverick« soll auf den texanischen Landbesitzer Sam Maverick (1803–1870) zurückgehen. Dieser hatte sich gegen den Druck anderer Viehzüchter standhaft geweigert, seinen Rindern ein Brandzeichen aufzudrücken, und sie frei herumlaufen lassen, anstatt sie auf dem Feld einzusperren. Seither wird der Ausdruck gemeinhin für Menschen verwendet, die eine sture, unabhängige Ader haben, für Eigenbrötler und Einzelgänger. Oder auch, um auf höfliche Weise zu verstehen zu geben, dass jemand ein bisschen verrückt zu sein scheint. Viele Leute aus der Wirtschaft hielten Chouinard anfangs für leicht verwirrt und vielleicht sogar gefährlich, denn schließlich stellte er den Status quo infrage. Er war ein Rebell, der für seine Sache kämpfte. »Rebellion«, so der Fotograf Willy Vanderperre, »ist eine Art von Selbsterkenntnis. Man findet heraus, was einem selbst wichtig ist, im Unterschied zu dem, wovon einem andere sagen, dass es wichtig ist.«[121] Viele fanden, dass Chouinards Idee, den Menschen über den Profit zu stellen, nicht unbedingt an die große Glocke gehängt werden sollte. Sie dachten bei sich: »Oje, nicht auszudenken, wenn sich das rumspricht. Was da alles passieren kann! Die Menschen könnten bessere Arbeitsbedingungen fordern. Was ist, wenn sie alle gleichzeitig surfen gehen wollen? Was passiert mit den hierarchischen Machtstrukturen?« Aber, wie es der Schauspieler Nicolas Cage einmal sagte: »Geliebt zu werden ist nicht immer gut. Manchmal ist es besser, wenn sie einen hassen, weil man dann etwas getan hat, das ihnen unter die Haut gegangen ist.«[122]

Heute ist diese Art von »Madness« nicht nur in der Wirtschaft, sondern in allen Lebensbereichen viel gesellschaftsfähiger. Zwar kann nicht jeder von uns ein Maverick sein, denn das hat viel mit Erziehung und dem kulturellen Umfeld zu tun. Doch auch wenn sich diese Eigenschaft nicht nachahmen oder erlernen lässt, so können wir doch von denen lernen, die sie besitzen. In *Beautiful Misfits*, ihrer 2022 gestarteten Podcast-Serie, spricht die Einzelhandelsberaterin Mary Portas mit einer Reihe von Mavericks, seien es Dichter, Designerinnen oder Führungskräfte aus der Wirtschaft. Der Podcast erzählt ihre Geschichte und welche inspirierenden Lektionen sie im Leben gelernt haben. Portas selbst ging erst mit 37 auf, dass sie eine Misfit ist. Es war eine Offenbarung und ähnelte dem, was Menschen empfinden, wenn bei ihnen »Neurodiversität« diagnostiziert wird. Portas fühlte sich von jeher uneins mit der Welt. Ihre Eltern starben beide, als sie noch ein Teenager war, und sie ließ sich scheiden, als all ihre Freunde die Jahrestage ihrer Ehen feierten. Als sie im Unternehmenssektor arbeitete und »mit Alphamännern darum konkurrierte, an die Spitze des Systems zu gelangen«, verliebte sie sich in eine Frau. Als sie merkte, dass sie nicht ins System hineinpasste, quittierte Portas ihren Job und gründete ein eigenes Unternehmen. Sie entdeckte schnell, dass das Gefühl, mit niemandem auf einer Wellenlänge zu sein, keine Schwäche war, sondern »eine Superkraft«.[123] Von der Kreativchefin eines namhaften Kaufhauses wurde sie zur Vorkämpferin der Kindness Economy und Kreativberaterin des Einzelhandels. Sie konzentrierte sich darauf, Unternehmen in Marken, Orte und Räume zu verwandeln, die die Menschen in ihrem Leben haben wollen (WeArePortas.com).

Mit neuen Perspektiven

In einer Folge ihres Podcasts unterhält sich Portas mit Thomasina Miers, einer Küchenchefin und Misfit (wie sie selbst sagt), die in vieler Hinsicht mit dem Üblichen bricht. Miers hatte sich für eine Karriere in einer traditionell männlich geprägten Welt entschieden, und ihr mexikanisches Restaurant »Wahaca« war das erste Restaurant in Großbritannien, das als klimaneutral zertifiziert wurde. Wie Portas sagt, werden »die kulturellen Monolithen langsam aufgebrochen. Mir gefällt die Vorstellung, dass die Menschen dank ihrer Macken und Verschrobenheiten an den Käfigen rütteln und neue Wege andenken.« Miers setzt bei ihrer Strategie auf vegetarische Angebote und die Verwertung von Lebensmitteln, die sonst im Müll landen würden, und kümmert sich um ihr Personal. »Das alte Modell funktioniert nicht [...] es gibt nicht genug Leute, die in den Restaurants arbeiten.« Die Krise in der Serviceindustrie führt sie unter anderem darauf zurück, dass wir als Gesellschaft dazu neigen, auf den Dienstleistungssektor herabzusehen. Miers selbst fasst Dienstleistungen anders auf – für sie sind es Akte der Menschlichkeit. Und so stellt sie sich auch den in anderen Unternehmen unpopulären Fragen wie etwa: Wie können wir unsere Angestellten fair entlohnen und ihnen eine gute Balance zwischen Arbeit und Freizeit ermöglichen? Wie schaffen wir es, alle Menschen in unserer Gesellschaft zu ernähren, und zwar unabhängig von ihrem Einkommen?[124] Durch ihre Arbeit ist sie dazu gekommen, Wohltätigkeitsorganisationen wie Switchback zu unterstützen. Diese Einrichtung bietet jungen Männern, die gerade aus dem Gefängnis entlassen wurden, Mentoring und Schulungen an, um sie dabei zu unterstützen, ihr Leben »draußen« wieder aufzubauen.

Mit Vorausschau

Es sind es nicht nur die Misfits in der Bekleidungs- oder Lebensmittelindustrie, die die ökonomische Landschaft verändern. Alessandra Losito sah sich ebenfalls als Außenseiterin. Für sie stand schon früh fest, dass ihre Zukunft in der Finanzbranche lag. Doch als Frau aus dem Süden Italiens, die an einer staatlichen Einrichtung studiert hatte, passte sie da nicht hinein. Sie war ein Fremdkörper in der traditionell männlich geprägten Branche. Heute leitet Losito das Wealth Management in der Pictet-Gruppe, einer führenden Vermögensverwaltungsfirma, und fasst die Veränderung, die wir erleben, wie folgt zusammen: »Vor 20 Jahren hatte ein CEO in erster Linie für hohe Umsätze zu sorgen, damit die Aktionäre möglichst große Gewinne einfahren konnten. Heute aber erwarten die Kunden in jeder Branche, dass das Unternehmen sich engagiert. Dass es positiven Einfluss auf Umwelt und Gesellschaft und auch auf die lokale Gemeinschaft nimmt.«[125] Losito hat dabei aber auch den Markt im Blick und stellt sich auf Veränderungen ein. Für das Bankwesen erwartet sie, dass Frauen und jüngere Kunden an Bedeutung gewinnen. Frauen, glaubt sie, haben andere Bedürfnisse, und darum konzentriert sich Pictet auf das ESG (environmental, social und governance) Investing sowie den Aufbau von Netzwerken, Gemeinschaften und Projekten zur Stärkung der Rolle der Frau. »Die Kunden wollen wissen«, sagt Losito, »welche Werte man vertritt. Klar, wir können über Produkte, Dienstleistungen, Preise und so weiter sprechen. Aber wenn ich die Werte eines bestimmten Unternehmens nicht teile, werde ich nichts von ihm kaufen. Nicht alle Unternehmen haben verstanden, welche Auswirkungen dieses Umdenken tatsächlich hat.«

Mit verrückten Ideen

Dieses Umdenken in Richtung Kindness vollzieht sich auf vielen Ebenen und manifestiert sich in vielen seltsamen und unerwarteten Formen. Wenn einige »verrückte« Firmeninhaber ungewöhnliche Vergünstigungen oder Dienstleistungen anbieten, ruft das bei einigen Skepsis hervor. Bei einem Teil dieser Skepsis, würde ich sagen, handelt es sich jedoch eher um Eifersucht. Kindness kennt in einigen Fällen keine Grenzen und bezieht auch Tiere mit ein. So bietet etwa das international tätige Marketing-Tech-Unternehmen *mParticle* in New York seinen Mitarbeitern die Möglichkeit, einen zweiwöchigen »Paw-ternity«-Urlaub zu nehmen (von engl. »paw« = Pfote), wenn sie ein Haustier aus einem Tierheim adoptieren. Hundefreundliche Büros sind keine Seltenheit mehr, weil sich viele Menschen auf dem Höhepunkt der Pandemie einen Hund als Gesellschaft zugelegt haben. Ich habe Freunde, die überlegen sogar, zu einem hundefreundlicheren Unternehmen zu wechseln, damit sie ihr neu angeschafftes Hundchen nicht gleich wieder abgeben müssen. In anderen Büros werden Therapiehunde eingesetzt, um gestressten Mitarbeitern zu helfen, sich zu entspannen und innezuhalten (oder sollte ich sagen: Pfötchen zu halten?).

Das PR-Unternehmen Base Agency hätte diese Entwicklungen eigentlich vorhersehen können. Schließlich hatte es eigens eine Astrologin und Tarot-Leserin engagiert, damit sie am Firmensitz in Mexico City Sterne bzw. Karten deutete. Die Team-Lesung im Unternehmen erwies sich dabei als großer Erfolg. Sie half Spannungen abzubauen und sorgte für eine bessere Kommunikation und mehr Offenheit untereinander. Das Ganze gestaltete sich so erfolgreich, dass das Unternehmen jetzt zwei Astrologen auf Abruf beschäftigt, die von den Mitarbeitern auch bei persönlichen Fragen konsultiert werden können. Dass sich ein Unternehmen zu einem solchen Schritt entschließt, ist einerseits mutig, andererseits ziemlich riskant; schließlich könnten die Mitarbeiter auch nach ihrem Schicksal im Unternehmen fragen. Wie der Unternehmensgründer Adolfo López Serrano Reyes, der die Tarot-Leserin auf einer Party kennengelernt hatte, gegenüber dem Magazin *The Entrepreneurs* sagte, habe er »das Gefühl gehabt, das Unternehmen könnte einen kleinen Schub gebrauchen«[126]. Für ihn las sie aus den Sternen, er solle neuen Ansichten gegenüber aufgeschlossener sein. Obwohl skeptisch, beugte er sich dem Rat der Sterne und nahm einen neuen Partner in die Unternehmensleitung auf. Bis jetzt, so sagt er, sei es großartig gelaufen.

Es ist leicht, solche Ideen zu belächeln. Ich selbst stehe diesen Dingen sehr skeptisch gegenüber. Doch ich will auch zugeben, dass ich einmal zu einem »professionellen« Tarot-Leser gegangen bin. Und zwar auf Drängen meiner Großmutter, die erkannt hatte (was ich mir nicht eingestehen wollte), dass ich in meiner ersten Ehe unglücklich war. Ich ging dahin, um ihr eine Freude zu machen, aber auch, um meine Neugier als Journalistin zu befriedigen. Und ich wurde nicht enttäuscht. Der Raum war genau so, wie ich ihn mir vorgestellt hatte, angefüllt mit Rüschenvorhängen, staubigen Samtkissen und Unmengen an Krimskrams. Der Hellseher las in meinen Karten und holte dann, während ich versuchte, nicht zu kichern, eine Kristallkugel hervor, um die ich meine Hände legen sollte. Erstaunlicherweise war er mit seinen Vorhersagen sehr präzise: Er sagte voraus, dass ich im Ausland leben, zwei Kinder haben und von viel Papier umgeben sein würde. Allerdings könnte ihn meine liebe Großmutter auch vor meinem

Besuch entsprechend gebrieft haben. Ich für meinen Teil würde jedenfalls keine Wette eingehen wollen, dass Tarot-Leser und Co. nicht künftig auch in angesehenen Unternehmen und Industriebetrieben Einzug halten. Selbst wenn man, wie ich, nicht daran glaubt, könnten diese Dinge eine unterschwellige Auswirkung haben, eine Art postmodernen Placebo-Effekt. In den letzten Jahren haben namhafte Großunternehmen und sogar Fußballmannschaften Achtsamkeitstrainer eingestellt oder Dichter, Philosophen und Künstler mit ins Boot geholt, um ein anderes Arbeitsumfeld zu fördern und zu neuem Denken anzuregen.

Mit Bedürfnis-Erfüllung

Die Post-Covid-Arbeitswelt ist im Wandel begriffen. Viele Menschen sind aus verschiedensten Gründen unzufrieden mit ihrem Arbeitsplatz. Gern würden sie auch weiter zumindest ein oder zwei Tage von zu Hause aus arbeiten. Sie schätzen ihre Unabhängigkeit, wollen Flexibilität und fordern vor allem mehr Vertrauen von ihren Arbeitgebern. Und ja, sie wollen anständige Löhne, doch sie wollen auch ein Sinn in ihrer Arbeit sehen und darüber hinaus das Gefühl haben, dass sie mit ihren Bedürfnissen gehört werden (nicht nur von einem Tarot-Leser oder einem Bürohund).

Manchmal bringen Unternehmen ihre Mitarbeiter ganz schön ins Schwitzen, aber auf nette Art. So wie in Finnland. Dort gilt es als Ausdruck von Kindness, wenn man Angestellten die Möglichkeit einräumt, sich innerhalb ihrer Arbeitszeit in der firmeneigenen Sauna gemeinsam nackt zu entspannen. Kindness umfasst ein ganzes Spektrum an Handlungen, entsprechend ist kulturelle Sensibilität gefragt: Ich, die ich in einer angelsächsischen Kultur aufgewachsen bin, würde mich nie im Leben mit meinen Angestellten oder Kollegen nackt in eine Sauna setzen, in Finnland aber wird das mehr oder weniger erwartet. Selbst das finnische Parlament verfügt über eine Sauna, und wie es heißt, beendet das Kabinett seine wöchentlichen Sitzungen dort. »Dort ist es einfacher«, so Arto Ojala, Direktor des finnischen Arbeitgeberverbands, »Probleme offen zu besprechen. […] Du bist nicht mehr der Direktor des Arbeitgeberverbandes oder der

Finanzminister. Du bist ein nackter Mann, der auf einer Holzbank sitzt – ein ganz normaler Mensch.«[127] Der Sinn der Sauna besteht nicht einfach nur darin, sich zu entspannen und Stress abzubauen. Sie erfüllt vielmehr auch einen wichtigen sozialen, ja sogar politischen Zweck. Das in Helsinki ansässige Unternehmen Reaktor hat eine Sauna im obersten Stockwerk seines Bürogebäudes. Die 650 Mitarbeiter kommen aus der ganzen Welt, und einige sind schon ein wenig schockiert. »Der Anblick von Leuten, die nur mit Handtüchern bekleidet im Büro herumlaufen«, sagt die Talentmanagerin des Unternehmens, Aino Leppäkorpi, »ist doch einigermaßen gewöhnungsbedürftig.«[128]

Mit Gender Shift

Die folgenden Aspekte sind alle Teil des Megatrends »Frauen« oder, wie wir heute sagen, des Megatrends »Gender Shift«. Dass Frauen in die Arbeitswelt eintreten und die gläserne Decke durchbrechen, ist nicht neu, manchmal aber hat man das Gefühl, dass noch ein langer Weg vor ihnen liegt. In meinem Job als Rednerin erlebe ich oft einen drolligen »Alltagssexismus«, der mir eine gewisse taktvolle Kindness abverlangt. Ich will Ihnen ein paar meiner absoluten Lieblingsbeispiele erzählen. Da war etwa jener bizarre Moment, als ich kurz vor einer Rede vom CEO des Unternehmens, das mich angeheuert hatte, angesprochen wurde. Er bat mich, ich solle ihm einen Kaffee und ein Sandwich bringen und die Klimaanlage herunterdrehen. »Selbstverständlich«, sagte ich sehr freundlich, »aber lassen Sie mich doch zuerst vor Ihre fünfhundert Mitarbeiter und Kunden treten und mein Referat halten.« Ich versuche, diese Dinge mit Humor zu nehmen, denn die Zeiten ändern sich, und manche Menschen sind – um es diplomatisch auszudrücken – etwas langsamer als andere. Manchmal aber haben sie es nötig, dass man ihnen den Spiegel vorhält. Es passiert oft, dass ich vor einer Rede gefragt werde, ob ich die Frau von Matthias Horx sei. Dann antworte ich immer: »Nein, bin ich nicht.« Ich warte ein paar Augenblicke, während die Betreffenden ziemlich ratlos dreinschauen. Man sieht ihnen an, dass sie sich fragen, ob ihnen gerade ein Lapsus unterlaufen ist. *Ach du liebe Zeit,* denken sie, *vielleicht haben sie sich ja scheiden lassen*. Schließlich erlöse ich sie aus ihrer Betroffenheit und sage fröhlich: »Oh nein, Matthias Horx ist der Ehemann von Oona Strathern.« Den Frauen entlockt das einen herzhaften Lacher; die Männer lachen auch, aber mit Verzögerung und eher sehr nervös. Der andere Killer-Spruch, den ich wirklich gern anbringe, stammt von Eliza Reid, der First Lady von Island, die ihren Spaß daran hat, die Leute an einen wichtigen Umstand zu erinnern: »Ich bin nicht die Handtasche meines Mannes.«[129]

Wie ein Accessoire behandelt zu werden, ist freilich eine Lappalie gegen das, was viele Frauen am Arbeitsplatz immer noch aushalten müssen. Die #MeToo-Bewegung hat uns das gezeigt. Die Angst vor Jobverlust aber hält die Opfer nach wie vor davon ab, ihre Stimme zu erheben. Wie der *Economist* schrieb, »wirkt geschlechtsspezifisch motivierte Belästigung zudem wie eine Art Steuer für den Rest der Bevölkerung. […] Frauen sind in den meisten Fällen bereit, Gehaltseinbußen von 17 Prozent hinzunehmen, wenn sie dadurch Belästigungen vermeiden können.« Arbeitgeber sollten ein Interesse daran haben, sich um Probleme wie sexuelle Belästigung zu kümmern, da »Firmen, die resolut dagegen vorgehen, auf einen größeren Pool von Talenten zugreifen können und dadurch in der Lage sein müssten, ihre Konkurrenten auszustechen«[130]. Der Artikel unterlegt mit Zahlen, dass bessere Arbeitsplätze für Frauen höchstwahrscheinlich ordentliche Dividenden abwerfen werden. Auch der *Spiegel* berichtete kürzlich: »Ideen für eine gerechtere, grünere – und trotzdem noch marktwirtschaftliche – Ordnung gibt es inzwischen einige. Die Vorschläge für einen solchen sanfteren Kapitalismus kommen aus unterschiedlichsten ideologischen Lagern […] Auffallend [aber] ist, dass sie oft von Frauen gedacht werden, von Ökonominnen, Philosophinnen, Politikerinnen. Eine *weiblichere Weltordnung* – auch das hätte einiges für sich.«[131]

Outlier

Diejenigen, die mit ungewöhnlichen Ideen Erfolg haben, gelten gemeinhin als »Outlier«, als Ausnahmen von der Regel. Dass wir den Aufstieg der Kindness Economy erleben werden, davon bin ich nicht zuletzt deshalb überzeugt, weil es noch eine andere Gruppe von »Outliern« gibt, die eine immer aktivere Rolle in der Arbeitswelt einnehmen und zunehmend an Einfluss gewinnen: Frauen. Der Aufstieg von Frauen in der Arbeitswelt stellt eine enorme gesellschaftliche Veränderung dar, nimmt man die Generation unserer Großmütter oder selbst die unserer Mütter zum Vergleich. Die Frage ist: Kann das wirklich etwas ändern? Sind Frauen wirklich *kinder* als Männer? Stehen ihnen Themen wie Umwelt und Gemeinschaft näher und kümmern sie sich mehr darum? Nach den Vorstellungen, die unsere Gesellschaft immer noch mehrheitlich vertritt, sind Frauen die hauptamtlichen »Kümmerer«. So erklärt sich, dass wir von ihnen immer noch häufig als dem *kind* Gender sprechen.

Werden wir also in Zukunft eine Wirtschaft sehen, die viel mehr Kindness walten lässt? Was sagen uns die Studien zu Kindness und Frauen diesbezüglich? Laut den Untersuchungen von Claudia Hammond, Autorin von *The Keys to Kindness*, »schneiden Frauen bei Tests zu Empathie und Kindness insgesamt besser ab«.[132] Zu ähnlichen Ergebnissen gelangte ein sehr umfangreiches Projekt unter dem Titel »Kindness Test«, das von einem Forscherteam des Sussex Centre for Research on Kindness in Zusammenarbeit mit *BBC Radio 4* geleitet wurde. Hammond zufolge aber könnten diese Resultate schlicht auf das Framing der Fragen und auf die Tatsache zurückzuführen sein, dass Menschen, zumal Frauen, eine gewisse Tendenz haben, ihr Geschlecht als das freundlichere und fürsorglichere Geschlecht anzusehen.

Umdenken bei Männern

Liegt die Zukunft der Kindness Economy also vor allem bei weiblichen Unternehmern und Denkern? Nach einer Untersuchung des *Scientific American* haben Frauen die Männer im Bereich Umweltaktivitäten längst überholt, was unter anderem daran liegt, dass Männer »grünes Verhalten als unmännlich ablehnen«[133]. Dabei ist es offensichtlich nicht so, dass ihnen die Umwelt egal wäre, sondern dass sie »befürchten, sie könnten durch umweltfreundliches Verhalten als weiblich abgestempelt werden«. Dies gilt für sämtliche Umweltbelange und betrifft alles, von der Bereitschaft zum Müllauflesen bis hin zur Politik. So lautete eine Überschrift in einem Artikel des *Manager Magazin*: »Die grüne Transformation der Wirtschaft erfordert Unmengen Kapital. Vor allem Frauen geben dabei den Ton an«.[134] Die Autorin Eva Müller weist aber gleichzeitig darauf hin, dass es nach wie vor meist ältere Herren in feinem Zwirn sind, die an der Frankfurt School of Finance über die Bankenwelt sprechen.[135] Ich weiß, was sie damit meint. Ich werde häufig von Schweizer Banken angefragt, um über Trends zu sprechen, die sich bei Immobilien und im Zusammenhang der Frage abzeichnen, wie wir künftig leben und arbeiten werden. Alles in allem erweisen sich die Anwesenden dabei als ein interessantes und aufgeschlossenes Publikum, und ich empfinde solche Einladungen als großes Privileg – umso mehr, als ich oft eine der wenigen Frauen im Raum bin. Bei einer Veranstaltung, die vor acht Jahren in Zürich stattfand, machte ich unter den 300 Männern, vor denen ich sprach, nur eine einzige andere Frau aus: eine Kellnerin. Ein paar Jahre später fiel mir bei solchen Veranstaltungen eine Veränderung auf – es befanden sich immer vielleicht zwei oder drei Frauen als Teilnehmende im Raum. Auch wenn das vielleicht nicht bei jedem der anwesenden Herren gut ankommt, beschließe ich meinen Vortrag bei derartigen Veranstaltungen gern mit der Prognose, dass im Jahr 2040 mindestens 40 Prozent der teilnehmenden Personen Frauen sein werden.

Frauenpower in der Wirtschaft

Die Zeiten ändern sich jedoch gerade, zumindest in Frankfurt. Wie Eva Müller im *Manager Magazin* vermerkt, standen beim sehr angesehenen Sustainable Finance Summit, der im Oktober 2022 an der Frankfurt School of Finance stattfand, nicht nur zwei Männer in schwarzem Anzug, sondern auch zwei bunt gekleidete Damen auf der Bühne. Die Keynotes wurden von hochrangigen Rednerinnen gehalten, und in den Panels waren teilweise mehr als die Hälfte der Teilnehmer Frauen. Kristina Jeromin, die Managerin des Green and Sustainable Finance Cluster Germany, war laut Müller sogar Hausherrin der Veranstaltung. Frauen, so schreibt sie, hätten sich überdurchschnittlich eingebracht, als es um einige der heikelsten

Fragen für die Zukunft unseres Planeten ging. Je stärker der Druck auf die Wirtschaft, sich klimaneutral zu verhalten, desto wahrscheinlicher sei es, dass weibliche Experten in der Hierarchie aufstiegen.[136] Wie Müller ferner betont, sind Frauen derzeit echte Senkrechtstarter. Bekleideten sie bis eben noch fast ausschließlich Nebenrollen, etwa als Nachhaltigkeitsbeauftragte in Marketing- oder Kommunikationsabteilungen, rücken sie nun – ausgestattet mit allen notwendigen Qualifikationen – immer schneller in hohe ESG-Positionen auf.[137]

Anstand

Frauen treten dabei auch in anderen wettbewerbsintensiven Bereichen wie der Politik immer mehr in Erscheinung. Aber hilft es auch in der Politik, *kind* zu sein? Offenbar ja, denn nach dem Montagu-Prinzip sinkt man im Ansehen anderer, wenn man es an Anstand fehlen lässt (oder sich *unkind* verhält). Benannt ist das Prinzip nach Mary Wortley Montagu, die in der zweiten Hälfte des 18. Jahrhunderts lebte und den bekannten Satz geäußert hat: »Anstand kostet nichts, aber mit Anstand lässt sich alles erreichen.«[138] Man sollte meinen, dass sich das eigentlich von selbst versteht. Unter rechtsgerichteten Politikern aber gibt es Leute, die glauben, sie könnten mit schlechtem Benehmen, Anstandslosigkeit, Unfreundlichkeit oder (und vor allem) Unkindness Stimmen gewinnen. Zum Glück sieht die Wirklichkeit anders aus. Zumindest gibt es eine ganze Reihe von Untersuchungen, darunter eine in der Zeitschrift *Personality and Social Psychology* veröffentlichte Studie, die den gegenteiligen Schluss nahelegen. Danach würde sich die Zustimmung zu Politikern, denen es an Anstand mangelt, auf lange Sicht tatsächlich verringern.[139]

Wir sollten jedoch nicht den Fehler machen und Kindness mit Schwäche oder einem Mangel an Macht verwechseln. Ein Beispiel für eine sehr erfolgreiche moderne Politikerin, deren Erfolg auf Anstand bzw. dem »Kindness-Prinzip« beruht, ist Jacinda Ardern, die ehemalige Premierministerin von Neuseeland. In *I Know This to Be True* legt Ardern dar, inwiefern Kindness ihr wichtigstes Kapital auf ihrem Weg an die Spitze gewesen ist. Über politische Führung schreibt sie: »Wir haben im Laufe der Zeit so viel Betonung auf Durchsetzungsvermögen und Stärke gelegt, dass wir wohl irgendwann davon ausgegangen sind, dass jene anderen Qualitäten wie Kindness und Empathie nicht zu haben sind. Wenn man jedoch an die großen Herausforderungen denkt, mit denen wir auf der Welt konfrontiert sind, sind das wahrscheinlich die Qualitäten, die wir am meisten brauchen.«[140] Als sie im Januar 2023 ihren Rücktritt als Premierministerin ankündigte, wurde sie gefragt, wie man sie in Erinnerung behalten solle. Darauf erwiderte sie: »Als eine, die immer versucht hat, *kind* zu sein.«[141]

Lauren Currie, eine große Anhängerin von Ardern, sagt, diese habe Kindness auf der Leadership-Agenda ganz nach oben gebracht. Currie leitet Stride, ein Leadership-Development-Unternehmen, das sich darauf spezialisiert hat, Frauen zum Erfolg in der Arbeitswelt zu befähigen, und »ist nach wie vor davon überzeugt, dass die Kindness vieler Frauen ihnen einen ›unsichtbaren Wettbewerbsvorteil‹ verschaffen kann.« Sie macht jedoch einen Unterschied zwischen *being kind* und *being nice* und sagt, Letzteres werde oft als Waffe gegen Frauen eingesetzt.[142] Marcia Sirota, Psychotherapeutin und Gründerin des Instituts mit dem wunderbaren Namen *Ruthless Compassion*, warnt ebenfalls vor den Gefahren, es anderen unbedingt recht machen zu wollen, was häufig Frauen nachgesagt wird. Der typische »Vorwurf«, zu emotional zu sein, kann ihnen in der neuen Kindness Economy jedoch zum Vorteil gereichen. Da die Welt immer weniger von rein physischer Kraft und immer mehr von emotionaler Intelligenz abhängt, ist Empathie der entscheidende Faktor – umso mehr in einer Gesellschaft, die auf der Suche nach Sinn und Ziel ist.[143]

Mit allen Generationen

Von Frauen maßgeblich auf den Weg gebracht, wird die Kindness Economy auch von den jüngeren Generationen weiter vorangetrieben. Diese sind nicht nur offener für neue Ideen, sondern verfügen über beide »EIs«: über emotionale Intelligenz und »environmental«, also Umwelt-Intelligenz.

Babyboomer

Meine Generation der Babyboomer, der zwischen 1946 und 1964 Geborenen, besteht aus den Dinosauriern der alten Wirtschaft und zieht sich langsam in den Ruhe- oder Halbruhestand zurück. Viele beschuldigt man, sie seien plump und schwerfällig und machten mit ihrem riesigen CO_2-Fußabdruck alles kaputt. Wie mein Sohn Tristan so schön sagt, gibt es wahrscheinlich nichts, was so leicht und so einträglich ist wie »Boomer Bashing«, das verbale Angreifen und Kritisieren der Babyboomer. »Ihr«, heißt es dann gern, »ihr habt die Zukunft ruiniert mit eurem eigensinnigen Konsum!« Und: »Ihr habt nur an euch selbst gedacht.«[144] Falls Sie von Ihren Kindern oder jüngeren Freunden und Kollegen also einmal den abschätzigen Ausdruck »Okay, Boomer« hören – wie es mir passiert ist –, dann wissen Sie, dass man Ihre Ideen oder Ansichten nicht ernst nimmt. Vielleicht haben Sie noch dazu das Gefühl, Ihre Ideen werden bald aussterben wie die Dinosaurier. Tristan sagt, die jüngere Generation behaupte fälschlicherweise immer, es gäbe keinen gemeinsamen Nenner zwischen den Generationen und es sei kein Diskurs mehr möglich, weil die Boomer so arrogant und paternalistisch seien.[145]

Generation X

Das heißt aber nicht, dass die nachfolgende Generation oder dass überhaupt eine Generation je völlig frei von Unkindness sein wird, was Umwelt oder Arbeitsplatz betrifft. Die Generation X, der kleinere Jahrgang der zwischen 1965 und 1979 Geborenen, kennt man unter der Bezeichnung »verlorene Generation«. Die ihr Angehörenden haben den demografischen Nachteil, dass sie im Schatten der lauten, rebellischen Babyboomer geboren und aufgewachsen sind. Wie Tristan schreibt, lautete ihr Motto statt »Sex, Drugs und Rock ›n‹ Roll«: »Kopf runter und durch.« Arme Menschen, und das nicht nur im übertragenen Sinne: Sie sind die erste Generation, die im Durchschnitt weniger verdient und weniger besitzt als ihre Eltern. Laut einer Studie des Weltwirtschaftsforums aus dem Jahr 2023 würden sich 50 Prozent dieser Generation weigern, für einen Arbeitgeber zu arbeiten, »der sich nicht proaktiv um mehr Nachhaltigkeit bemüht«.[146]

Generation Why

Die Generation Y der zwischen 1980 und 1994 Geborenen, die man auch als »Millennials« oder Generation »why« kennt, ist die zweitgrößte Generation nach den Boomern. Sie ist auch einer der Hauptnutznießer des Megatrends »New Work« – des viel umjubelten Strukturwandels, durch den Arbeit ortsunabhängig wurde, vor allem dank bestimmter Trends in den Bereichen Technologie, Mobilität und Individualisierung. Dieser kulturelle Wandel hat viele Menschen nicht nur aus dem Gefängnis befreit, das der Industriearbeitsplatz darstellte, sondern auch von der alten Arbeitsethik. Diese Generation aber hatte es durchaus nicht einfach. Zwar ist das Bildungsniveau bei ihr höher als bei früheren Generationen, doch als die Wirtschaftskrise 2008 es den Millennials erschwerte, eine angemessene Arbeit zu finden, hieß sie nur noch »Generation Praktikum«. Fair hin oder her, galt sie teilweise auch als die faule Generation, und das nicht zuletzt deshalb, weil sich Millennials eine gute Work-Life-Balance wünschten – ein Credo, das von der Arbeitswelt, in die sie eintreten musste, nicht geteilt wurde.[147]

Mit Work-Life-Blending

»Work-Life-Balance« ist einer jener viel beanspruchten Begriffe, die immer irgendwie unklar bleiben. Die Idee (wenn auch nicht der Begriff) geht auf Robert Owen zurück, einen walisischen Fabrikanten und Arbeitsaktivisten, der 1817 den Slogan »acht Stunden Arbeit, acht Stunden Erholung, acht Stunden Ruhe« prägte.[148] Das war die Ursprungsidee hinter der *nine to five*-Arbeitswoche, die erst im frühen 20. Jahrhundert zur Norm wurde. Die hart arbeitende Boomer-Generation aber hatte richtig zu kämpfen, um eine Balance aufrechtzuerhalten. Und das galt insbesondere für Frauen, die in die Arbeitswelt eintraten. Heute ist »Work-Life-Balance« ein etwas veralteter, fast schon abfällig benutzter Ausdruck. Er transportiert die Vorstellung, nur das Privatleben sei wichtig und die Arbeit der Feind, dessen man sich erwehren müsse. Kann man diese Balance nicht finden, hat man nach dieser Logik kläglich versagt. Wie Tristan Horx in *Sinnmaximierung* schreibt, suggeriere »Work-Life-Balance«, dass wir nicht wirklich leben, wenn wir arbeiten. Arbeit, sagt Tristan, braucht Bedeutung und sollte ein Ort sein, an dem sich die Dinge zu einem sinnvollen Ganzen fügen.[149]

Es überrascht sicher nicht, dass eine sehr individualisierte, digitale, mobile und globalisierte Generation Y daher eher auf Lösungen wie eine flexible Selbstständigkeit setzt. Auch wenn es sich dabei nicht immer um eine gut bezahlte oder sonderlich krisenfeste Arbeit handelt, so können sie sich doch zumindest ein Arbeitsumfeld schaffen, das ihren Überzeugungen, Werten und ihnen selbst gegenüber *kinder* ist. In diesem Sinne sehen sich viele dieser Generation als etwas Besonderes – sie sind stolz, »anders« zu arbeiten, sich ihre Zeit selbst einteilen zu können, statt sich unter die Knute eines Nine-to-five-Jobs zu begeben. Die Start-up-Szene, in der viele von ihnen arbeiten, kommt einer älteren Generation wie der meinen manchmal wie der Wilde Westen der Wirtschaft vor.

In Zukunft werden wir weniger über Work-Life-Balance als vielmehr über Work-Life-*Blending* sprechen. Das »Verschmelzen« von Arbeit und Privatleben hört sich für Generationen wie die meine freundlicher an. Dazu kommt: Verschmelzungen dieser Art werden tatsächlich entscheidend mitprägen, wie die Generation Z (die zwischen 1995 und 2020 Geborenen) künftig arbeitet und lebt. Wie Tristan Horx sagt, gibt es zwischen modernem Leben und moderner Arbeit zahlreiche Synergien, auch wenn uns das zunächst paradox erscheinen mag.[150]

Mit Hilfen für die Millennials

Dieser Wandel hin zur Verschmelzung ist nicht nur ein Symptom unserer zunehmend digitalisierten Welt, in der es schwieriger denn je ist, abzuschalten, sondern auch eine der Notwendigkeit für eine Wirtschaft, in der unsere Arbeit zu einem größeren Ausdruck unserer Werte, unseres »Purpose« oder unserer Sinnsuche werden kann, verbunden mit dem Ziel, nicht nur uns selbst, sondern auch die Welt um uns herum zu verbessern. Es geht darum, von der Kultur des »ich, ich, ich« zu einer Kultur überzugehen, die stärker auf das »ich und wir« setzt.

Trotz dieser positiven Entwicklung hin zu mehr Sinnhaftigkeit haben wir im Jahr 2022 viel über den Trend zur »stillen Kündigung« gehört. Bei dieser ziehen sich die Menschen in sich selbst zurück und tun nur das, was unbedingt sein muss, damit sie ihren Job nicht verlieren. Ich halte es hier mit meinem Sohn und spreche lieber von »lauter Kündigung«. In dem Zusammenhang ist auch vom »age of no ambition« die Rede. Millennials vor allem stehen in dem Ruf, faule, überempfindliche »Mimöschen« (»snowflakes«) zu sein, die dem Druck am Arbeitsplatz nicht standzuhalten vermögen. Sie gelten auch als »Burn-out-Generation«, die sich lieber Zeit nehmen würde, um der Sonne beim Untergehen zuzusehen, als für einen höheren Gehaltsscheck mehr zu arbeiten.

Ist das vielleicht nur ein Ausdruck dessen, was viele Menschen empfinden – Langeweile und Frustration im Job? Interessanterweise besteht diese Generation laut der *Financial Times* auch aus den am wenigsten konservativen 35-Jährigen der Geschichte und widerspricht damit der »ältesten Regel der Politik: Menschen werden mit dem Alter konservativer.«[151] Mit Blick speziell auf die USA und Großbritannien heißt es in dem Artikel, dass diese Abweichung höchstwahrscheinlich darin begründet liegt, »dass Millennials, geprägt durch ihre besonderen Erfahrungen, andere Werte entwickelt haben als frühere Generationen. […] Die Zahlen verdeutlichen, dass die Millennials nicht einfach in den Konservatismus hineinaltern werden.« Wie John Burn-Murdoch schrieb:

> *»Um einen Kohorten-Effekt umzukehren, muss man etwas für diese Kohorte tun. Wie sich zeigt, ist es für Millennials nach wie vor schwerer, es zu Wohneigentum zu bringen, als für frühere Generationen im gleichen Alter in beiden Ländern. Weil Häuser immer unerschwinglicher werden, sollte man da ansetzen, mehr Millennials beim Einstieg in den Wohnungsmarkt zu unterstützen. Ein anderer Ansatz wären ernst zu nehmende Vorschläge zur Reform von zwei der teuersten Kinderbetreuungssysteme der Welt.«*[152]

Mit der Viertagewoche

Eine Idee, die Millennials dabei zunehmend anspricht, ist die Viertagewoche. Wie so viele andere immer wiederkehrende, wenn auch umstrittene Ideen, wird sie etwa alle zehn Jahre begeistert hervorgeholt und verläuft dann schnell wieder im Sande. Zumindest war das bislang so. Heute ist die Idee wieder ganz oben auf der Agenda und wird zusammen mit Dingen wie dem Rechtsanspruch auf Homeoffice-Tage und der sogenannten »Workation« (einer Verbindung von Arbeit, »work«, und Urlaub, »vacation«) vehement propagiert. Weltweit wurden bereits zahlreiche Versuche unternommen, die Viertagewoche bei vollem Lohnausgleich zu erproben. Ein bekannter Testlauf, der zwischen 2015 und 2019 in Island stattfand, erwies sich als überwältigender Erfolg. Die 2.500 Beschäftigten (1 Prozent der Erwerbsbevölkerung) kamen dabei aus zahlreichen verschiedenen Arbeitsbereichen, darunter Krankenhäuser, Vorschulen, Sozialdienste und Büros. Wie die Ergebnisse der Studie zeigten, blieb ihre Produktivität gleich oder verbesserte sich sogar. Das wichtigste Ergebnis aber war, dass sich die Menschen, wie sie sagten, weniger gestresst fühlten und sich ihre Gesundheit und ihr allgemeines Wohlbefinden verbesserten. In einem Bericht von *4 Day Week Global* (4dayweek.com) wurde ebenfalls festgestellt, dass sowohl bei der körperlichen und geistigen Gesundheit als auch in puncto Zufriedenheit ein Anstieg zu verzeichnen war. Auch was die Unternehmensleistung betraf, gab es Positives zu vermelden: Während des Versuchs stiegen die Einnahmen um etwa 8 Prozent und die Fehlzeiten gingen zurück.

Die *Financial Times* verfolgte außerdem ein Experiment von 2022, bei dem sich 70 Unternehmen zu einem Test der Viertagewoche angemeldet hatten. Darunter befanden sich ganz unterschiedliche Unternehmen, von *Platten's*, einem etablierten Fish-and-Chips-Laden in Norfolk, bis hin zu einem Unternehmen im Telekommunikationsbereich. Eine der wichtigsten Erkenntnisse war, dass bei vielen Unternehmen der Nutzen die Kosten überstieg. Bei *Platten's* zum Beispiel gingen die unentschuldigten Fehlzeiten (hinter denen in der Regel eindeutig Stress steht) »radikal zurück«. Die Mitarbeiterbindung und die Bereitschaft von Saisonarbeitern, wieder in das

Unternehmen zurückzukehren, stieg um 74 Prozent.[153] Laut der Aktion für die Viertagewoche in Großbritannien (4dayweek.co.uk) kommt eine kürzere Arbeitswoche nicht nur der psychischen Gesundheit, sondern auch der Umwelt zugute: Die Menschen müssen weniger pendeln und haben ferner Zeit, einen nachhaltigen Lebensstil zu pflegen. Die global tätige gemeinnützige Crowdfunding-Gesellschaft Kickstarter plant, die Viertagewoche im Anschluss an ein Pilotprojekt zeitnah fortzuführen.[154]

Mit einem Systemwechsel

Eine, die der Viertagewoche zustimmen könnte, ist Carla Reemtsma. Geboren 1998, ist sie ein weibliches Aushängeschild der Generation Y. Reemtsma studiert Integrated Natural Resource Management in Berlin, ist Sprecherin der Klimabewegung *Fridays for Future* in Deutschland und glaubt nicht an das Prinzip des Wachstums oder der Gewinnmaximierung. Wie viele ihrer Generation plädiert sie für einen vollständigen Systemwechsel, bei dem wir uns insgesamt als Gesellschaft mit Streitfragen auseinandersetzen. Wenig überraschend tritt sie für Carsharing in den Städten und eine preiswertere, umweltfreundlichere Beförderung ein, wie zum Beispiel mehr Fahrradwege. Außerdem möchte sie, dass die deutsche Regierung das äußerst beliebte 9-Euro-Monatsticket für den gesamten Nah- und Regionalverkehr wieder einführt. Dieses Ticket, das ein riesiger Erfolg wurde, war im Sommer 2022 als Reaktion auf die Energiekrise für drei Monate angeboten worden. Reemtsma aber sorgt sich nicht nur um die Umwelt. Ihre Sorge gilt auch der Tatsache, dass die klassische Wachstumswirtschaft für ihre Generation nicht funktioniert und nicht im Einklang mit ihren Überzeugungen und Werten steht. Den Einwand zum Beispiel der Autoindustrie, die hohen Kosten einer umweltfreundlicheren Produktion gefährdeten Arbeitsplätze, lässt sie nicht gelten. Beziehungsweise kontert ihn mit dem Hinweis, dass die Autofirmen riesige Gewinne machen, einfachere Arbeiten aber trotzdem an Zeitarbeitsfirmen auslagern. Dabei reden wir von prekär Beschäftigten, die dann mit Lohndumping fertig werden müssen, sprich damit, dass Arbeitgeber viel niedrigere Löhne anbieten als in der Branche üblich.[155]

Mit Fokus auf ESG

Auch wenn die Großen der Autoindustrie nicht richtig in die Gänge kommen, so lässt doch der Mittelbau der Wirtschaft hoffen. »Es gibt wohl kaum mehr ein kapitalmarktorientiertes Unternehmen«, so der Wirtschaftswissenschaftler Klaus Schweinsberg im *Manager Magazin*, »dessen Führungsebene nicht intensiv daran arbeiten würde, in Sachen Ökologie, sozialer Verantwortung und Good Governance, kurz ESG, gut dazustehen.«[156] Dies ist sowohl dem Druck durch die jüngeren Generationen zu verdanken als auch jenen, die einmal ein Familienunternehmen erben werden. Diese junge, dynamische Generation ESG prallt mit der alten Generation zusammen, der Schweinsberg das Kürzel »GLM« für Geld, Liebe, Macht gibt. Im Unterschied zu früher, als diese Fragen bei Vorstandssitzungen beiseitegewischt wurden, werden sie dort jetzt ins Zentrum gerückt. Für Schweinsberg haben mittelständische Unternehmen mit einer klaren und intern unterstützten ESG-Strategie dabei einen deutlichen Wettbewerbsvorteil.

Die Generation ESG unterscheidet sich jedoch hinsichtlich ihrer Wirkung. Während es einigen gelingt, für Aufruhr zu sorgen, scheitern andere immer noch an den Boomern in den Vorstandsetagen. Studien zeigen, dass viele um ihre Zukunft besorgt sind und dabei eine Verletzlichkeit und Ängste offenbaren, die meine Generation der Boomer nicht hat. Bei einer neuen weltweiten Umfrage, die von Forschern der Universität Bath durchgeführt wurde, stimmten 75 Prozent der Menschen zwischen 16 und 25 der Aussage »Die Zukunft ist beängstigend« zu.[157] Junge Menschen sind nicht nur besorgt, sondern auch wütend, wenn sie sehen, was auf sie zukommt, und werfen den älteren Generationen vor, sie hätten nicht genug getan, um diese Entwicklungen abzuwenden. Entgegen der naheliegenden Vermutung, die ausgeprägte Angst und Sorge wirke sich sehr negativ auf die Motivation der jüngeren Generation aus, scheint sie sie vielmehr in ihren Anliegen bestärkt zu haben.

Mit einer neuen Zukunftsvision

Man könnte also durchaus fragen: Sind jüngere Menschen von Natur aus *kinder* als meine Generation? Studien zufolge sind ältere Erwachsene, wenn es um Wohltätigkeit und gute Taten geht, im Allgemeinen *kinder* als junge Erwachsene.[158] Wenn es jedoch darum geht, in der Wirtschaft die Menschen und den Planeten über den Profit zu stellen, sind jüngere Menschen *kinder*. Ihre Kindness entspringt dabei den Ängsten und den besonderen sozialen und ökologischen Herausforderungen, mit denen sie konfrontiert sind. Letzten Endes geht es ihnen darum, was sie der Nachwelt hinterlassen. Im Deutschen gibt es einen sehr schönen Ausdruck, der den Willen (und ein bisschen Stolz) ausdrückt, der nächsten Generation etwas in gutem Zustand zu übergeben: Es geht darum, etwas »enkelfit« zu machen.

Letzten Endes aber müssen alle Generationen dabei zusammenarbeiten. Wie mein Sohn Tristan Horx sagt, brauchen wir eine neue Einstellung und eine neue Vision für die Zukunft – eine, hinter der sich alle Altersgruppen versammeln können. Wir haben uns genug auf unserem Wohlstand ausgeruht, jetzt ist die Zeit, an die Welt zu denken, die nach uns kommt.[159] Tristan glaubt (und das sieht selbst seine Boomer-Mutter so), dass es im 21. Jahrhundert ohne die Nachwelt keinen Wohlstand geben wird.

Schlussendlich glaube ich nicht, dass es wirklich wichtig ist, wer die Agenda der Kindness Economy vorantreibt. Es ist nur wichtig, dass denjenigen die Nachwelt, die Menschen und der Planet am Herzen liegen. Leider wird es immer Leute und Unternehmen geben, die sich einen Dreck darum scheren. Die Frage ist: Was glauben Sie, wer in 50, 70 oder 100 Jahren in der Mehrheit sein wird?

6

DIE KIND CITY DER ZUKUNFT

Neue Liebe für urbanes Leben

»Wir müssen vor allem die Neigung ablegen, die Bauten einer Stadt für die Stadt selbst zu nehmen. Denn denken wir daran: Die richtige, die eigentliche Stadt ist aus Fleisch und Blut, nicht aus Beton.«

EDWARD GLAESER[160]

Der dänische Dichter Søren Ulrik Thomsen sagte einmal, eine echte Stadt brauche drei Eigenschaften: Sie solle komplex, chaotisch und riesig sein. Auf der Grundlage aktueller Prognosen lässt sich mit Sicherheit sagen, dass der Megatrend »Urbanisierung« und seine Nachfolger, die »Megacity« und die »Metropole«, von Dauer sein werden. Die Vereinten Nationen sagen voraus, dass bis 2050 fast 70 Prozent der Weltbevölkerung im städtischen Raum leben werden.[161] Während viele angesichts dieser Aussicht erschaudern dürften, muss das keine schlechte Nachricht sein. Wir haben das Know-how und die Technologie, um die Lebensqualität, die Luftqualität und die Mobilität in unseren Städten zu verbessern. Anders als immer wieder behauptet wird, können Städte durchaus *kind* oder gar fürsorgliche Orte zum Leben sein. Ich bin in London aufgewachsen und habe in Dublin, Hamburg,

Paris und Wien gelebt. Dabei könnte ich nicht sagen, welche Stadt ich »*kinder*« finde, jede Stadt hat ihren eigenen Charme und Charakter.

Städte waren schon immer ein hervorragender Motor für Innovation, Fortschritt und Zivilisation. Heute sind sie gesünder und reicher als je zuvor. Eines aber scheinen sie nicht zu sein, nämlich *kinder*. Wenn es darum geht, sich die Stadt der Zukunft vorzustellen, lässt man sich leicht von Klischees ablenken: Visionen von fliegenden Autos, Hyperloop-Tunneln und von Robotern oder Drohnen, die sich um all unsere Bedürfnisse kümmern. Es ist viel die Rede von intelligenten Städten, von grünen Städten, CO_2-neutralen Städten und autofreien Städten, selten aber man hört von *kind cities*, wenn es um Stadtplanung geht.

Learning by Krisen

Wissen Sie noch, wie es war, als unsere Städte freundlicher, ruhiger, grüner und sauberer waren? Mit weniger lauten Autos, mehr Fußgängern und Radfahrern? Als Sie in den Läden um die Ecke einkauften, Ihre Nachbarn kennenlernten und sich gegenseitig halfen? Dies sind einige der positiven Erfahrungen und Erinnerungen, die wir mit der Covid-19-Pandemie von 2020 bis 2022 verbinden können. Und es sind auch einige der Qualitäten, die eine zukünftige Stadt ausmachen könnten. »Wie die Geschichte uns lehrt«, so der weltberühmte Architekt Norman Foster im *Guardian* optimistisch, »liegt die Zukunft direkt vor unserer Nase. Die letzte große Pandemie von 1918 bis 1920 brachte verwaiste Innenstädte, Gesichtsmasken, Abriegelungen und Quarantänen hervor. Aber sie läutete auch die soziale und kulturelle Revolution der 1920er-Jahre ein, in der neue Versammlungsräume errichtet wurden: Kaufhäuser, Kinos und Stadien.«[162] Krisen beschleunigen den Wandel. Und das ist lange schon so, nicht zuletzt bei der Entwicklung unserer Städte.

Zur Entwicklung von London führt Foster weiter aus:

> *»Bis zur Mitte des 19. Jahrhunderts war die Themse ein offener Abwasserkanal. Dann kam die Choleraepidemie und setzte diesem Zustand ein Ende. In ihrer Folge entstand ein modernes Abwassersystem und das Thames Embankment. ›Mobilität‹ am Ende des Jahrhunderts bedeutete: Pferde zogen Kutschen, und die Stadt lag unter einer Schicht von Pferdemist. Es stank entsprechend und Krankheiten konnten sich verbreiten. Das Auto war der Retter und machte die Straßen sauber – bevor man es zum Schurken erklärte und zu verteufeln begann. Dann folgte die Tuberkulose. Sie war ein Killer, und dennoch förderte sie den Ausbau der Parks. Sie stand am Beginn der modernen Architektur, die das Sonnenlicht hereinließ und auf Freiflächen setzte.«*

Oder denken wir an den *Great Smog of London*, der im Dezember 1952 Tausende Menschen das Leben kostete. Verursacht durch starke Luftverschmutzung, führte er zum Clean Air Act von 1956 und zur Umstellung von Kohle auf Gas.

Die 15-Minuten-Stadt

Gerade befinden wir uns wieder an dem Punkt einer Krise, der einschneidende Veränderungen verlangt. Die Pandemie, die Energiekrise und der Krieg in der Ukraine haben sich allesamt verschworen, um den Übergang von Gas auf erneuerbare Energien zu beschleunigen. Doch wenn die Städte ihre Anziehungskraft für Menschen und Unternehmen bewahren sollen, müssen Luft- und Lebensqualität verbessert werden, und das nicht nur durch Unterstützung der Elektromobilität, sondern vor allem auch durch Förderung des Radfahrens und Zufußgehens. Dies ist einer der zentralen Gedanken hinter der »15-Minuten-Stadt«, einer Strategie zur Planung des städtischen Raums, die von der Bürgermeisterin von Paris, Anne Hidalgo, öffentlichkeitswirksam vertreten wird. Dabei geht es um nicht weniger als um eine radikale Um- und Neugestaltung der städtischen Lebensstruktur. Das Ganze fußt auf der Idee, dass die Bewohner all ihre Grundbedürfnisse befriedigen können – sei es Arbeit, Einkaufen, Gesundheit oder auch Kultur –, ohne dafür länger als eine Viertelstunde mit dem Rad oder zu Fuß zurückzulegen. Könnte das die Blaupause für die bürgerfreundliche Stadt der Zukunft sein? Nick Fletcher, ein konservativer Abgeordneter im britischen Parlament, sieht darin einen »internationalen sozialistischen Entwurf« von Stadtplanern, die uns in unseren persönlichen Freiheiten zu beschneiden versuchen, indem sie uns in unser Stadtviertel einsperren. Der Zeitschrift *Monocle* zufolge »grenzen einige dieser planerischen Überlegungen an Irrsinn. Aber Sie können sicher sein: So wie sie angelegt sind, werden diese verkehrsarmen 15-Minuten-Zonen Ihr ›Recht‹ auf Autofahren beschränken.«[163] Andere, die sich in die Debatte eingemischt haben, gingen sogar so weit, diese 15-Minuten-Städte als »unbritisch und dystopisch« zu bezeichnen.[164]

Verschwörungstheorien aber können wir hier ebenso beiseitelassen wie die Tatsache, dass es befreiend und schön sein kann, in einem Stau zu sitzen. Konzentrieren wir uns stattdessen darauf, was Carlos Moreno, Hidalgos Berater, sagte: »Es gibt sechs Dinge, die Städter glücklich machen: Wohnen in Würde, Arbeiten unter angemessenen Bedingungen, Vorräte [anlegen zu können], Wohlergehen, Bildung und Freizeit. Will man die Lebensqualität verbessern, muss man den Radius verringern, in dem diese Dinge zugänglich sind.«[165] Zu diesem Zweck hat sich Portland in Oregon vorgenommen, 90 Prozent der Stadt in sogenannte 20-Minuten-Viertel umzuwandeln, in denen die meisten Orte zur Erledigung grundlegender Dinge (außer der Arbeit) innerhalb dieser Zeit fußläufig erreichbar sind. Dieser Trend weg von einer monozentrischen Planung und Organisation, bei der alles zentral entschieden wird, hin zu einem polyzentrischen Ansatz läuft auch unter der Bezeichnung »Village-isation« (so etwas wie »Verdörflichung«) der Stadt. »Große Städte«, so Charles Handy in *The Empty Raincoat,* »bestehen aus kleinen Dörfern. In Wahrheit brauchen wir, wie so oft, unser Dorf und unsere Stadt. Wir brauchen den Trost von Freunden ebenso wie den Anreiz von Fremden.«[166]

Hidalgos Pläne für Paris sehen außerdem die Unterstützung und Wiederbelebung von kleinen Unternehmen, kulturellen Aktivitäten und Arbeitsorten vor. Neben Betrieben, die ein »Made in Paris«-Label als Marketingtool nutzen, sind auch kleinere Einzelhandelsgeschäfte wie zum Beispiel Buchläden geplant. Außerdem soll der Zugang zu Ärzten, Sporttherapieeinrichtungen und Gemeinschaftsräumen erleichtert werden. Über ein Netz von »Bürgerkiosken« – besetzt mit städtischen Mitarbeitern – will man künftig nicht nur über Vereine informieren, sondern sogar Kompost für Balkonpflanzen verkaufen. Den stationären Handel zu neuem Leben zu erwecken ist wiederum von entscheidender Bedeutung, um die lokale Wirtschaft am Laufen und die Ortskerne und Gemeinschafen lebendig zu erhalten. Für Mary Portas besteht das Problem darin, dass wir die Ortskerne schon längst den bequemen Einkaufsmöglichkeiten geopfert haben, die sich online und außerhalb der Innenstädte bieten. Daher sei jeder Euro, den man ausgibt, eine Entscheidung darüber ist, wie man leben möchte.[167]

Gemeinsam statt einsam

Wir leben nicht nur in einer hochgradig individualisierten, sondern auch einer alternden Gesellschaft. Wie die Befunde aus dem Megatrend »Individualisierung« und dem Megatrend »Silver Society«, die Entwicklung hin zu den Älteren als konsumkräftigen und -willigen Zielgruppen, zeigen, hat sich ein perfekter soziodemografischer Sturm zusammengebraut. Und der führt leider noch ein zusätzliches Problem mit sich, zunehmende Einsamkeit. »Heute«, so schreibt Johann Hari in *Der Welt nicht mehr verbunden*, »hängt die Einsamkeit wie ein dicker Nebel über unserer Gesellschaft.«[168] Die gesellschaftliche Individualisierung hat zur Folge, dass immer mehr Menschen allein leben. Urbanisierung führt häufig zu dichterer Wohnbebauung und dazu, dass es weniger öffentlichen und gemeinschaftlichen Raum gibt, in dem Menschen miteinander in Verbindung treten können.

Oder, um es poetischer auszudrücken: Da, wo wir einst in Gemeinschaften geboren wurden und um unsere Individualität kämpfen mussten, werden wir heute als Individuen geboren und müssen unsere Gemeinschaft finden. In Deutschland leben bereits um die 40 Prozent der Einwohner in einem Single-Haushalt. In den Großstädten Hamburg, Berlin und Bremen sind es angeblich bereits über 50 Prozent. In Österreich hat sich die Zahl der Single-Haushalte seit 1986 auf 1,5 Millionen verdoppelt. Dabei ließe sich einwenden, dass die Statistiken zu Single-Haushalten variieren, je nachdem, wo man schaut und wie man Single-Haushalt definiert. Tatsache aber ist, dass mehr Menschen als je zuvor allein leben. Wir sollten auch nicht vergessen, dass Einsamkeit nicht unbedingt das Ergebnis davon ist, dass man allein lebt, sondern ein Symptom sozialer Isolation. Laut dem renommierten österreichischen Psychiater Michael Lehofer gelte es festzuhalten, »dass man zwischen einsam sein und allein sein unterscheiden muss. Im Wort allein ist ja so schön ›all‹ und ›ein‹ verborgen: Allein sein als Zustand des All-Eins-Gefühls. Dieses Wortspiel zeigt, dass wir sehr wohl allein sein können, ohne einsam zu sein.«[169]

Seltsamerweise haben selbst die lebenswertesten Städte – jene, die in den Ratings der besten Lebensqualität ganz vorn stehen – bedenkliche Probleme mit Einsamkeit. Wie eine 2012 veröffentlichte Umfrage unter Einwohnern von Vancouver ergab, beschäftigte sie kein anderes, sei es lebenstechnisches oder wirtschaftliches, Problem so sehr wie das der Einsamkeit (VancouverFoundation.ca). Kein Wunder also, dass von einer Epidemie der Einsamkeit die Rede ist, die unsere Städte trotz Social Media und digitaler Vernetzung befallen habe. 2018 passierte in Großbritannien, was die Welt noch nicht gesehen hat: Die Regierung ernannte einen Minister für Einsamkeit. Die andere gute Nachricht ist, dass Einsamkeit »dank« der Pandemie kein Tabuthema mehr darstellt. Paradoxerweise mussten wir alle erst voneinander getrennt werden, um darüber zu sprechen, wie wichtig es ist, miteinander verbunden zu sein.

Mobilität für alle

Städte werden lange schon für den mysteriösen »Durchschnittsmenschen« konzipiert. Dieser ist megamobil und weder altersbedingt noch sonst in irgendeiner Weise beeinträchtigt. Heute leben wir länger als je zuvor (was großartig ist), gleichzeitig aber hat auch die Zahl der Jahre zugenommen, in denen wir mit ernsthaften Gesundheits- oder Mobilitätsproblemen zu tun haben (was wiederum nicht so großartig ist). Ein Beispiel für ein solches

Problem ist die die Mobilität stark einschränkende Krankheit »Claudicatio intermittens«, die mit starken Muskelschmerzen in den Beinen einhergeht. Im Deutschen bezeichnet man sie auch als »Schaufensterkrankheit«. Der Name bezieht sich dabei auf ältere Betroffene, die sich länger an Schaufenstern aufhalten und so tun, als würden sie sich für die Auslagen interessieren, um ihre schmerzenden Muskeln auszuruhen. Schätzungen zufolge werden bis 2030 in Gesellschaften mit hohem Einkommen 25 Prozent der in Städten lebenden Menschen über 60 Jahre alt sein. Man schätzt auch, dass mehr als 50 Prozent der über 65-Jährigen in den Städten Probleme mit ihrer Mobilität haben und sich infolgedessen schließlich selbst eine Art Hausarrest auferlegen werden. Die »Campaign to End Loneliness« möchte auf diese Probleme für die alternde Bevölkerung aufmerksam machen und fragt: »Würden Sie es aushalten, eine Woche lang niemanden zu sehen? Für über eine halbe Million älterer Menschen im Vereinigten Königreich ist das Realität.«

Wir wissen aus Umfragen – und durch gesunden Menschenverstand –, dass ältere Menschen eher glücklich sind, wenn sie sozialen Umgang mit anderen haben. Organisationen wie die WHO und die American Psychological Association warnen, dass zunehmende Einsamkeit eine große Gefahr für die öffentliche Gesundheit darstelle. Wie eine Meta-Analyse von 148 Studien durch die Brigham Young University ergab, haben sozial eingebundene Menschen ein um 50 Prozent geringeres Risiko, vorzeitig zu sterben, als Menschen ohne feste Sozialbindungen. Man hat sogar festgestellt, dass soziale Isolation einen ähnlichen Einfluss auf die Sterblichkeitsrate hat wie Fettleibigkeit. Laut John Cacioppo, Mitverfasser von *Loneliness: Human Nature and the Need for Social Connection,* wirkt sich Einsamkeit negativ auf die psychische Gesundheit aus: Das Wohlbefinden sinkt, depressive Symptome nehmen zu, und die Wahrscheinlichkeit, psychische und affektive Störungen zu entwickeln, steigt.[170]

Dies kann eine enorme Belastung für die bereits überstrapazierten Gesundheitsdienste darstellen. Wie Johann Hari uns erinnert, bekämpfen wir lediglich den Rauch, aber nicht das Feuer, wenn wir uns nicht mit den realen psychologischen Ursachen für die Probleme in der Gesellschaft befassen.[171]

Orte der Begegnung

Was also können Stadtentwickler gegen die soziale Isolation tun, und können wir so bauen, dass die Verbindung der Menschen untereinander gefördert wird? Einer der Ersten, der das versucht hat, war der Stadtplaner und Soziologe William Whyte. Das entsprechende Verfahren bezeichnete er als *Triangulation*. Whyte untersuchte, wie sich Menschen an städtischen Orten verhielten, und riet den Planern in den 1980er-Jahren, Objekte und Artefakte im öffentlichen Raum auf eine Weise anzuordnen, dass die Leute physisch näher zusammenrückten und so eher miteinander ins Gespräch kamen. Eine Schlussfolgerung aus seiner Studie war, dass Zahl und Art der Sitzgelegenheiten (nicht Sonneneinstrahlung, Architektur, Landschaftsgestaltung, Form oder Größe des Platzes) den stärksten Einfluss darauf haben, ob Menschen einen öffentlichen Raum nutzen; die Sitzgelegenheiten müssen sich dabei bewegen lassen, und Bänke sollten tief genug sein, damit Personen jeder Figur bequem darauf sitzen können.

Zwar wird sich Einsamkeit nicht dadurch aus den Städten vertreiben lassen, dass man öffentliche Plätze besser gestaltet. Dennoch kann es dazu beitragen, dass sich die Bewohner mit ihrer Umgebung stärker verbunden und wohler fühlen. »Unter Millionen von Fremden zu leben, ist eine sehr unnatürliche Sache«, sagt der Neurowissenschaftler Colin Ellard. »Sich um das Problem zu kümmern, ist eine der Aufgaben der Stadt. Wie errichtet man eine Gesellschaft, in der die Menschen in einem solchen Umfeld *kind* miteinander umgehen? Dass das passiert, ist wahrscheinlicher, wenn sie sich wohlfühlen. Wenn man positiv gestimmt ist, ist man auch eher bereit, mit einem fremden Menschen zu reden.«[172] Seit 2014 haben mittlerweile 140 Bürgermeister aus den gesamten USA ein Versprechen unterzeichnet, ihre Städte seniorenfreundlicher zu gestalten, indem sie für mehr barrierefreie Verkehrsmittel, öffentlich begehbare Plätze und erschwinglichen Wohnraum sorgen. Das Thema ist so wichtig geworden, dass die WHO ein globales Netzwerk für altersfreundliche Städte gegründet hat. Die Mitglieder tauschen dabei Ideen zur Verbesserung der Lebensqualität aus, und das betrifft alles von der Gestaltung von Stadtbänken über Fitnessprogramme bis hin zu Plätzen für Menschen mit Demenz.[173]

Auf das Wohlwollen von Regierung, WHO oder UNO zu warten, ist freilich nicht immer eine Option. Zum Glück gibt es einige pfiffige kleine Projekte, die sowohl älteren Menschen als auch der lokalen Wirtschaft helfen. Nehmen Sie etwa die »Chatty Chairs« im Glasgower Einkaufszentrum Braehead – ein Sitzbereich, der Menschen anregt, miteinander ins Gespräch zu kommen. Wer sich auf einem der Stühle niederlässt, signalisiert, dass er dafür offen ist, sich mit jemandem zu unterhalten. Dass dafür Bedarf besteht, belegt eine neuere Haushaltsumfrage in Schottland: Einer von vier Menschen über 60 Jahren gab an, dass er sich noch nicht einmal wöchentlich mit einem Freund, Nachbarn oder Verwandten trifft. Die »Chatty Chairs« helfen dabei nicht nur Menschen, die unter Einsamkeit leiden, sondern regen die Leute auch dazu an, vor Ort einzukaufen.[174]

Nachbarschaftliche Beziehungen

Eine andere kleine Initiative in einer Stadt, die nicht gerade dafür bekannt ist, besonders *kind* oder freundlich zu sein – ich weiß das, ich habe dort gelebt –, ist die »République des Hyper Voisins« (die Republik der Super-Nachbarn) in Paris. Die Gruppierung hatte entlang der Rue de l'Aude eine 215 Meter lange Tafel mit hausgemachten Erzeugnissen aufgestellt; 648 Stühle luden zum Hinsetzen ein. Diejenigen, die gekommen waren, forderte man auf, ihrem Nachbarn ein einfaches »Bonjour« zu sagen. Daraus ergaben sich zahlreiche, auch tiefergehende Gespräche zwischen Nachbarn, die zuvor kaum ein Wort miteinander gewechselt hatten. Nach meiner Erfahrung in Paris ist das geradezu revolutionär. »So etwas habe ich noch nie erlebt«, sagt Benjamin Zhong, der ein Café in der Gegend betreibt. »Es war, als gehöre die Straße mir, uns allen.«[175] Die »Republik«, so hieß es, sei ein soziales Laborexperiment mit 50 Straßen und 15.000 Bewohnern, die dazu ermutigt wurden, mit anderen zu interagieren, sich gegenseitig zu unterstützen und ihre Skills anzubieten. Wie eine Studie der Soziologin Camille Arnodin ergab, hat Hyper Voisins die schwach ausgeprägten nachbarschaftlichen Beziehungen in starke Bindungen verwandelt, die soziale Durchmischung verbessert und die soziale Isolation verringert. »Das Leben in der Stadt muss nicht unangenehm und anonym sein«, sagt Patrick

Bernard, der das Projekt ins Leben gerufen hat. »Wir wollen in einem städtischen Umfeld die Atmosphäre eines Dorfes schaffen.« Geselligkeit sei »nicht einfach nur ein gutes Gefühl. Sie kann zu einem richtigen Asset werden, einem wirtschaftlichen und sozialen Faktor, der beim Aufbau der Städte von morgen eine wesentliche Rolle spielt.«[176]

Geselligkeit ist ein sehr guter Indikator für Wohlbefinden, aber kann man Wohlbefinden tatsächlich messen? Die Happy Cities Organisation glaubt, das sei möglich. Im Zuge der Pandemie führte sie eine Umfrage durch, wie sich temporäre Freisitzflächen auf das Wohlbefinden auswirken. Die Ergebnisse waren überraschend: 48 Prozent der Leute, die in Vancouver in einem entsprechenden außengastronomischen Bereich einer Brauerei gesessen und sich unterhalten hatten, haben dabei miteinander gelacht. Im Vergleich dazu taten das nur 32 Prozent derer, die im Innenbereich gesessen hatten. Wenn es sich dabei auch nicht um eine wissenschaftlichste Studie handelt (schließlich ist auch Bier im Spiel), stand für die Organisation fest: Weiten Betriebe ihr Sitzplatzangebot auf die Straße hin aus, ist das nicht nur gut fürs Geschäft, sondern kommt auch dem Glück zugute (HappyCities.com). Laut Jane Jacobs, der großen amerikanischen Stadtplanerin, »baut sich das Vertrauen einer öffentlichen Straße gegenüber im Laufe der Zeit durch viele, viele kleine *Kontakte auf dem Bürgersteig* auf […] Das meiste, was da gesprochen wird, ist vordergründig trivial, die Summe des Ganzen aber ist keineswegs trivial.«[177]

Die stillen Örtchen

Ein wunderbares Angebot, auch für die bierkonsumierende Gemeinschaft, wären mehr öffentliche Toiletten. Auch die erhabene *New York Times* griff das Thema auf und veröffentlichte einen sehr schönen Kommentar mit dem Titel »If New York Is So Great, Why Isn't There Anywhere to Pee?«. Die Autorin, Theodora Siegel, war dazu inspiriert worden, nachdem ein dringendes Bedürfnis sie Tage zuvor veranlasst hatte, bei McDonalds ein Getränk zu kaufen, nur damit sie pinkeln gehen konnte. Ziemlich kontraproduktiv, könnte man meinen, doch es brachte sie dazu, dem Verhältnis zwischen Einwohnern und öffentlichen Toiletten nachzugehen. New York

City hat derzeit 8,5 Millionen Einwohner, aber weniger als 1.200 öffentliche Toiletten. »Und da sind die Touristen noch nicht einmal mitgezählt. Sie können sich das selbst ausrechnen. Wo sollen die New Yorker denn hin, wenn sie mal müssen?«[178] Siegel argumentiert, dass mehr öffentliche Toiletten nicht nur die Reinigungskosten für Orte wie Aufzüge (ja, wirklich) einsparen würden, sondern auch ein Anreiz für Menschen wären, mehr am öffentlichen Leben teilzunehmen.

Genau wie das Thema Einsamkeit ist auch das Toilettenthema ein Tabu, das offen angesprochen gehört. Mehr Klos würden auch dazu beitragen, dass viele ältere Menschen sich trauen würden, aus ihren »selbst gewählten Gefängnissen« herauszukommen. Es ist vielleicht nicht das dringlichste Problem in einer Stadt, aber sehen Sie es einmal so: Ein Viertel, in dem es mehr Fußgängerverkehr gibt, ist nicht nur allgemein sicherer, sondern dadurch würden auch mehr Menschen ermutigt, einen Laden zu eröffnen. Im Großbritannien um 1800 war der Gang zur einen Penny kostenden öffentlichen Toilette so verbreitet, dass der Ausdruck »spending a penny« noch heute als höfliche Umschreibung für das Geschäft im stillen Örtchen gebräuchlich ist. Selbst im alten Pompeji gab es reichlich Möglichkeiten für diejenigen, die dringend einen Platz zum Urinieren brauchten: »Auf dem Forum stand der Öffentlichkeit eine große Latrine mit mehr als 20 Sitzplätzen zur Verfügung. An anderen Stellen in der Stadt hängten geschäftstüchtige Walker zu diesem Zweck Töpfe an die Straßenmauern, denn die Abfälle der einen waren für die anderen ein wertvolles Gut: eine Quelle, aus der sie Ammoniak beziehen konnten.«[179]

Parklets & Co.

Es gilt die Zeit zu verkürzen, die man als Stadtbewohner braucht, um nicht nur eine öffentliche Toilette, sondern auch einen Park oder eine Grünfläche zu erreichen. In Vancouver leben bereits 92 Prozent der Einwohner nur fünf Gehminuten von einer Grünfläche entfernt. In den USA hat sich eine nationale Initiative unter der Leitung des Trust for Public Land (TPL.org) an alle Bürgermeister gewandt und sie aufgefordert, bis 2050 einen oder mehrere Parks zu errichten, die von jedem Wohnhaus in zehn Minuten zu Fuß zu erreichen sind. Fast 300 Bürgermeister machen inzwischen mit; San Francisco war die erste Stadt, die das Ziel bereits 2017 erfolgreich umgesetzt hatte (10MinuteWalk.org).

In Städten, in denen die Planung nur langsam vorangeht oder ganz fehlt, ergreifen die Einwohner selbst Initiative und setzen sich aktiv für »Parklets« ein – eine Gehsteig-Erweiterung, die Sitzgelegenheiten, einen kleinen Garten oder beides auf einem ursprünglichen Parkplatz an der Straße bietet. In den USA sind Parklets seit den 1990er-Jahren beliebt, aber auch in Europa sind sie auf dem Vormarsch. Natürlich verhält sich Schweden wieder besonders vorbildlich. Dort ist man über die 5- oder 10-Minuten-Stadt noch hinausgegangen (bzw. darunter geblieben) und favorisiert den »Ein-Minuten-Park«. Dabei handelt es sich um modulare Einheiten, die nicht viel kosten und nicht groß auffallen. Auf einem oder zwei Parkplätzen an der Straße aufgebaut, kann man sich so quasi direkt vor der eigenen Haustür niederlassen. In Wien wurden im Rahmen eines Nachbarschaftsprogramms unter der Bezeichnung »Grätzloase« (Graetzloase.at) bereits rund 100 »Oasen« eingerichtet, in denen sich Nachbarn zum Plausch treffen und Kräuter und Blumen pflanzen. In Großbritannien versucht das Programm »Friendly Bench« [»freundliche Parkbank«] – TheFriendlyBench.co.uk –, die Menschen über den unmittelbaren Kreis ihrer Familie oder Arbeitskollegen hinaus miteinander in Kontakt zu bringen.

Urbane Akupunktur

Diese Ideen sind Beispiele für »urbane Akupunktur«, ein Begriff, den der ehemalige Bürgermeister von Curitiba in Brasilien, Jaime Lerner, geprägt hat. »Manchmal«, so schreibt er in seinem gleichnamigen Buch, »kann eine einfache, gezielte Aktion neue Energie freisetzen, indem sie die Möglichkeiten aufzeigt, die in einem Ort stecken, und andere dadurch motiviert, sich für ihre Gemeinschaft zu engagieren.«[180] Außerdem kann sie Menschen dazu ermutigen, sich freundlicher zu verhalten. Lerner erzählt in seinem Buch viele wunderbare Geschichten vom Nutzen der Kindness und von der Kraft, die sie verleiht. Wie zum Beispiel jene über Maripá, eine kleine Stadt im Bundesstaat Paraná, in der lokale Beamte entlang der Straße Orchideen gepflanzt haben. Die Einheimischen liebten die Blumen so sehr, dass sie eine Regel einführten, an die sich jeder halten musste: »Niemand darf sich an den Orchideen von Maripá vergreifen.« Nicht einmal die örtlichen Hooligans wagten es, sie anzurühren.[181] Lerner, der 2021 verstarb, war ein großartiger Initiator, Verfechter und Kurator von Akten urbaner Kindness, großer wie kleiner, ökonomischer als auch anderer. Unter den von ihm erwähnten Aktionen aber gibt es eine, der vielleicht nicht von allen Anwohnern als sonderlich *kind* empfunden wird: Ein Zahnarzt in Curitiba greift nach getaner Arbeit zu seiner Trompete, öffnet das Fenster und bringt den Nachbarn und Passanten ein Ständchen.

Damit die bei einer Akupunktur gesetzten Nadelstiche keine Schmerzen verursachen – abgesehen vielleicht Ohrenschmerzen durch den trompetenden Zahnarzt – erinnert uns Lerner daran, dass die Nadeln schnell und präzise gesetzt werden müssen. Gleiches gilt für die »urbane Akupunktur«: Auch hier kommt es auf Schnelligkeit und Präzision an. Damals, 1972, als Lerner Bürgermeister war, richtete Curitiba in rekordverdächtigen 72 Stunden die erste Fußgängerzone ein. Er musste allerdings so schnell handeln, weil die Ladenbesitzer nach Ankündigung des Vorhabens auf die Barrikaden gingen und die Aktion per gerichtlicher Verfügung stoppen wollten. An sich hatte Lerners zuständiger Sekretär für die Umsetzung des Projekts ein paar Monate eingeplant, Lerner gab ihm jedoch 48 Stunden. Der Sekretär überlegte und sagte: »Okay, geben Sie mir einen Monat.« Doch Lerner ließ sich nicht beirren und mobilisierte Spezialteams, um die Straßenmöbel und die neue Pflasterung für jeden Block vorzubereiten. Die Arbeiten begannen an einem Freitagabend und waren am folgenden Montagabend beendet. Einen Tag nach der offiziellen Eröffnung trat einer der Hauptprotestführer – ein Geschäftsmann, der die Petition gegen das Konzept auf den Weg gebracht hatte – mit einer großen Forderung an ihn heran: Er verlangte, dass man die Fußgängerzone ausweitete.

Eines meiner Lieblingsbeispiele für eine solche Initiative für mehr Kindness stammt von dem charismatischen Bürgermeister von Bogotá, Antanas

Mockus. Mockus, der von 2001 bis 2003 Bürgermeister war, trug dazu bei, dass sich der Ruf Bogotás als eine der gefährlichsten Städte weltweit wieder besserte. Für seine berühmt-berüchtigtste Initiative engagierte er 420 Pantomimen. Diese sollten sich nach seiner Anweisung an Zebrastreifen und ähnlichen Stellen platzieren und sich über Autofahrer lustig machen, die für Passanten bewusst nicht anhielten. Wie sich herausstellte, fürchteten die Kolumbianer mehr, von einem Clown verspottet und ausgelacht zu werden, als ein Bußgeld für Fußgängergefährdung zu kassieren. Die Zahl der Verkehrstoten sank daraufhin um etwa 50 Prozent. Mockus hatte auch die Idee zur »Nacht ohne Männer«, bei der die männlichen Bewohner der Stadt gebeten wurden, einen Abend zu Hause zu bleiben, um sich dort nützlich zu machen und sich um die Kinder zu kümmern, damit die Frauen ausgehen konnten. In diesen Nächten waren die weiblichen Polizisten der Stadt dafür zuständig, den Frieden auf den Straßen zu wahren.

CO_2-Neutralität

Ich weiß nicht, aber irgendwie kann ich mir nicht vorstellen, dass solche Maßnahmen wie in Bogotá in Europa oder den USA so funktionieren. Und das, obwohl der Wunsch und das Bedürfnis der Bürger nach einer besseren Lebensqualität in unseren Städten schneller wächst, als Regulierung oder Stadtplaner nachkommen können. Kopenhagen ist eine Stadt, die, was die Gestaltung des öffentlichen Raums betrifft, lange schon eine Vorreiterrolle einnimmt. Außerdem verfolgt sie das – recht optimistische – Ziel, bis 2025 CO_2-neutral zu sein. Dies treibt die dänische Hauptstadt dazu an, über das bestehende Modell des intelligenten Urban Designs und des auf das Rad ausgerichteten Verkehrs hinauszugehen, das sie zu einer der saubersten Städte weltweit gemacht hat. Kopenhagen ist Teil von »C40 Cities« (c40.org), einer Organisation, die sich an den Zielen des Pariser Klimaabkommens orientiert und der bereits 96 Städte angehören. Umgerechnet auf die Weltbevölkerung repräsentiert sie damit jeden zwölften Menschen, was durchaus imponierend ist. »Städte«, so Kopenhagens Umweltbürgermeisterin Ninna Hedeager Olsen, »haben oft den Mut, Dinge zu tun, die

Länder nicht tun.«[182] In Frederiksberg, einer Kommune im Stadtgebiet von Kopenhagen, teilt man diese Ansicht. Im Wissen um die wohltuende Wirkung, die die Nähe zur Natur auf die Gesundheit hat, fasste man dort einen weitreichenden Beschluss: Jeder Bürger soll von einem seiner Fenster aus mindestens einen Baum sehen können, und wer das nicht kann, dem wird nahegelegt, sich an die Behörden vor Ort zu wenden.[183]

Um CO_2-Neutralität zu erreichen, braucht es nicht nur mutige Stadtplaner, sondern auch viele motivierte, aufgeklärte Bürger. Aber wie kommt man dahin? Wie geht das, ohne mit dem Finger auf andere zu zeigen oder den Leuten Vorträge darüber zu halten, was sie alles falsch machen oder wie maßlos sie konsumieren? Schweden macht es mal wieder vor. Beim Start des Projekts »Viable Cities« – bei dem 23 schwedische Städte bis zum Jahr 2030 CO_2-Neutralität erreichen wollen – setzte die schwedische Regierung im Geiste von Robert Shillers narrativer Ökonomie einen hauptverantwortlichen Geschichtenerzähler ein.[184] Der Job ging an Per Grankvist. »Wenn es um den Klimawandel geht«, so Grankvist gegenüber *Big Issue UK*, »sind Geschichten viel wichtiger als Fakten. Es bringt nichts, und es funktioniert auch nicht, wenn man die Leute einfach nur mit Fakten bombardiert. Und genauso sinnlos ist es, wenn man versucht, sie zu beschämen.«[185] Grankvist war so klug, Geschichten zu erschaffen, die weder dystopisch noch utopisch, sondern so gestaltet sind, dass die Menschen sich emotional mit ihnen verbinden können – wie etwa, wenn er den Tagesablauf einer Person schildert, die 2030 in einer schwedischen Stadt arbeitet, schläft, isst und soziale Kontakte pflegt. Die Geschichten sind keine wilden Fantasien mit fliegenden Autos, sondern, wie Grankvist zugibt, eigentlich ziemlich langweilig. In einer ist ein Mann zu betrunken, um mit dem Fahrrad von einer Bar nach Hause zu fahren, und muss sich von einem selbstfahrenden Auto befördern lassen. Die weitgehend positiven, realistischen Geschichten über Mobilitätsprobleme, über Krankheiten oder auch nur harmlose Rauschzustände sind Szenarien, zu denen die Menschen einen Bezug herstellen können. Das Ziel dabei ist, uns vor Augen zu führen, dass der Wandel, von dem wir sonst immer nur hören, er sei unerlässlich, tatsächlich so passieren kann. Denn, so die Überlegung: Wenn man den Menschen nur sagt, dass sie sich ändern sollen, ohne ihnen zu zeigen, wie das tatsächlich einmal aussehen wird, werden sie zwar zustimmen, gleichzeitig aber auch erwarten, dass jemand anderes den Anfang macht. »Die Botschaft«, so Grankvist, »lautet im Kern: Ja, unser Leben wird sich verändern, die Qualität unseres Lebens aber wird sich nicht verringern.«[186]

Die Messung der Kindness-Kriterien

Im Gegenteil – die Hoffnung ist, dass sich die Qualität unseres Lebens in Zukunft weiter verbessert. »Wenn jemand Londons überdrüssig ist«, so ein bekanntes Zitat Samuel Johnsons aus dem Jahr 1777, »ist er des Lebens überdrüssig; denn in London hat man alles, was das Leben hergibt.« Fast 250 Jahre später ist London eine Stadt, deren Genuss sich viele Bewohner nicht leisten können. Wenn unsere Städte ihren Bewohnern nicht »alles, was das Leben hergibt« bieten können, und wenn wir es uns nicht leisten können, in ihnen bequem zu leben, dann werden die Menschen ihrer überdrüssig. Dass ich mich so sehr für die Idee einer *kinder* City interessiere, liegt nicht nur daran, dass ich von London genug habe. Sondern das hat auch und vor allem damit zu tun, dass ich in Wien lebe, das von der Expat-Community regelmäßig zu einer der unfreundlichsten Städte auf der Welt gewählt wird. Wie gerechtfertigt dieser Ruf ist, ging mir schon bald nach meinem Umzug auf. Bei einem harmlosen Spaziergang im 1. Bezirk wurde ich von einem Fremden angesprochen, der mir die unverschämte Mitteilung machte, ich müsse mich umgehend in psychologische Behandlung begeben. Warum er es ausgerechnet auf mich abgesehen hatte, war mir schleierhaft. Vielleicht bin ich durch meinen verschrobenen Londoner Kleidungsstil aufgefallen. Vielleicht brauchte er aber auch Patienten und versuchte sie zu generieren, indem er x-beliebige Menschen auf der Straße traumatisierte. Es ist ein bisschen wie bei den alljährlichen Ärzte-Partys, auf denen ich in Wien war, wo alle offenbar alles tun, damit sie sich bald gegenseitig behandeln können: Jeder raucht, isst unfassbar fetten Käse aus Frankreich und säuft wie ein Loch!

Ranking der Lebensqualität in Großstädten

Können wir all unsere Erfahrungen und Gefühle addieren, um so einen Gesamtbetrag oder ein Gesamtmaß dafür zu erhalten, wie *kind* oder fürsorglich unsere Städte sind? Rankings sind bekanntermaßen wechselhaft und subjektiv. Die Zeitschrift *Monocle* hat zwei davon im Angebot: ein weltweites jährliches Ranking zur Lebensqualität der Städte (Quality of Life Survey) und einen Jahresindex der kleineren Städte (Small Cities Index). Die Zeitschrift ist eine Art optimistische Hipster-Bibel für das gute Leben, die ihre Leser mit Artikeln über Design, Lifestyle, Mode und Politik, aber manchmal auch mit Berichten von der Front in der Ukraine versorgt. Geht es um die Frage, wo man leben soll, setzen sich die Redakteure zusammen und diskutieren die Entwicklung von Städten auf der ganzen Welt. Sie prüfen die Beschäftigungs- und Bevölkerungszahlen, den Gini-Koeffizienten (die Einkommensungleichheit), die Kriminalitätsrate, die Qualität der Verkehrsmittel, Wohnungsstatistiken und wie lange ein Krankenwagen durchschnittlich braucht, um an Ort und Stelle zu sein. Dabei stützen sie sich auch auf das Feedback ihrer Korrespondenten vor Ort. »Das Leben in Städten«, so sagen sie, »ist eine Erfahrung. Man kommt ihm nicht dadurch auf die Spur, dass man versucht, Diagramme zu entschlüsseln.«[187]

Die Tatsache, dass die Herausforderungen der Wirtschaft, der Wandel der Arbeitswelt und die Nachwirkungen der Pandemie unser Leben beeinflussen, veranlasste das Team von *Monocle*, die bisherigen Kriterien durch neuere zu ergänzen. Zum Beispiel: »Wie gut ist Ihre Stadt auf die neuen Arbeitsrhythmen eingestellt? Können Sie zur Mittagszeit eine Runde schwimmen gehen, können Sie problemlos ins Ausland reisen oder durch eine Einkaufsstraße schlendern, in der es überall Läden gibt statt lauter ›Zu vermieten‹-Schilder? Setzt sich Ihre Stadt dafür ein, das Radfahren und Zufußgehen angenehmer zu gestalten? Schafft sie öffentliche Plätze, wo man sich unter Leute mischen kann? Bemüht sich Ihr Bürgermeister um CO_2-Neutralität oder lässt er Spritfressern die Vorfahrt?« *Monocle* bezieht dabei auch Kriterien mit ein, die ich als »Kindness-Kriterien« bezeichnen würde, zum Beispiel: »Hat Ihre Stadt Ihnen Vertrauen entgegengebracht, als wir von der Pandemie getroffen wurden, oder hat sie Ihnen gedroht für den Fall, dass Sie die Regeln brechen?«[188] 2022 stand Kopenhagen ganz oben auf der Hitliste, dicht gefolgt von Zürich, Lissabon, Helsinki und Stockholm. Wien nahm den siebten Platz ein und rutschte damit gegenüber 2021 einen Platz nach unten, und das aufgrund der harten, »unnachgiebigen Lockdownmaßnahmen«. *Monocle* legte der Stadt außerdem nahe: »Annehmen: eine weniger bürokratische Haltung gegenüber den Menschen, die aus der Ukraine fliehen.« Und etwas, auf das ich schon lange gewartet habe: »Weglassen: eingeschränkte Öffnungszeiten an Sonntagen. Das kostet nichts und bringt viel ein.« Und auch wenn Kopenhagen erneut den ersten Platz belegte, kritisierte *Monocle* »rücksichtlose Radfahrer. Die Stadt braucht eine politische Fahrradkampagne.«

Ranking kleiner Städte

Das Gefühl einer aufkeimenden Kindness Economy bestätigt sich auch im Small Cities Index der Zeitschrift. »Small Cities« sind Städte mit weniger als 250.000 Einwohnern, und zu den Kriterien zählen Dinge wie ein entspannteres Lebenstempo, aber auch gute Geschäftsmöglichkeiten und eine starke Kreativwirtschaft. *Monocle* legt außerdem Wert auf »ein angenehmes Klima, die Nähe zur Natur und gute Verbindungen zu anderen Städten in der Region«. Die steigenden Energiekosten und die angespannte Lage bei den Lieferketten hatten zur Folge, dass in der Erhebung von 2022 auch danach gefragt wurde, welche Ambitionen Städte haben, sich in Richtung Kreislaufwirtschaft zu bewegen und sich stärker um Nachhaltigkeit zu bemühen.[189] Ganz oben auf der Liste steht Girona in Spanien, offenbar ein Hotspot für Unternehmer und »eine Stadt mit dem Herzen einer Small City«. Unter den 25 besten Small Cities befinden sich auch beliebte Orte wie Triest und Lausanne sowie einige, von denen ich zugegebenermaßen noch nie gehört hatte: etwa Bozeman in Montana, USA, das die kostenlose Nutzung öffentlicher Busse einführte, um die Abhängigkeit der Einwohner vom Auto zu verringern.

Ranking der Lebensbedingungen

Betrachtet man eine Stadt durch die Linse der Zeitschrift *Monocle*, stellt sich der »*Monocle*-Effekt« ein, wie ich das nenne, bei dem man von einem sanften und manchmal frechen Optimismus, wie ihn die Zeitschrift verbreitet, umgarnt wird. Der *Monocle* Guide zum Thema »Building Better Cities« enthält zum Beispiel ein Manifest mit 35 Möglichkeiten, wie man bessere und freundlichere Städte baut – die Nummer 20 ist: »Machen Sie Lärm: In vielen Städten wabert so ein Gefühl, dass jeder Lärm schlecht ist – die Leute sind gegen das Gesumme einer fröhlichen Menschenmenge, das aus einer Bar dringt, und sie nehmen auch Anstoß an dem Geräusch, das ein Schreiner macht, wenn er in seiner Werkstatt arbeitet [...] Mit Lärm muss man leben, ja man muss ihn sogar genießen (die Alternative nämlich ist düstere Stille).« Oder Nummer 12: »Bestehen Sie den Hündchentest.« Dabei handelt es sich um einen Appell, angesichts verwöhnter Haustiere nicht ausfällig zu werden oder über diejenigen zu lachen, die Geld dafür ausgeben, um ihrem Hund etwas zum Anziehen zu kaufen.[190]

Die Vorstellungen, die *Monocle* verbreitet, sind nicht jedermanns Geschmack. Mancher verlässt sich da lieber auf das Urteil traditionellerer Institutionen, wie etwa das der Economist Intelligence Unit, deren Konzept der Lebensqualität keine geschmacklosen Accessoires für Hunde zu beinhalten scheint. Die EIU ermittelt über ein Punktesystem, welche Städte die besten Lebensbedingungen bieten: 25 Prozent der Gesamtpunktpunktzahl entfallen auf die Stabilität, 20 Prozent auf die Gesundheitsversorgung, 25 Prozent auf Kultur und Umwelt, 10 Prozent auf Bildung und 20 Prozent auf die Infrastruktur. Jede Kategorie wird dabei abgestuft beurteilt, und zwar als »tragfähig«, »annehmbar«, »unangenehm«, »nicht wünschenswert« oder »unannehmbar«. Nach den Maßstäben der EIU lag Wien 2022 an der Spitze.[191]

Kümmerer

Eine relativ neue Kategorie im Städteranking befasst sich mit den Auswirkungen, die die globale Erwärmung auf unsere Städte hat. Dadurch ergab sich die Notwendigkeit für neue Posten, wie der von Eleni Myrivili, der ersten Hitzebeauftragten Europas. Myrivilis Ernennung in Athen erfolgte in einer Zeit, in der die griechische Hauptstadt alljährlich Rekordtemperaturen verzeichnete; im Sommer 2021 wurden 44 Grad Celsius gemessen. »Hitze ist ein unsichtbarer und heimtückischer Killer«, so Myrivili gegenüber der *New York Times*, »eine jener Gefahren durch das Klima, die man nicht wirklich sieht. Es fällt den Menschen schwer, darüber zu sprechen.«[192] Athen, nach Paris die am dichtesten besiedelte Stadt Europas, heizt sich auf wie ein Ofen. Die bestehenden Bedingungen haben die Stadt zu einem Labor werden lassen, in dem man die Ideen zur Vermeidung künftiger Überhitzungen gut austesten kann. Dazu gehören die Pflanzung von Tausenden Bäumen, die Verwendung von reflektierendem Asphalt und die Bedeckung von Gebäudedächern mit Fotovoltaikanlagen und Gärten. Eine originelle Idee, die erwogen wird, ist es, den Hitzewellen Namen zu geben (wie bei tropischen Stürmen und Hurrikans), damit die Menschen sie wirklich in Erinnerung behalten und daher eher bereit sind, etwas gegen die nächste Hitzewelle zu unternehmen.

Vielleicht sollte es auch einen »Kindnessbeauftragten« für unsere Städte geben. Das mag vielleicht etwas abwegig klingen, aber als ich ein Co-Housing-Projekt in Stockholm besuchte, wurde ich von dem »Glücksbeauftragten« herumgeführt. Kein Vergleich zu einem mürrischen Hausmeister oder Hausverwalter. Dabei unterscheidet der Job selbst sich in manchen grundlegenden Aufgaben vielleicht gar nicht einmal so sehr von dem eines Hausmeisters. Worum es geht, ist, wie man solche Jobs definiert. In Trofaiach beispielsweise, einer Kleinstadt in Österreich mit rund 11.000 Einwohnern, gibt es einen gewissen Erich Biberich, der dort »Kümmerer« ist. Sein offizieller Titel ist zwar »Innenstadtkoordinator«, die Bezeichnung »Kümmerer« aber verleiht seiner Position einen anderen Zuschnitt. Und wie es scheint, wird Biberich dieser verantwortlichen Aufgabe auch gerecht. Im engen Austausch mit den Einwohnern und lokalen Unternehmen arbeitet er mit an den Ideen, die sie zur Verbesserung von Leben und Business in der Stadt entwickeln. Jan Gehl, der von vielen verehrte dänische Stadtplaner, hat das einmal so zusammengefasst: »Erst das Leben, dann die Plätze, dann die Gebäude. Umgekehrt funktioniert es nie.« An anderer Stelle sagte er auch: »Eine gute Stadt ist wie eine gute Party – die Leute bleiben länger, als es eigentlich sein müsste, weil sie sich amüsieren.«[193]

Das Kind City Council

Vor ein paar Jahren wurde ich zu einer Party anderer Art eingeladen – um als Mitglied des *Kind City Council* zu fungieren, den der Computer- und Smartphone-Hersteller Lenovo ins Leben gerufen hatte (KindCity.com). Dem Gremium gehörten sechs Personen an, darunter Tan France (bekannt geworden durch die Reality Show »Queer Eye«) als »Head of Hope« und Dr. Peter Scott-Morgan (der erste »menschliche Cyborg«) als »Director of Dreams«. Mir wurde die Ehre des Titels »Head of Humanity« zuteil und ich erhielt den Auftrag, Ideen wie die einer »Kindness-Währung« in Japan zu erkunden. Diese Währungseinheiten kann man sich dort durch *kind acts* verdienen, indem man zum Beispiel Müll aufsammelt, einem Nachbarn hilft, indem man dessen Kinder zur Schule bringt und wieder abholt, Landwirte beim Bestellen von Reisfeldern unterstützt oder seinen Einkauf mit einer wiederverwendbaren Tasche erledigt. In Onagawa, einer vom Erdbeben 2011 schwer getroffenen Stadt, erhielten diese Währung Freiwillige, die bei der Suche nach Überlebenden in den Trümmern geholfen hatten. Auf diese Weise trug sie nicht nur dazu bei, das Leben Hunderter Menschen zu retten, sondern stärkte auch die Beziehungen innerhalb der Gemeinden in dem Gebiet. Die Währungseinheiten können in ausgewählten Geschäften und Restaurants ausgegeben werden, und das kommt nicht nur dem örtlichen Handel zugute, sondern spornt auch die Geschäftsinhaber selbst dazu an, sich *kinder* zu verhalten.

Das Ziel von Lenovo war es, Menschen aus allen sozialen Schichten dazu zu bewegen, ihre Visionen und Vorstellungen für eine *kind city* einzubringen. Herausgekommen sind dabei zehn Grundprinzipien:

1. Ausweitung und Verbesserung des Zugangs zu öffentlichen Grünanlagen
2. Schaffung eines tiefen Zugehörigkeitsgefühls bei allen
3. Unterstützung von Handel und Gewerbe zur Priorisierung von Gemeinschaft und Nachhaltigkeit
4. Wiederherstellung und Aufbau von Mehrgenerationenbeziehungen
5. Aufbau von Strukturen und Systemen, die Vielfalt als Gewinn betrachten, und Schaffung von Möglichkeiten für alle
6. Nutzung mutiger, empathischer und transparenter Kommunikation, um Vertrauen zwischen Gemeinschaften aufzubauen
7. Aufbau voll zugänglicher Infrastruktur und Dienstleistungen
8. Umgestaltung und Beschleunigung des Verkehrs in und um Städte herum
9. Schaffung erschwinglichen Wohnraums
10. Erschließung und Stärkung kühner, innovativer Zukunftsvisionen

Womöglich ist es ja etwas paternalistisch – oder, wie man vielleicht besser sagen sollte, maternalistisch –, sich die Stadt der Zukunft als eine fürsorgliche Stadt vorzustellen. Dafür hilft es uns jedoch auch, sie in ihrer Funktion als ein komplexes, sich entwickelndes System, das großen Einfluss auf unser Leben hat, zu verstehen. Wenn wir uns um unsere Stadt kümmern, so glaube ich, wird sie sich im Gegenzug auch um uns kümmern. Darum sollten wir künftig statt eines T-Shirts mit der Aufschrift »I ♥ New York« (oder Düsseldorf oder Manchester oder welche Stadt auch immer) eines tragen, auf dem steht: »New York ♥ Me«.

7

DIE KINDNESS COMMUNITY

Was eine Gemeinschaft ist

Wenn wir auf die Regierungen warten, dann ist es zu spät.
Wenn wir als Einzelne handeln, dann ist es zu wenig.
Wenn wir aber als Gemeinschaft handeln, wird es vielleicht
reichen und geschieht gerade noch rechtzeitig.

ROB HOPKINS[194]

Es mag komisch klingen, aber hatten Sie daheim schon einmal Heimweh? Die Komikerin Sarah Silverman hat dieses paradoxe Gefühl 2015 in einem Interview beschrieben.[195] Traurigerweise handelte es sich dabei nicht um einen Scherz. Silverman schilderte nämlich, wie sich eine Depression anfühlt. Wenn wir über unser Zuhause sprechen, so Johann Hari, Autor von *Der Welt nicht mehr verbunden*, meinen wir in der Regel unsere vier Wände und (wenn wir Glück haben) unsere Kleinfamilie. »Doch das hat es für keinen Menschen vor uns bedeutet. Für sie war das Zuhause die Gemeinschaft – ein dichtes Netz von Menschen, mit denen sie zusammenlebten. Aber das gibt es fast nirgendwo mehr. Unser Zuhause ist so stark und so schnell geschrumpft, dass es unser Bedürfnis nach Zugehörigkeit nicht mehr erfüllt. Und deshalb haben wir Heimweh, auch wenn wir daheim sind.«[196]

Das Zuhause muss heute nicht mehr unbedingt eine Wohnung sein. Wie der Philosoph und Schriftsteller Alain de Botton uns erinnert, hat sich unser Leben in nur wenigen Generationen so sehr verändert, dass unser Zuhause uns weder eine ständige Bleibe noch eine Möglichkeit zur Aufbewahrung unserer Kleidung bieten muss, um den Namen zu verdienen. »Ein Zuhause kann ein Flughafen oder eine Bibliothek, ein Garten oder eine Autobahnraststätte sein.«[197] In Zukunft könnte es sogar eine Gruppe von umweltbewussten Harley-Davidson-Besitzern sein. Motorradmarken vermitteln ihren Anhängern ein starkes Gemeinschaftsgefühl, auch wenn sie in diesem Fall traditionell nicht gerade dafür bekannt sind, den Planeten mit Kindness zu behandeln. Doch wie der CEO von Harley-Davidson, Jochen Zeitz, dem Online-Magazin *Dezeen* gegenüber erklärte, befindet sich auch sein Unternehmen im Umbruch: »Irgendwann wird Harley Davidson vollelektrisch sein.«[198]

Eine Gemeinschaft definiert man allgemein als eine Gruppe von Menschen, die ein charakteristisches Merkmal oder Interesse teilen und die innerhalb einer größeren Gesellschaft zusammenkommen. So wie es viele Formen von Kindness gibt, so gibt es auch viele verschiedene Arten von Gemeinschaften. Von Biker-Gangs mit vollelektrischen Kisten bis hin zu den »Graffiti Grannies« (einem real existierenden Club von über Sechzigjährigen in Lissabon) ist für jeden etwas dabei. Menschen können durch ein gemeinsames Interesse zusammenfinden, aber auch dadurch, dass sie am selben Ort zu tun haben, mit denselben Dingen beschäftigt sind oder die gleichen Umstände miteinander teilen. Das kann ein Büro sein, eine Marke, eine Geschäftsgemeinschaft, eine politische Bewegung, die Liebe zu einer bestimmten Musik (ja, sogar ABBA) oder Graffiti. Es kann in der Stadt oder auf dem Land sein, bei der Arbeit oder in der Freizeit und vielleicht sogar eines Tages auf dem Mars.

Während die Vorteile von Gemeinschaften in der Regel klar sind, sind die Ergebnisse der Studien darüber, wie die Menschen zur »Gemeinschaft« stehen, manchmal recht verwirrend. Zum Beispiel gaben laut einer in Deutschland durchgeführten Umfrage vier von fünf Menschen an, dass ihnen persönlich Gemeinschaft zwar wirklich wichtig sei, sie allerdings – fieserweise, könnte man sagen – glaubten, alle anderen sähen das nicht so. Ihrer Meinung nach nämlich denkt nur ein Viertel der Bevölkerung so wie sie.[199] Nach Ansicht des Berliner Wissenschaftszentrums für Sozialforschung zeigen die Diskrepanzen zwischen unserem Selbstbild und dem Bild, das wir von der übrigen Bevölkerung haben, dass Deutschland sich als ein Land sieht, das vom »ich, ich, ich« getrieben wird, während es in Wirklichkeit ein Land der »Wir«-Mentalität ist.

Worauf sich Gemeinschaften gründen

Es gibt viele Möglichkeiten und viele Gründe, dass sich Gemeinschaften bilden. Aber es gibt ebenso viele Gründe, warum sie wieder verschwinden. Robert Puttman, Professor für Soziologie in Harvard, untersucht seit Jahrzehnten, wie und warum Menschen Dinge gemeinsam tun und etwa zusammen singen, essen oder Sport treiben. Seiner Meinung nach sind die Tage der Gemeinschaft als soziales Netzwerk gezählt. »Wir«, so sagte er in dem Zusammenhang gegenüber Johann Hari, »sind aus der Gemeinschaft ausgestiegen und haben uns nach innen gewandt.«[200] Männer scheinen dabei am meisten von diesem Problem betroffen zu sein. Wie jüngste Studien in den USA zeigen, sind es vor allem Männer, die sich zurückziehen und unter Einsamkeit leiden, weil sie mehr Zeit online und weniger Zeit mit dem Aufbau von Freundschaften oder in einer Real-Life-Gemeinschaft verbringen.[201] *Saturday Night Live* hatte eine interessante Idee, wie man sie aus ihrer Isolation herausholen könnte: In einem Sketch von 2021 sieht man eine Frau ihren Partner in einen »Männerpark« bringen (ja, genau wie ein Hundepark), wo er andere Männer zum Unterhalten, zum näher Kennenlernen und vielleicht sogar zum Anfreunden finden kann.[202] Selbst die bekannte Sexualtherapeutin Ruth Westheimer sagt, dass eine der Fragen, die sie am häufigsten bekomme, nichts mit Orgasmen oder vorzeitiger Ejakulation zu tun habe; sie ziele vielmehr darauf, wie man Leute kennenlernt. Einsamkeit, so Westheimer, ist ein großes Problem für viele Menschen, die nicht wissen, wie man sich richtig unterhält, weil sie durch ihr Handy sozialisiert wurden. Sie müssten lernen, wie man miteinander kommuniziert.[203]

Dass es so schwerfällt, Gesellschaft als einen Zusammenhang zu denken, der auf Gemeinschaft ausgerichtet ist, liegt vor allem auch daran, dass wir in einer mobilen, individualistischen Gesellschaft leben. »Uns«, sagt Johann Hari, »beherrscht der Gedanke: Ich sorge für mich selbst und alle anderen sollten das auch tun, als Individuen. Niemand kann dir helfen außer du selbst.«[204] In dieser Lage neigen wir dazu, mehr an uns selbst als an das Gemeinwohl zu denken, und treffen Entscheidungen aus unserer eigenen Gier heraus und nicht, indem wir ihnen die gemeinschaftlichen Bedürfnisse zugrunde legen.

Um unsere Einstellungen wieder vernünftig justiert zu bekommen, sollten wir u. a. auch die Vorstellung hinter uns lassen, dass wir ständig mit allen und allem einverstanden sein müssen, damit Gemeinschaften funktionieren können. Es klingt vielleicht nicht besonders logisch, aber man muss seine Nachbarn nicht unbedingt mögen, um mit ihnen klarzukommen. Dazu schrieb Naomi Alderman:

> *»Ich bin in einer Gemeinschaft aufgewachsen, die eng zusammengehalten hat, und ich kann Ihnen sagen: Gemeinschaft hat nichts mit Freundschaft zu tun oder damit, Menschen zu mögen. Es ist eine Möglichkeit, mit Menschen auszukommen, die man eigentlich nicht leiden kann, die man langweilig oder lästig oder anstößig findet. Denn die Herausforderungen, vor denen wir als Gruppe stehen, sind wichtiger als unsere persönlichen Vorlieben und Abneigungen. Gemeinschaft bedeutet, das Richtige zu tun. Du bringst einen Auflauf mit, wenn jemand ein Baby bekommen hat, du besuchst die Hinterbliebenen, und sie tun das Gleiche für dich. Es spielt keine Rolle, dass man sich nicht ausstehen kann. Man ist Teil von etwas Gemeinsamem.«*[205]

Wenn es so etwas wie einen »Männerpark« wirklich gäbe, wäre das ein großartiges Beispiel für eine Real-Life-Community, die aus den sich verändernden sozialen und demografischen Trends heraus entstanden ist. Der *Saturday Night Live*-Sketch spielt aber auch darauf an, dass der Trend zu mehr Frauen in der Arbeitswelt mit sich bringt, dass sie weniger Zeit, Energie und Geduld haben, Männern zuzuhören, wenn sie über Fußball oder darüber reden, was sie den ganzen Tag gemacht haben. Die gute Nachricht ist, dass wir im Sinne der Dynamik von Trend und Gegentrend dabei sind, uns an die Situation anzupassen und neue gesellschaftliche Lösungen für die Einsamkeit und mangelnde Real-Life-Beziehungen zu finden. Langsam setzt sich die Erkenntnis durch, dass wir Gemeinschaft umso mehr brauchen, je individualistischer wir werden. Wie der berühmte Neurowissenschaftler John Cacioppo einmal sagte, ist Einsamkeit »ein aversiver Zustand, der uns motiviert, uns wieder mit anderen zusammenzutun«.[206]

Kalorien für unser Sozialbiom

Sicher wissen Sie um jenes komplexe Ökosystem, das Ihren Körper bewohnt, und kennen hoffentlich auch seine Bedeutung: Die Rede ist von dem sogenannten Mikrobiom, Billionen von Mikroorganismen, die unter anderem für einen gesunden Darm sorgen. Damit es ihnen gut geht, müssen wir auf eine ausgewogene Ernährung achten. Analog dazu gibt es das »Sozialbiom«. Laut Jeffrey Hall, Professor für Kommunikationswissenschaften an der Universität von Kansas, ist das Sozialbiom unser persönliches Ökosystem von Beziehungen und Interaktionen und insofern prägend für unsere emotionale, psychologische und physische Gesundheit. Halls Begriff umfasst das »Muster unserer tagtäglichen sozialen Interaktionen; die Gesamtheit der Personen und Dinge, über die wir sprechen, und die Formen, die wir zur Kommunikation nutzen, vom Austausch im persönlichen Gegenüber bis hin zu anderen Mitteln«.[207] Damit es unserem Sozialbiom gut geht, benötigen wir ein gutes, ausgewogenes Leben (siehe Abbildung Folgeseite).

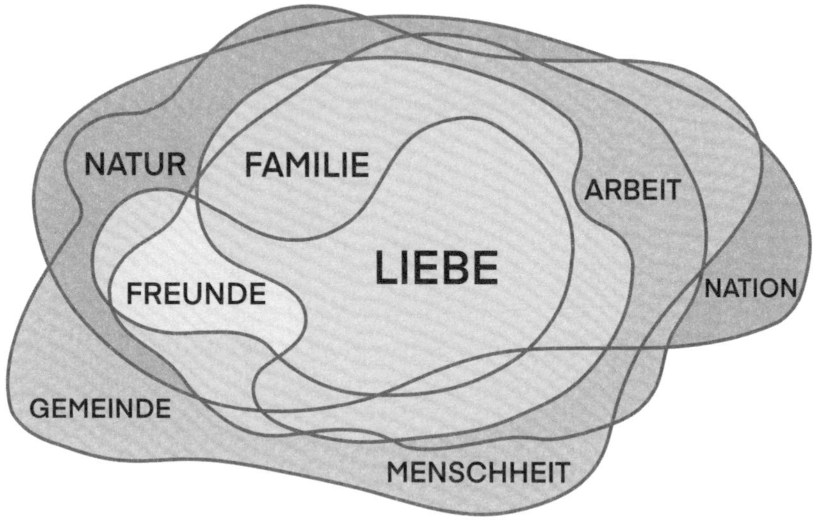

DAS SOZIALBIOM

Das Sozialbiom ernähren wir mit sogenannten »Gemeinschaftskalorien«. Das Konzept geht auf die Vorstellung zurück, dass soziale Interaktionen genau wie Lebensmittel »Kalorien« haben, die uns sozial nähren können. Um gesund zu bleiben, müssen wir bekanntermaßen nicht nur darauf achten, dass wir verschiedene Nahrungsmittel zu uns nehmen, sondern auch, wie viel davon (sechs Möhren zum Beispiel gleichen nicht sechs Donuts aus). Das Gleiche gilt für das Sozialbiom. Wir brauchen ein Gleichgewicht zwischen den losen Verbindungen im Alltag (den ungezwungenen Gesprächen etwa, sei es mit einer Ladenbesitzerin, mit jemandem an der Bushaltestelle oder einem Taxifahrer) und der Familie, den Freunden, unserer Arbeit und Gemeinschaft. Aber wir brauchen auch Zeit für uns allein. Wie bei unserem Darmmikrobiom, so Hall, kann das richtige Gleichgewicht »einen gedeihlichen Zustand herbeiführen, in dem alle unsere sozialen Bedürfnisse erfüllt sind«. Und genau wie bei Lebensmitteln können wir uns krank und unglücklich fühlen, wenn wir uns zu viel vom Falschen zuführen. »Nach außen hin scheinen wir unterschiedlich zu sein«, so der Philosoph Mark Nepo, »und natürlich ist jeder Mensch einzigartig; das Wurzelwerk aber ist bei uns allen gleich.«[208]

Kalorien aus Wohngemeinschaften

Co-Living in Helsingborg

Eines der deutlichsten Beispiele für die Trend-Gegentrend-Dynamik ist das Entstehen individualistischer Gemeinschaften wie etwa des Co-Working oder Co-Living. Es handelt sich dabei um das Produkt einer Synthese aus dem Trend zur Individualisierung und dem »Wurzelbedürfnis« nach Gemeinschaft und einem Sozialbiom – vom »ich« zum »ich und wir«. Falls sich das für Sie wie ein seltsames Paradox anhört – für die Bewohner eines Wohnblocks im schwedischen Helsingborg fühlt es sich wie eines an, das sich angenehm leben lässt. Das Wohnprojekt SällBo ist ein kühnes Beispiel für Co-Living – ein multikulturelles, generationenübergreifendes Projekt mit 51 Wohnungen, das darauf ausgelegt ist, Einsamkeit zu bekämpfen.[209] Betrieben wird es von einer Wohnungsgesellschaft, um deren Finanzierung sich die Stadt kümmert. Der Bau selbst, ein ehemaligen Seniorenheim, wurde dabei so (um-)gestaltet, dass er viele Gemeinschaftsräume umfasst, die sich für alle möglichen Dinge nutzen lassen, vom Kochen über Kunst und Handwerk bis hin zu körperlicher Bewegung und Spiel. Besonders interessant (und einzigartig *kind*) ist, dass der Mietvertrag einige sehr ungewöhnliche Klauseln enthält. Erstens können Sie dort nur wohnen und leben, wenn Sie entweder unter 25 oder Rentner sind. Zweitens müssen Sie wöchentlich für mindestens zwei Stunden mit anderen Bewohnern zusammenkommen. Tun Sie das nicht, müssen Sie wieder ausziehen.

Eine Bewohnerin namens Gunnel sagte gegenüber der BBC, sie habe, bevor sie dort eingezogen sei, ein sehr bequemes Leben gehabt, »aber es war so einsam. Es gab Tage, an denen ich mit niemandem gesprochen habe, und da wirst du ein bisschen schrullig.« Die 20-jährige Fia ist für die 86-jährige Gunnel zu einer richtigen Freundin geworden. Wie Fia einräumte, sei sie vor ihrem Leben dort ebenfalls einsam und deprimiert gewesen – nach acht

Stunden Arbeit sei sie nach Hause gegangen, habe allein gegessen und dann Computerspiele gespielt. Fia hilft Gunnel jetzt mit ihrem Computer, und Gunnel hat Fia viel über das Leben beigebracht. Das Projekt hat nicht nur das Leben der Bewohner verändert, sondern es wird, wie die Organisatoren glauben, langfristig auch zu wirtschaftlichen Einsparungen führen, weil die Bewohner glücklicher sind und dadurch seltener krank werden und so die Kosten für die Gesundheitsversorgung sinken.[210] SällBo ist derart erfolgreich, dass man darüber nachdenkt, ähnliche Vorhaben in ganz Schweden umzusetzen.

Co-Housing in London

Die kommende Generation der Älteren gibt sich nicht mehr mit der traditionellen Vorstellung des Rentnerlebens, von Seniorensiedlungen oder »Altenheimen« zufrieden. Diese eignen sich einfach nicht für die Zwecke der Hippies und Babyboomer, die in den 1960er-Jahren den Kinderschuhen entwachsen sind. Zwischen ihren Werten, Familienstrukturen und Erwartungen und denen ihrer Eltern und Großeltern liegen Welten. »Wohngemeinschaften«, so der Soziologe Richard Sennett in einem Interview mit dem Magazin der *Süddeutschen Zeitung*, »entstanden nicht durch eine Änderung im Lebensstil, sondern weil sich die Familienstruktur änderte.« Zu der Frage, wie er gerne leben würde, sagte Sennett: »Ich möchte in 15 Jahren nicht im Altersheim landen. Ich wünsche mir, dass junge Leute bei mir einziehen und mir Zigaretten und all das besorgen, was man in einem normalen Altersheim nicht bekommt.«[211]

Aus einer ähnlich freigeistigen Motivation heraus gründete 2003 eine Gruppe von Frauen, alle über 50, in London das »Older Women's Co-Housing« (OWCH), das erste Gemeinschaftswohnprojekt für Ältere in Großbritannien. Es umfasst mehrere Backsteinhäuser mit 25 Privatwohnungen, die T-förmig um diverse Einrichtungen zur gemeinsamen Nutzung herum angeordnet sind. Dazu gehören ein Gemeinschaftsgarten, ein Schuppen zum Werkeln, eine Küche, ein Essbereich, eine Waschküche und ein Versammlungsraum. Wie einer der Architekten des Projekts, Patrick Devlin von Pollard Thomas Edwards, sagte, sei »die Prämisse gewesen, dass die Mitglieder darüber bestimmen, wie das Projekt gestaltet wird. Für die Frauen war dabei immer klar, was sie wollen: eigene, nachhaltige Wohnungen und dazu Räumlichkeiten zur gemeinsamen Nutzung, die ein Gefühl von Gemeinschaft erzeugen.«[212] Die 84-jährige Shirley Meredeen, Gründungsmitglied und Bewohnerin des OWCH, zeigte sich beglückt: »So etwas ist noch nie gemacht worden, und wir werden das komplett selbst betreiben. Wir schreiben Geschichte, und wir sind sehr stolz darauf. Es soll jedoch nicht so sein, dass wir uns hier einzäunen, im Gegenteil, wir wollen gute Nachbarn sein.«[213] Abgesehen von den gemeinsamen Räumlichkeiten werden sich die Frauen, die alle zwischen 50 und 87 Jahre alt sind, auch die Kosten teilen, die für die Pflege anfallen. So wollen sie es erreichen, dass sich die Gemeinschaft finanziell trägt und für jede von ihnen erschwinglich bleibt. »Ein starker Impuls, sich mit anderen zu verbinden«, ist sich Cacioppo sicher, »erhöht schlicht die Überlebenschancen.«[214]

Community-Tiere in Deutschland

Es ist keine Überraschung, dass diese Art von Gemeinschaftsleben uns glücklicher und gesünder macht und auch die Kosten für die gesundheitliche Versorgung senkt. Vielleicht schon eher überraschend ist, dass sich soziale Verbundenheit auch positiv auf das Vermietungsgeschäft auswirkt. Nach Angaben der Organisation Happy Cities profitieren nicht nur die Mieter, sondern auch die Vermieter wirtschaftlich davon, wenn die Menschen ihre Nachbarn besser kennen. Sozial vernetzte Mieter sind gut für den Support der Bewohner untereinander, erleichtern aber auch dem- oder derjenigen die Arbeit, der oder die für das Gebäude verantwortlich ist (Verwalter, Koordinatorin oder Glücksbeauftragte). Laut Happy Cities »beschweren sich glückliche Mieter weniger bei ihren Vermietern und lösen Probleme oder Meinungsverschiedenheiten eher untereinander, und zwar so, dass es ohne Konfrontationen abgeht. Dazu kommt: Wenn die Menschen stärker miteinander verbunden sind und ein Gefühl von Gemeinschaft in ihrem Wohngebäude entwickeln, gibt es weniger Fluktuation. Dadurch haben die Vermieter viel weniger Aufwand, weil sie die einzelnen Wohnungen nicht ständig neu listen und künftigen Mietern vorzeigen müssen.«[215]

Anders als erwartet ist der Aufbau sogenannter intentionaler, also bewusst gewählter Gemeinschaften nicht mit viel zusätzlicher, zeitaufwendiger Arbeit verbunden. Manchmal reicht es schon, einfach ein paar Hühner oder Bienen anzubieten – wie das Unternehmen »i Live« beweist (i-live.de/bienenhuehner/): An fünf Standorten in Deutschland bringt es in seinen Mietobjekten Menschen zusammen, indem sie gemeinsam Honig ernten oder Hühner versorgen. »Sie [die Hühner]«, heißt es auf der Website von i Live, »sind ein fester Bestandteil unserer Community und freuen sich, wenn Ihr sie mal im Innenhof besucht! Über die App könnt Ihr Euer Gratis-Ei buchen oder einfach beim Community Manager abholen.« Es gibt noch andere Ideen, die derzeit die Runde machen. Eine davon sind Timeshare-Hunde in Wohngemeinschaften für Senioren, die diese dabei unterstützen sollen, aus ihrer Wohnung herauszukommen und mobil zu bleiben.

Knigge für Wohngemeinschaften

Jeder, der schon einmal in einer Gemeinschaft mit anderen gelebt hat, weiß, dass das Zusammenleben nicht ohne Herausforderungen ist. So wie wir neue Umgangsformen für die digitale Kommunikation lernen müssen, genauso brauchen wir auch neue Umgangsformen, Gewohnheiten und Regeln für individualistische, intentionale Gemeinschaften. So heikel es auch ist – wir brauchen Gedankenstützen und manchmal sogar feste Klauseln in den Wohnverträgen, die uns daran erinnern, wie wir uns zu verhalten haben. Dieser Herausforderung hat sich die Wohnungsgenossenschaft Düsseldorf-Ost (WOGEDO) mit ihrem »Kleinen Nachbarschaftsknigge« gestellt. In einem Artikel von *Unser Dach*, dem Mitgliedermagazin der WOGEDO, wurde dargelegt – natürlich sehr höflich –, wie man sich seinen Nachbarn gegenüber verhält. Zu den acht Tipps für ein besseres Zusammenleben gehören: »Reden ist die beste Medizin«, »Rücksicht ist das A und O« und »Ab und zu ein Auge zudrücken«. In dem Artikel heißt es: »Umfragen haben ergeben: Rund ein Drittel der Deutschen, die eher wenig Kontakt zu ihren Nachbarn haben, wünscht sich einen besseren, engeren Austausch. [...] Wer sich öfter mit seinen Nachbarn trifft und austauscht, weist eine deutlich höhere Lebenszufriedenheit auf.«[216]

Wer weiß, vielleicht können wir uns eines Tages neben Glücksbeauftragten auch »Anstandsbeauftragte« in Wohngemeinschaften vorstellen, die wir mit anderen teilen. Oder, in größerem Maßstab, sogenannte »Community Connectors«, wie es sie etwa in der Stadt Frome im Westen Englands gibt. Dort tun Hunderte solcher »Verbindungsleute«, was der Name schon sagt: Sie verbinden und bringen isoliert lebende Menschen in Gemeinschaften zusammen. Das ist nicht nur eine gute Tat, sondern auch wirtschaftlich sinnvoll. Wie die Gründerin des Projekts *Compassionate Frome*, Helen Kingston, schätzt, werden für jedes Pfund, das man für dieses Projekt ausgibt, sechs Pfund an Gesundheitsleistungen eingespart.[217]

Sozialrezepte

Auch Ärzte beginnen inzwischen mit etwas zu arbeiten, das man »Sozialrezepte« nennt. Die Bezeichnung geht auf die wichtigen Forschungen von Michael Marmot und Richard Wilkinson zurück, die herausgefunden haben, dass soziale Faktoren eine große, wenn nicht maßgebliche Rolle für die Gesundheit der Menschen spielen. Anstelle von Tabletten werden Ihnen also Aktivitäten in einer Gemeinschaft »verschrieben«, zum Beispiel: der Eintritt in einen Wander-, Fahrrad-, Garten- oder Handwerksverein. Pilotprojekte haben gezeigt, dass eine verbesserte geistige und körperliche Gesundheit die Einsamkeit reduziert und den Teilnehmern mehr Selbstvertrauen gibt. Kindness-ökonomisch betrachtet, wurden durch die Programme regelmäßig wertvolle Ressourcen wie etwa Besuche beim Arzt und in der Notaufnahme sowie Medikamentenkosten gespart.[218]

Ob Sie es glauben oder nicht, aber eine zugewandte Gesellschaft spart nicht nur Geld, sie macht auch Geld aus der Einsamkeit. Chuck McCarthy gehört zu einer neuen Art sogenannter »People Walkers«, die Menschen beim Spazierengehen Gesellschaft leisten und für Unterhaltung sorgen. McCarthy berechnet den Kunden in Los Angeles einen Kilometersatz für seine Dienste. Vor Covid ging das Gerücht, die Nachfrage sei so groß, dass er sein Unternehmen erweitert und fünf *assistant walkers* eingestellt hat. Das Ganze kommt Ihnen seltsam vor? Nun, dann denken Sie vielleicht einmal über das Kuscheln gegen Bezahlung nach. Was wie eine Anomalie oder ein Euphemismus klingt, ist tatsächlich ein legitimes Geschäft, an dem es moralisch nichts zu beanstanden gibt (die Ausübung der Tätigkeit als Kuschler unterliegt einer Reihe strenger Regeln). Für 70 Euro pro Stunde können Sie im deutschsprachigen Raum und in Luxemburg eine Person, die sich in dem Metier betätigt, dafür buchen, dass sie zu Ihnen kommt und, nun ja, mit Ihnen kuschelt (Cuddlers.net). Wie Kuschler behaupten, liegen die Vorteile des Kuschelns darin, dass es sich sowohl gut anfühlt als auch Körper und Geist stärkt. Emily White, die Autorin von *Lonely: Learning to Live with Solitude*, sagt vom Companionship Market: »Es sollte eigentlich nicht so sein, dass der Markt auf unser Bedürfnis nach Sozialkontakten reagiert. Doch man kann man ihn auch schwer dafür kritisieren, wenn es so wenig anderes gibt. [...] Der wachsende Markt für soziale Kontakte ist ein Beweis für unbefriedigte soziale Bedürfnisse.«[219]

Liebe dein Quartier

Die Bedürftigkeit unserer Gesellschaft zeigt sich auch am Aufschwung traditioneller, in ein neues Umfeld versetzter dörflicher Werte. Denken Sie an das afrikanische Sprichwort: »Um ein Kind aufzuziehen, braucht es ein ganzes Dorf.« Dieser Gedanke beschränkt sich weder aufs Land noch auf Afrika; das Dorf ist eine Geisteshaltung, die Werte wie Kindness, Vertrauen und Sicherheit umfasst. Sie führt uns von der Isolation weg zu einer neuen Art von Gemeinschaft. Vertikale Dörfer etwa gibt es in vielen verschiedenen Formen und Größen auf der ganzen Welt, und sie gelten als Vorzeigeprojekte für das gesellschaftliche Zusammenleben in der Zukunft. Einerseits ermöglichen sie es den Bewohnern, in einer Gemeinschaft zu leben, was diesen Sicherheit gibt. Andererseits ermöglichen sie es ihnen aber auch, die eigene Individualität zu bewahren. Ein gutes Beispiel ist das »Sieben Stock Dorf« in Wien, in dem die Bewohner der 39 Wohnungen nach dem Motto »Individualität in Gemeinschaft« leben. Es gibt Co-Working-Spaces, eine Bibliothek, Gästezimmer, einen Fitnessraum, eine Sauna, Spielplätze, Terrassen und ein Café, das auch als kleiner Lebensmittelladen dient.

Das Buzzword der Stadtplanung heute ist »das Quartier«, »das Grätzl« (wenn man in Österreich ist), »der Kiez« oder »the hood« (wenn man cool sein will – zumindest da, wo ich aufgewachsen bin: in London) – kleiner als ein Stadtteil, größer als ein Wohnblock. Es entwickelte sich zu einem wesentlichen Bestandteil der im Kapitel über die »Kind City« bereits erwähnten 15-Minuten-Stadt und wurde zum Kernelement der Verdörflichung. Im Laufe der Zeit wurden mit dem Bau von Straßen und Autobahnen viele Städte durchschnitten und Gemeinden wahllos in unzusammenhängende Gebiete zerteilt. Die sogenannte »Quartiersentwicklung« gilt als Allheilmittel für viele der Probleme, mit denen die Städte zu kämpfen haben. Die neue alte Idee dabei ist, eine lokale Identität zu schaffen und sich um die ganz speziellen Bedürfnisse der Bewohner zu kümmern. Was aber macht ein funktionierendes und lebendiges Quartier aus? »Die Must-haves«, so der Architekt Winy Maas, »sind auf jeden Fall ein Café, Geschäfte für den täglichen Bedarf, öffentliche Dachterrassen mit Urban Farming sowie – als Konsequenz einer sich verändernden Mobilitätskultur – attraktive Fahrradabstellplätze.«[220]

Diese Must-haves fanden sich einst an vielen Hauptstraßen von Gemeinden, und sie waren für den Zusammenhalt einer Gemeinschaft von großer Bedeutung. Folgende traurige Aussage bewahrheitet sich heute: »Wenn du einen Lottoladen, einen Imbiss und einen Second-Hand-Shop nebeneinander siehst, weißt du, dass die Einkaufsstraße tot ist – und die ganze Gemeinde dazu.« Ich bin in London durch etliche große und deprimierende Einkaufsstraßen gelaufen mit bis zu vier Take-aways, drei Lottoläden und ein paar sehr verstaubt aussehenden Second-Hand-Shops (Tipp: Die besten befinden sich in Nobelgegenden). Das ist kein schöner Anblick, und es zeugt auch nicht gerade von Gemeinschaftssinn oder besonderer Kindness. Letzteres war mit ein Grund dafür, dass Mary Portas – die nicht nur dafür bekannt ist, dass sie den Ausdruck *kindness economy* prägte, sondern die man auch als »Königin des Einzelhandels« kennt – ihre Energie darauf verwendete, sich für die Wiederbelebung der Hauptstraßen einzusetzen. 2011 kam sie in ihrem unabhängigen Bericht über die Zukunft der *High Street* zu dem Schluss: »Wenn wir unser Sozialkapital in die Herzen unserer Communities investieren und so gleichzeitig neues schaffen, wird das Wirtschaftskapital folgen.«[221] Wie Portas in ihrem Podcast sagte, gehe es »in den Geschäften um Emotion. Es geht nicht bloß ums Kaufen und Verkaufen. Die kleinen Ladenbesitzer wissen das ganz genau.«

Community Stores

Heute sind es nicht mehr nur die Läden an der Ecke oder der freundliche Metzger, sondern auch größere Marken und Unternehmen, die den Vorteil einer Community erkennen. In seinem unternehmerischen Streben nach Kindness und Authentizität sucht Patagonia es zu vermeiden, seine Läden in Einkaufszentren unterzubringen, und übernimmt möglichst nur Orte, die für die Community eine Bedeutung haben.[222] Der weltweit tätige Sportswear-Riese Nike ist auf den Gemeinschaftszug aufgesprungen und hat in Los Angeles Community Stores eröffnet. Dabei leben nicht nur 85 Prozent der Mitarbeiter vor Ort, sie werden auch bezahlt freigestellt, um an Projekten der Community mitzuwirken. »Jeder Laden hat durch seinen Namen und sein individuelles Schriftbild ein ganz eigenes Gesicht erhalten. Wir haben Bild- und Textmaterial vereinheitlicht und die lokale DNA in jedes Detail eingearbeitet. Uns ging es darum, das einzufangen, was die Community im Innersten ausmacht.«[223] Der Marketing-Guru Seth Godin ist überzeugt: »Menschen kaufen keine Waren und Dienstleistungen, sie kaufen Beziehungen, Geschichten und Magie.«[224] Wie Bryce Phillips, CEO des Outdoor-Ausrüstungshändlers Evo, betont, sei sein Erfolg auf die konsequente Ausrichtung des Geschäfts auf die Community zurückzuführen. Er habe in Orte investiert, an denen sich Evo-Fans treffen können, in »Zentren, an denen die Community durch kundenorientierte Unternehmen zusammenkommt«. Dazu gehören nicht nur die Geschäfte, sondern auch Cafés, Wohnungen, eine Brauerei und Räume, in denen Ausstellungen und Filme gezeigt werden.[225] »Wir sehen es gern«, sagt er, »wenn Menschen miteinander in Verbindung kommen, und wir sind gern Teil davon. Die Kunden spüren, ob das alles aufrichtig gemeint ist oder ob es uns nur darum geht, Menschen zusammenzubringen, um mehr zu verkaufen. Kunden wissen immer, ob das authentisch ist.«

Fertigdörfer

Schon im 19. Jahrhundert kamen Unternehmer auf die Idee, für ihre Mitarbeiter eine quasi »gebrauchsfertige« Community mit großer Einkaufsstraße zu errichten. Port Sunlight in UK war eine der ersten ihrer Art. Dieses berühmte Modelldorf, das für die Arbeiter der Seifenfabrik Lever Brothers (heute Unilever) gebaut wurde, bekam seinen Namen von »Sunlight«, der beliebtesten Reinigungsmittelmarke des Unternehmens. Zwischen 1899 und 1914 wurden 800 Häuser gebaut, um 3.500 Arbeiter zu beherbergen. Das Dorf verfügte über eine Kunstgalerie, ein Krankenhaus, eine Konzerthalle, ein Schwimmbad und eine Kirche und förderte so schon damals die Freizeitgestaltung. Ein anderes, weniger bekanntes Beispiel ist das Familistère bei Guise in Frankreich (Familistere.com). Diese damals utopische Kommune, die zwischen 1859 und 1884 von dem Ofenfabrikanten und Philanthropen Jean Baptiste André Godin erbaut wurde, war auch als ein »Sozialpalast« bekannt. Jede Familie hatte eine Drei-Zimmer-Wohnung und Zugang zu kostenloser Bildung, einem Schwimmbad, das mit Wasser aus der Fabrik beheizt wurde, und einer Einrichtung zur Kinderbetreuung. Der Palast, heute ein Museum, ist auch architektonisch interessant, da er auf einer revolutionären Gebäudetypologie des Sozialtheoretikers und -utopisten Charles Fourier basiert, der angeblich »die Stadt ebenso sehr verabscheute, wie er das Dorf hasste«.[226] »Anstelle des Chaos der kleinen Häuser« entwarf Fourier sogenannte Phalansterien, Mikrostädte auf dem Land. Die drei in Guise beherbergten rund 1.600 Menschen und hatten zu jener Zeit keine Ähnlichkeit mit Gebäuden, wie es sie im städtischen oder ländlichen Raum gab, obwohl sie für landwirtschaftlich geprägte Gemeinden gebaut wurden.

Jedes einzelne der dicht bevölkerten Gebäude dieses nach heutigen Maßstäben modernen städtischen Wohnkomplexes verfügte über einen Gemeinschaftsbalkon mit Blick auf einen überdachten Innenhof, der bei jedem Wetter zum Spielen, gemeinsamen Essen und zur Erholung einlud. Fourier vermarktete die Anlage als »Versailles fürs Volk« und inspirierte damit viele frei gewählte Gemeinschaften weltweit. Das Familistère aber ist mehr als nur eine historische Kuriosität. Dem Architekturkritiker und Schriftsteller Niklas Maak zufolge könnte es auch als Inspiration dafür dienen, wie sich nicht mehr genutzte Einkaufszentren umnutzen lassen: »Diese könnten leicht in einen Wohnkomplex umgestaltet werden. Aus der ehemaligen Hauptpassage könnte man einen großen Garten für alle machen und aus den kleinen Geschäften Wohneinheiten für Familien. Die größeren Geschäfte wiederum bieten Platz für Wohngemeinschaften und Kommunen, für Co-Working-Spaces und andere Formen des kollektiven Gemeinschaftslebens. Die leer stehende Mall könnte in eine Phalansterie des 21. Jahrhunderts verwandelt werden.«[227]

Heute setzten große Unternehmen ebenfalls wieder auf ein Sunlight-mäßiges Konzept des vorgefertigten Dorfes für ihre Mitarbeiter. In Japan baut Toyota die Woven City, von der die Planer behaupten, sie werde für Glück und Kindness stehen. Diese in sich geschlossene Stadt wird auf Privatland errichtet und soll die alte Toyota-Fabrik ersetzen. Sie wird Wohnraum für 2.000 Arbeiter bieten und soll Teststadt für die Unterstützung durch Roboter im Haushalt, für automatisiertes Fahren und die roboterisierte Warenzustellung sein. Mit anderen Worten: Das Projekt verfolgt das ehrgeizige Ziel, viele der Werte zu vereinen, die wir in einem Dorf suchen, während es gleichzeitig darum geht, ein lebendiges Labor zu erschaffen. Toyota plant neue Mobilitätskonzepte, strebt CO_2-Neutralität an und will eigenen Angaben nach neue Wege finden, um Menschen im öffentlichen Raum oder auf dem Marktplatz zusammenzubringen.

Heimat für Stadtflüchtige

Ein weiterer Grund für die Wiederbelebung des Dorfes ist der, dass, wie die letzten Jahre gezeigt haben, Telearbeit für einige Berufe möglich ist und auch produktiv sein kann. Als die Pandemie viele Menschen darüber nachdenken ließ, aus der Großstadt wegzuziehen, entwickelte ein spanisches Team eine Tinder-artige Plattform, um Großstädter mit Wohnmöglichkeiten in Kleinstädten und Dörfern im ganzen Land zu vernetzen. Spaniens ländliche Regionen haben in den letzten 50 Jahren fast ein Drittel ihrer Bevölkerung verloren. Wie in vielen ländlichen Gebieten Europas besteht dabei die reale Gefahr, dass Kleinstädte, Dörfer und Geschäfte aussterben. Die 2020 gestartete Website *Vente a vivir a un pueblo* – was übersetzt »Komm und lebe in einer kleinen Stadt« bedeutet – stellt 42 ländliche Städte und Dörfer vor, die preiswerten Wohnraum und ein langsames Lebenstempo bieten (VenteAVivirAUnPueblo.com). Nutzer können die »Pueblos« nach bestimmten Faktoren filtern wie Bevölkerung, Gesundheitsversorgung, Dienstleistungen, Art der Internetverbindung und Entfernung zu einer großen Stadt. Genau wie bei Dating-Apps gibt es für jedes Dorf oder jede Stadt ein Profil in Form eines Videos, in dem die besten und attraktivsten Eigenschaften hervorgehoben werden: Umgebung, Einrichtungen, Beschäftigungsmöglichkeiten und Wohnungspreise.

Das »Dörfchen der Harmonie«

Traditionelle dörfliche Werte in den Mittelpunkt eines Unternehmens zu stellen, ist dem italienischen Geschäftsmann Bruno Cucinelli ein großes Anliegen, das er lange schon verfolgt. Cucinelli, den man auch als den »König des Kaschmirs« bezeichnet, hat in dem umbrischen Dorf Solomeo eine ebenso lebenswerte wie profitable Gemeinschaft der Arbeit geschaffen. Als er sein Unternehmen 1982 dorthin verlegte, war Solomeo ein verarmtes und verfallenes Dorf. Heute kennt man es als das »Dörfchen der Harmonie«. Cucinellis Unternehmen bringt es an der Mailänder Börse derzeit auf einen Wert von rund einer Milliarde Dollar, und jedes Jahr investiert er 20 Prozent seines Gewinns in den Erhalt der Gemeinde. »Ich glaube an den Kapitalismus«, sagt Cucinelli. »Ich muss Gewinn machen, aber das möchte ich auf eine ethische und würdige Weise tun. Das ist mein Traum.«[228] Seine Kindness-Prinzipien beruhen auf den Lehren von Platon, Sokrates, Mark Aurel, dem Heiligen Benedikt und Immanuel Kant. Insgesamt sind es etwa 1.000 Familien in der Region, darunter etwa 400 Einwohner von Solomeo, die seine Prinzipien des humanistischen Kapitalismus und der menschlichen Nachhaltigkeit umsetzen und leben.

Rebecca Mead vom *New Yorker* hatte keine hohe Meinung von Cucinelli. Im Gegenteil bezeichnete sie ihn zynisch als »Prinzen von Solomeo«. Ihrer Meinung nach inszeniere Cucinelli »eine eigentümliche Fantasie von einem wohltätigen Feudalismus«, bei der »er selbst den aufgeklärten Oberherrn gibt und die Bewohner, viele von ihnen seine Angestellten, als dankbare Untergebene fungieren«.[229] Diese sogenannten Untergebenen verdienen allerdings 20 Prozent mehr als der Durchschnitt. Dazu beschränken sich ihre Arbeitsstunden auf die Zeit zwischen 8.00 und 17.30 Uhr und sie bekommen eine 90-minütige Mittagspause, damit sie Zeit haben, nach Hause zu gehen und ihre Familie zu versorgen oder in der finanziell stark bezuschussten Firmenkantine zu essen. Wenn sie sich mit dem Essen ranhalten, haben sie vielleicht sogar noch Zeit für eine kurze Siesta. Cucinelli unterhält auch ein »Projekt für Schönheit«: Er kauft ungenutztes Industriegelände rund um Solomeo auf und lässt es zu Parks, Sportanlagen und Anbauflächen für Obst, Gemüse, Wein und Oliven umgestalten. In der Tradition der Renaissance begründete er zudem eine Kunstgewerbeschule. Diese hat nicht nur zum Ziel, die traditionellen Fertigkeiten zu bewahren, sondern will der handwerklichen Arbeit auch zu neuem Prestige verhelfen.

Als Mead Umbrien dann persönlich besuchte, war sie durchaus angenehm überrascht. Denn wie sie – wenn auch widerwillig – feststellte, schien unter den Arbeitern eine »allgemeine Zufriedenheit« zu herrschen. Die Arbeit sei zwar ziemlich eintönig, so die Näherin Rosella Cianetti gegenüber Mead, aber »besser als alles andere, was ich bisher erlebt habe. Wir werden wie Menschen behandelt, und woanders behandelt man uns eher wie Maschinen. Wir bekommen Respekt für unserer Hände Arbeit.«[230] Anders als viele andere italienische Bekleidungshersteller, die sich zunehmend in Länder wie Indien und China orientieren, ist Cucinelli entschlossen, seine Produktion in Italien zu halten. Vier von fünf Kleidungsstücken werden in Umbrien hergestellt, und Nonnen aus der Region übernehmen sogar einen Teil der Stickereiarbeiten. Doch Cucinellis Kindness hat ihren Preis: Die erschwinglichsten Kaschmirpullover kosten knapp 1000 Euro.

Wie Cucinelli immer sagt: »Wenn du die Veränderungen deiner Zeit nicht annimmst, verpasst du vielleicht den größten Teil.« Für Cucinelli ist der größte Teil eine neue Form des Kapitalismus, des Gewinnmachens, und zwar mit Ethik, Würde und Moral. »Natürlich glaube ich an den Kapitalismus«, sagte er der Schriftstellerin Polina Pompliano, »ich hätte nur gern, dass er ein klein wenig menschlicher wäre.«[231] Aber wollen wir das nicht alle?!

8

NICHT ALLE UNTER EINEM HUT

Nobody is perfect

»Einige steigen durch Sünde, andre fallen durch Tugend.«

WILLIAM SHAKESPEARE, *Maß für Maß*, 2. Akt, 1. Szene

Bevor Leo Varadkar, der irische Premierminister, im Januar 2023 zum Weltwirtschaftsforum nach Davos flog, sagte er an einige Milliardäre gerichtet, sie seien »all fur coat and no knickers«.[232] Diese im Englischen nicht besonders charmante Wendung, deren direkte Übersetzung wir uns hier deshalb sparen, verwendet man in der Regel, wenn jemand ein ansprechendes und kultiviertes Äußeres hat, dahinter aber nichts ist, was das untermauern könnte. Im ganzen Zusammenhang lautet die Stelle: »Wir alle wissen aus Erfahrung, dass manche Leute, die auf dem Papier Milliardäre sind oder Milliardäre zu sein scheinen, in Wirklichkeit nur Blender sind [all fur coat and no knickers]. Auf dem Papier haben sie viel Geld und Vermögen, aber sie haben auch viele Schulden und Verbindlichkeiten und ihr tatsächliches Vermögen ist negativ oder gering.«

Diese Äußerung bietet eine interessante Perspektive auf einige jener Leute, die üblicherweise in Davos teilnehmen. Darüber hinaus aber ist sie auch eine großartige Metapher für das, was in der aufkommenden Welt der »Kindness-Zertifizierung« vor sich geht. Natürlich gibt es keine Kindness-

Zertifizierung an sich (oder besser gesagt, bislang nicht). Doch es gibt bereits einen ganzen Ozean – und der ist nicht einmal frei von Plastik – an unterschiedlichen Möglichkeiten, wie sich die ökologischen oder menschlichen Belastungen von Städten bis hin zu Unternehmen, von Keksen bis hin zu Gebäuden zählen, messen und bewerten lassen. Aber können wir den angegebenen Zahlen überhaupt trauen? Mark Twain hat einmal gesagt, es gebe »drei Arten von Lügen: Lügen, verdammte Lügen und Statistiken« (obwohl er die Aussage dem britischen Premierminister Benjamin Disraeli zuschrieb, der das vielleicht nie wirklich gesagt hat).

Woran also lässt sich die Kindness Economy bemessen? Kann es irgendetwas geben, das absolut wahr oder gültig ist? Was alle Kriterien quasi »unter einen Hut bringt«? Shakespeares Stück *Maß für Maß* ist eine ernüchternde Lektion in Sachen Heuchelei, Gerechtigkeit, Moral und Barmherzigkeit. Der Titel entstammt der Bibel: »Richtet nicht, damit ihr nicht gerichtet werdet! Denn wie ihr richtet, so werdet ihr gerichtet werden, und nach dem Maß, mit dem ihr messt, werdet ihr gemessen werden.« (Matthäus 7,1–2) Ein untypisches Thema für eine Komödie. Das Stück spielt in Wien, wo Herzog Vincentio für die Zeit seiner Abwesenheit den Grafen Angelo als Statthalter einsetzt, damit er strenge Gesetzte erlässt und durchsetzt, um die Stadt von Bordellen und rechtswidrigen sexuellen Aktivitäten zu säubern. Im Stück geht es um die Unhaltbarkeit absoluter Setzungen, darum, dass die menschliche Natur in ihrer Unordnung alles kompliziert. Die Moral daraus ist: Wir sollten nachsichtig mit uns Menschen sein, denn wir sind alle fehlbar.

Das Zeitalter der Verantwortung

Was die *unkind* Economy betrifft, muss man fairerweise sagen, dass auch sie in manchen Fällen Nachsicht verdient. Vielleicht war sich eine Firma oder Person der Auswirkungen ihres Produkts oder ihrer Dienstleistung wirklich nicht bewusst. Wusste man im letzten Jahrhundert beispielsweise, wie überaus schädlich Zigaretten für die Gesundheit sind? So könnte selbst der Untergang des Römischen Reichs zum Teil auf Vergiftungen zurückzuführen sein, in dem Fall durch Blei, das in Wasserleitungen und Trinkgefäßen enthalten war.[233] In manchen Fällen lassen sich fehlende Kenntnisse oder Tests verzeihen, da sie vielleicht auf mangelndes Bewusstsein, fehlende Forschung oder womöglich schlicht auf Unwissenheit zurückzuführen sind. Die schlimmste Sorte von Unkindness sind natürlich die vorsätzlichen Handlungen – jene, die in böswilliger Absicht verübt wurden und die sich hätten vermeiden lassen. Dabei verhält es sich so, wie es das Eingangszitat dieses Kapitels aus *Maß für Maß* besagt: »Einige steigen durch Sünde, manche fallen durch Tugend« – denn das trifft auf vieles zu, was sich in der Businesswelt ereignet hat. Während einige der frühen Pioniere und tugendhaften Unternehmen gefallen sind, sind andere – wie der Ölgigant Exxon – »durch Sünde gestiegen«. Das Wort »Unkindness« reicht schlicht nicht aus, um das zu bezeichnen, was Exxon getan hat. Damals, in den 1970er- und 1980er-Jahren, sagten Exxon-Wissenschaftler die globale Erwärmung präzise voraus. Exxon ignorierte die Warnungen jedoch nicht einfach nur, sondern betrieb großen Aufwand, um diese Erkenntnisse herunterzuspielen bzw. gar zu diskreditieren. Schließlich wollte man durch den Verkauf von Öl weiterhin enorme Profite einfahren.[234]

Leider ist es strafrechtlich nicht möglich, eine solche vorsätzliche Unkindness dieses Ausmaßes rückwirkend zu ahnden. Wir können aber daraus lernen und unsere Schlüsse ziehen und in ein neues Zeitalter übergehen – in das »Zeitalter der Verantwortung«, wie ich das nenne. Ab sofort sind wir zuerst den Menschen und/oder dem Planeten gegenüber verantwortlich und erst dann dem Profit. Entsprechende Bestimmungen, Gesetze und Aufsichtsbehörden setzen sich langsam, aber sicher durch – überall auf dem Globus, und sie betreffen immer mehr Branchen und Unternehmen. Und es geht durchaus voran: Wir haben das Pariser Klimaabkommen, und es gibt immer mehr regulierte und unregulierte Zertifizierungen für Unternehmen und Betriebe – eine Art universelle »Neighbourhood Watch« für Menschen und den Planeten ist aber noch eine utopische Vision. In puncto Zertifizierungen gibt es auf den ersten Blick schon etwas für alles und jeden: Es gibt die Label »B-Corp«, »C2C«, »Positive Luxury«, »ESGs«, »Cruelty-Free«, »Vegan-Friendly« und sogar schon eines für Eisbären-freundliche

Reisen. Auch Angestellte können sich immer häufiger über Zusatzangebote ihrer Arbeitgeber freuen, von Zuschüssen zu Fruchtbarkeitsbehandlungen bis hin zum bezahlten Urlaub im Falle einer Fehlgeburt oder beim Tod eines Haustiers. Auch die bereits in Kapitel 5 erwähnten »Duvet Days« (die einige auch als »Kater-Auskuriertage« nach einem feuchtfröhlichen Abend nutzen) oder Bürohunde sind keine Seltenheit mehr. Wenn ich an das Beispiel des Unternehmens denke, das eine Astrologin eingestellt hat, würde es mich nicht wundern, wenn schon an Horoskopen orientierte Arbeitsverträge im Umlauf sind. Wenn Sie zu Ihrem Chef sagen könnten: »Sorry, ich kann heute leider nicht kommen, Boss – meine Sterne stehen nicht in der optimalen Konstellation zueinander« – das ginge Ihnen runter wie Öl, oder? (Ich empfehle jedoch, das Kleingedruckte in Ihrem Vertrag zu lesen, bevor Sie das ausprobieren.)

Kindness-Zertifizierungen

Die verwirrend große Anzahl an Labels, Zusicherungen und Zertifizierungen scheint mitunter direkt aus *Alice im Wunderland* entsprungen. In dem Kinder-Klassiker fällt Alice eine kleine Glasflasche auf. Um den Hals der Flasche hängt ein Zettel, und auf dem Zettel steht einfach nur »Trink mich«. Alice fragt sich, ob sie das tatsächlich tun sollte, denn, so erinnert sie sich, »wenn du aus einer Flasche mit der Aufschrift *GIFT* einen zu tiefen Schluck nimmst, wird es dir früher oder später schlecht bekommen«. Da aber das Schildchen keine weitere Information enthält und Alice findet, dass der Inhalt der Flasche nicht giftig aussieht, trinkt sie daraus. Und weil es sich um das Wunderland handelt, schmeckt es fantastisch – wie eine Mischung aus Kirschtorte, Senf, Ananas, Gänsebraten, Kaffee und warmem Buttertoast. Die Nebenwirkung des Fläschcheninhalts ist, dass er sie auf vierzig Zentimeter schrumpfen lässt. Zum Glück trägt Alice keinen Schaden davon und wächst wieder auf ihre normale Größe, als sie Kuchen von einem Teller mit dem schlichten Label »Iss mich« probiert.

Alice im Wunderland ist eine wunderbar lehrreiche Geschichte über die potenziellen Fallstricke und Gefahren, wenn man sich auf Labels verlässt oder es versäumt, einen prüfenden Blick auf die Inhaltsstoffe zu werfen. In der seltsamen und ziemlich verwirrenden Welt des Labelling gibt es nicht nur eine Menge potenzieller Fehlinformationen, sondern auch eine seltsame Diskrepanz im Verbraucherverhalten. Wie ich finde, ist jede Zertifizierung, jedes Logo und jedes Versprechen, das mit den Worten »How to save the planet« daherkommt, mit Vorsicht zu genießen. Doch leider haben viele von uns überhaupt kein Problem damit, Verbrauchs- und Konsumgüter zu kaufen, ohne einen eingehenderen Blick auf die Beschriftung zu werfen (zumal, wenn es sich um Schnäppchen handelt). Ironischerweise ist nach Angaben des Weltwirtschaftsforums aber einer der Hauptgründe dafür, dass sich Konsumenten keinen umweltfreundlicheren Lebensstil aneignen, der, dass sie sich nicht hinreichend informiert fühlen.[235] Es ist ein Zeichen der Zeit, dass wir uns mit Begriffen auskennen wie *Greenwashing* oder *Astroturfing*, die für die mangelnde Fundierung oder Vertrauenswürdigkeit der behaupteten Dinge stehen. (Beim »Astroturfing« geht es zum Beispiel um gefakte Kundenmeinungen und Rezensionen, um zum Kauf zu animieren.) Genauso zeittypisch aber ist, dass selbst die scheinbar besonders vorbildlichen Unternehmen genauer unter die Lupe genommen werden können.

Co_2-Ausgleich

Im Januar 2023 veröffentlichte *Die Zeit* eine Untersuchung, die sie gemeinsam mit *SourceMaterial* und dem *Guardian* über Verra, einen Zertifizierer von CO_2-Emissionsrechten, durchgeführt hatte. Durch den sogenannten CO_2-Ausgleich werden Unternehmen mit ihren CO_2-Emissionen »neutral«, indem sie für jede Tonne emittiertes CO_2 bezahlen und mit diesem Geld CO_2-Einsparungen an anderer Stelle unterstützen. Verra ist der weltweit führende Zertifizierer für Treibhausgas-»Gutschriften« und wird von großen Unternehmen wie Disney, Shell und Gucci genutzt. Dem Artikel zufolge sind mehr als 90 Prozent der Verra-Zertifikate für den Regenwald wertlos, da es sich um sogenannte »Phantom«-Gutschriften handeln soll. Den Zeitungen zufolge könnte das Programm die globale Erwärmung sogar noch verschlimmern.[236] Die Ergebnisse wurden von Verra vehement bestritten. Dessen ungeachtet aber machen sie deutlich, dass wir ein ständig sich weiterentwickelndes System von Gegenkontrollen und rechenschaftspflichtiger Verantwortung brauchen.

Labels oder verpflichtende Zusagen für was auch immer – von den Bedingungen am Arbeitsplatz bis hin zum Plastikspielzeug, das wir unseren Kindern geben – sind letztlich Wundertüten à la *Alice im Wunderland*, solange es keine offizielle oder anerkannte Einrichtung gibt, die sie reguliert und kontrolliert. Was Essen und Trinken angeht, hätte eine umweltbewusste Alice von dem neuen EU-Ampelsystem profitiert, das von der Foundation Earth (foundation-earth.org) vorgeschlagen wurde: Anhand von Ökopunkten, die diese Organisation an Produkte vergibt – leicht auszumachen auf der Vorderseite der jeweiligen Verpackung –, wird dabei jeder Artikel nach seinen Auswirkungen auf die Umwelt eingestuft. Auf diese Weise können Kunden schnell und einfach feststellen, welchen CO_2-Fußabdruck die Ware hat und ob sie von einem Anbieter stammt, der auf Nachhaltigkeit setzt. Die Bewertung erfolgt unter den Kriterien CO_2-Emissionen, Wasserverbrauch, Umweltverschmutzung und Artenvielfalt, und das über alle Phasen hinweg, von der Beschaffung der Zutaten über die Verarbeitung und Verpackung bis hin zum Transport und abschließenden Verkauf im Einzelhandel. Und genau wie bei Kalorien, Zucker oder Salz können Sie sogar die Auswirkungen pro Bissen berechnen.

Ein Zeichen des beginnenden Zeitalters der Verantwortung ist, dass die Verbraucher immer häufiger nach entsprechenden Labels, Auswirkungsnachweisen oder Logos suchen. Mary Portas zufolge informieren sich 51 Prozent der Generation Z vor einem Kauf über die Corporate-Responsibility-Praktiken einer Marke.[237] Laut einer Umfrage des Weltwirtschaftsforums legen sie bei ihren Kaufentscheidungen auch mehr Wert auf Nachhaltigkeit als auf Markennamen. Dazu kann alles gehören, von chemiefreier Wandfarbe bis hin zu Ökobau-Zertifikaten, von C2C-Badarmaturen bis hin zu Laken aus Öko-Baumwolle und Panda-freundlichen Bambuszahnbürsten. Felix Kreuger, Associate Director of Fashion and Luxury bei der Boston Consulting Group, sagt: »Marken müssen heute ihre gesamte Wertschöpfungskette überdenken.«[238]

B Corp

Eines der Labels, die die Prinzipien der Kindness Economy meiner Meinung nach am besten verkörpern, ist B Corp. Als ich den Ausdruck zum ersten Mal hörte, dachte ich, er bezeichne eine BH-Größe oder vielleicht auch eine OP zur Brustvergrößerung. Das war 2006, als in den USA drei Freunde die Vision hatten, das Unternehmertum zu einer Triebkraft für das Gute zu machen, und das gemeinnützige »B Lab« gründeten. Mittlerweile bin ich schlauer und kann sagen: Wenn es irgendetwas gibt, an dem sich das Wachstum der Kindness Economy bemessen lässt, dann ist es B Corp. Das »B« steht dabei für *Benefit* eines Produkts – für seinen Nutzen in puncto faire Gleichbehandlung, Inklusion, die Entwicklung zum Besseren und seine Auswirkungen. B Corps »Declaration of Interdependence« besagt, »dass alle Geschäfte auf der Basis geführt werden müssen, dass Mensch und Planet stets eine bedeutende Rolle spielen; dass Unternehmen durch ihre Produkte, Praktiken und Profite danach streben sollten, keinen Schaden anzurichten sowie allen und allem zu nützen; dass wir mit einem Verständnis darüber handeln müssen, dass wir voneinander abhängig und somit füreinander und für zukünftige Generationen verantwortlich sind«.[239] B Corps Ethos ist es, auf eine integrativere und nachhaltigere Wirtschaft hinzuarbeiten. Das Zertifizierungsverfahren gestaltet sich entsprechend: Von CO_2-Zielen bis hin zur Bekämpfung von Rassismus wird alles genau berücksichtigt. Im Jahr 2007 waren gerade einmal 82 Unternehmen zertifiziert; als ich im Juli 2023 das letzte Mal nachsah, waren es B Lab zufolge über 7.000 Unternehmen in über 90 Ländern und um die 160 Branchen. Und wir sprechen hier nicht (nur) von kleinen, wohlmeinenden Unternehmen, sondern von relativ großen wie Danone North America, Nespresso, Patagonia und Ben & Jerry's. Es gibt sogar einige Überraschungen auf der Liste, wie etwa Baileys, der Sahnelikör. Keine Überraschung ist, dass auch Portas, Mary Portas' Unternehmen, nach zweijährigem Zertifizierungsverfahren den offiziellen Status als B Corp erhalten hat.

Wie es auf der Website von *grantify.io* heißt, erfüllen zertifizierte Unternehmen »die höchsten Prüfstandards, was soziale und ökologische Performance, öffentliche Transparenz und rechtliche Verantwortlichkeit mit dem Ziel betrifft, Profit und Purpose in ein ausgewogenes Verhältnis zu bringen«.[240] Ein weiterer attraktiver Aspekt ist, dass es eine Gemeinschaft von Menschen geschaffen hat, »die aus ihren Erfolgen wie aus ihren Fehlern zu lernen suchen und sich vor allem auch darum bemühen, von anderen zu lernen (unter Umständen auch, wie man es nicht macht)«.[241] Ein Unternehmen, von dem wir lernen können (wie man es nicht macht), ist Brew-Dog, das ich in Kapitel 5 vorgestellt habe. Kaum zwei Jahre nach seinem Beitritt zu dem Programm verlor das Unternehmen seine Zertifizierung wieder. Wie eine Untersuchung des *Guardian* und eine *BBC*-Dokumentation ergaben, hatte es gegen die Grundwerte der B-Corp-Gemeinschaft verstoßen. Die Untersuchung enthüllte ein »toxisches Arbeitsumfeld«, in dem »eine Kultur der Angst« herrschte.[242]

Das B-Corp-System fand sogar die Zustimmung von Madeleine Albright, der ehemaligen US-Außenministerin. »Ich frage mich oft«, so Albright, »inwieweit die Wirtschaft die Gesellschaft in ihren Zielen unterstützen und dabei mithelfen kann, die Armut zu lindern, Ökosysteme zu erhalten und starke Gemeinschaften und Institutionen aufzubauen. […] B Lab hat bewiesen, dass es einen Weg gibt.« »B the change«, wie sie bei B Lab sagen. Ich persönlich finde, es sollte A Corp heißen – wie bei A-Movie statt B-Movie.

Cradle to Cradle

Wenn B Corp auch vielleicht noch nicht für jede Organisation oder jedes Unternehmen geeignet oder umsetzbar ist, so gilt das System doch als eine erfolgversprechende Möglichkeit, nicht nur hoch qualifizierte Mitarbeiter anzuziehen, sondern auch ein Unternehmen wachsen zu lassen. Wäre ich 30 Jahre jünger, würde ich schauen, dass ich in einem Unternehmen arbeite, das ein *Cradle to Cradle*-(C2C)-Zertifikat besitzt (C2CCertified.org). Grundvoraussetzung dafür ist ein regeneratives Design, um »Abfall als Nahrung zu begreifen, als Nährstoff für das, was kommt«. Es sei »mittelalterlich«, so der Gründer Michael Braungart in einem Artikel über Müllverbrennungsanlagen, »Feuer einzusetzen, um ›Abfall‹ zu bekämpfen«.[243]

Das gemeinnützige Cradle to Cradle Products Innovation Institute verfügt über einen tadellosen Ruf und einen großen Lenkungsausschuss. Dabei handelt es sich quasi um die Olympischen Spiele zur Zertifizierung von Umweltfreundlichkeit, wobei die Stufen von »Basic« über Bronze und Silber bis hin zu Gold und Platin reichen. Zu den Unternehmen, die das strenge Antragsverfahren erfolgreich durchlaufen haben, gehören bereits 215 aus dem Bereich der Bauzulieferer und Baumaterialien. Dazu gibt es eine ansehnliche Auswahl an Produkten, die sich für die Innenraumgestaltung eignen, von Bodenbelägen über Stoffe und Armaturen bis hin zu Farben und Verpackungen. Die Herausforderungen für diese Form der Produktion und Zertifizierung sind groß. Einige argumentieren, C2C sei ein Luxus, den sich nur wenige Menschen und Unternehmen leisten können. Aber wie bei der Entwicklung vieler Produkte gilt auch hier, dass die Preise sinken werden, wenn die Technologie es uns erst ermöglicht, in neue Größenordnungen vorzustoßen (man denke nur an das Mobiltelefon und den Personal Computer).

Braungart macht aus den Herausforderungen, vor denen wir stehen, keine Debatte über Ethik, sondern eine über Lebensqualität. Anstatt darauf zu pochen, »ethisch zu sein«, sollten wir uns, wie er sagt, vielmehr an das Motto »seien wir nicht dumm« halten. Es gehe nicht darum, »den Planeten zu retten, sondern zu lernen, auf ihm erfolgreich zu bestehen«. Braungart ist Possibilist: »Angesichts der Umweltkrisen stehe ich hier nicht wie der englische König Knut der Große, der glaubte, er könne die Flut durch lautes Rufen umkehren. Ich sehe die Flut, Sie sehen sie, und vielleicht besteht unsere Lösung darin, dass wir surfen lernen.«[244] Der Mann ist ganz nach meinem Geschmack!

»Butterfly Mark«

Es wird nie eine Zertifizierung oder ein Gütesiegel geben, das für alles passt oder das alle realen oder eingebildeten Übel, Überzeugungen oder Wohltaten abdecken kann. Für den Luxussektor gibt es jedoch ein interessantes kleines, aber wachsendes Unternehmen, Positive Luxury (PositiveLuxury.com). Es vergibt ein unverwechselbares Schmetterlings-Siegel, den »Butterfly Mark«, an Marken der Luxusbranche, die sich verpflichten, positiven Einfluss auf Natur und Gesellschaft zu nehmen sowie im Einklang mit internationalen Standards und bewährten Verfahren zu arbeiten. Nur wer sich um Innovation bemüht und über die »normalen« Branchenstandards hinausgeht, erhält das Zertifikat.

Wie es scheint, würden selbst Unternehmen, die BDSM-Zubehör verkaufen, gern ein klein bisschen *kinder* rüberkommen. Einer Pressemitteilung vom November 2022 zufolge hat sich Coco de Mer, ein Unternehmen für erotische Dessous und Designer-Sexspielzeug, dem strengen Zertifizierungsverfahren von Positive Luxury unterzogen.[245]

Zu den zertifizierten Unternehmen gehört inzwischen alles von Innenausstattungs- und Schmuckdesignern bis hin zu Stoff- und Luxusmöbelhändlern. So auch iota, ein Start-up, das ganz darauf ausgerichtet ist, sein soziales Bewusstsein zu zeigen und Frauen auf der ganzen Welt dabei zu unterstützen, in Heimarbeit seine luxuriösen Möbel und Accessoires herzustellen. Das Unternehmen möchte ein Produktionssystem erschaffen, bei dem jede Häklerin nur mit Materialien aus ihrem Heimatland sowie mit Bio-Baumwolle und natürlichen Farbstoffen arbeitet.

FurNEARture

Im *Home Report* 2022 habe ich über die wachsende Bewegung für mehr lokal hergestellte Möbel berichtet.[246] Da ich gerne neue Trendwörter erfinde, habe ich dafür die Bezeichnung »FurNEARture« kreiert. Wie mir nämlich klar wurde, sind die meisten Möbel »FARniture«, also Möbel, die an einem Ort hergestellt werden, der weit von dem entfernt ist, an dem sie schließlich verkauft und benutzt werden (aus engl:. »far«, weit, und »furniture«, Möbel). Außerdem verwendet man für FARniture in der Regel eine Reihe von Materialien, die höchstwahrscheinlich aus verschiedenen Ländern oder gar von verschiedenen Kontinenten bezogen werden (und jetzt versuchen Sie mal, Ihren schicken Teakholztisch ohne ein schlechtes Gewissen zu betrachten). »FurNEARture« hingegen (von engl. »near«, nah) sind Möbel, die so lokal wie möglich und dazu aus Materialien hergestellt werden, die man so nah wie möglich beim Hersteller bezieht, um den CO_2-Fußabdruck insgesamt zu verkleinern. »Die weltweiten Lieferschwierigkeiten und materiellen Engpässe haben uns die Schattenseiten der Globalisierung vor Augen geführt«, sagt Floris Tegetthoff, Inhaber von Das Möbel in Wien. »Und ich sehe eindeutig einen Trend in Richtung regionale Rohstoffe und lokale Produktion.«[247]

Das in Großbritannien ansässige Unternehmen *Woodmancote Retro* (WoodmancoteRetro.com) stellt funktionelle, ergonomische und langlebige Möbel im Mid-Century-Design des 20. Jahrhunderts her. Sein Anspruch ist es, sämtliche Materialien in Großbritannien zu beziehen, idealerweise aus einem Umkreis von 100 Kilometern um die Firmenwerkstatt in den Stroud Valleys, Gloucestershire. Ein charakteristisches Beispiel ist der »Pill Stool«: Die Sitzflächen werden nachhaltig bezogen und aus aufgearbeiteten Harthölzern, vor Ort gewachsener Esche oder vollständig aus recycelten Kosmetikflaschen hergestellt (30 bis 40 Flaschen pro Sitzfläche). In den USA wiederum stellt Vermont Woods Studios (VermontWoodsStudios.com) alle seine Betten, Bücherregale und Esszimmertische aus Holz her, das aus einem Umkreis von 500 Kilometern um die Werkstätten herum bezogen wird. Diese konzeptuelle Betonung der Nähe dehnt sich auch auf die Handwerker und anderen Mitarbeiter aus: Abgesehen von den Materialien selbst wählt man auch Designer aus der näheren Umgebung.

FurNEARture herzustellen, die nicht nur erschwinglich, sondern auch ökologisch und attraktiv gestaltet sind, ist eine enorme Herausforderung. Die Brüder Isaac und Jaime Salm aber glauben, sie lässt sich bewältigen. Dadurch etwa, dass man sich von dem Prinzip des *verantwortungsvollen Verlangens* leiten lässt – sprich »der Überzeugung, wonach Kunden nachhaltige Erzeugnisse nicht aus Angst, Schuldgefühl oder Altruismus kaufen sollten, sondern weil es sie wirklich danach verlangt« (was ein perfektes Beispiel für den Megatrend neo-ökologisches Mindset ist).[248] Dies, so sagen sie, wird letztendlich den kulturellen Wandel vorantreiben, den es braucht, um die Bedürfnisse und Wünsche der Verbraucher mit dem Verhalten abzustimmen, das es braucht, um unseren Planeten wieder ins Gleichgewicht zu bringen. Bei dem Unternehmen der Brüder, MIO, handelt es sich um ein Einzelhandelsunternehmen für Wohnmöbel und Design, das von Deckenplatten und Wandfliesen bis hin zu Raumteilern, Beleuchtung und Möbeln alles im Angebot hat. Sie sind bemüht, alle Produkte im Großraum Philadelphia herstellen zu lassen, und nehmen für ihre Kollektion in Anspruch, dass sie dieses Kriterium zu über 70 Prozent erfüllt.

Und dann gibt es da noch sogenannte »Slow Furniture«. Diese Bewegung wird von einem ähnlichem Geist getragen wie die des Slow Food. Exemplarische Vertreter ihrer Art sind Unternehmen wie das holländische DutchCrafters, das sich auf die altehrwürdigen Techniken amischer Handwerker verlegt hat.[249] Das Unternehmen glaubt an die Herstellung und Verwendung langlebiger, multifunktionaler Möbel und sieht darin die Antwort auf die Massenproduktion »schneller« Wegwerfmöbel. Allerdings werden Sie Geduld brauchen, bevor Sie Ihr Möbelstück aufstellen können, denn für einige der Produkte ist eine Lieferzeit von 18 bis 20 Wochen veranschlagt.

Einer der Haupteinwände, der gegen eine solche »bewusste« Herstellung regelmäßig vorgebracht wird, ist der, dass solche Möbel mehr kosten. Wenn wir jedoch langfristig schauen und die Kosten für Umwelt, Gesundheit und unseren Lebensunterhalt miteinrechnen, dann kann es gut sein, dass die Zukunft der Möbel in FurNEARture liegt. Jetzt braucht es nur noch ein gutes Logo!

ESG

Wenn wir über Logos sprechen, fragen Sie sich vielleicht, was aus Zertifizierungen wie »Faire Trade« oder »Child Labor Free« geworden ist? Selbst das Symbol für vegetarische Produkte (ein grünes, von einer Pflanze geformtes V) scheint vom veganen Logo buchstäblich verdrängt worden zu sein. Während neue Standards, Gesetze und Kategorien geschaffen werden, besteht die Gefahr, dass einige davon ins Abseits geraten oder von weiter gefassten Zertifizierungen verschlungen werden. Außerdem hat es dabei den Anschein, dass die Torpfosten teilweise mitten im Spiel versetzt werden. Zum Glück liefern die sogenannten ESG-Gruppierungen (environmental, social and [corporate] governance groups) eine Reihe gut verankerter, wenn auch ziemlich breiter Pfosten. Sie bieten Stakeholdern und Investoren eine Möglichkeit, die Performance von Unternehmen in Sachen Nachhaltigkeit zu bewerten. Entsprechend fällt die Abkürzung ESG dann auch immer häufiger im Geschäftsleben und taucht branchenübergreifend in allen möglichen grafischen Umsetzungen in Vorstandetagen auf.

ESG ist ein Breitbandansatz zur Kindness Economy. Doch genauso wie Breitbandantibiotika sich nicht für alle bakteriellen Infektionen eignen, genauso kann ESG nicht alle Probleme lösen. Es kann und wird wahrscheinlich nie ein allgemeingültiges Maß für Kindness geben. Dessen ungeachtet aber gibt es einen jährlichen Welttag der Kindness (13. November), der 1998 von einer Gruppe NGOs ins Leben gerufen wurde. Wie ich zu meiner Schande gestehen muss, hatte ich bis vor Kurzem noch nichts davon gehört. Der Fairness halber möchte ich aber hinzufügen, dass es der Auflistung der Vereinten Nationen zufolge weltweit über 150 solch besonderer Tage zu feiern gibt: Vom Welt-Thunfisch-Tag (am 2. Mai) bis hin zum Welttoilettentag (am 19. November) ist für jeden etwas dabei. Interessanterweise findet sich der Welttag der Kindness *nicht* auf der offiziellen UN-Liste. Dafür ist aber der 13. November immer der erste Tag der World Antibiotic Awareness Week, und der jährliche Internationale Tag des Glücks ist der 20. März.[250]

Glück ist, so könnte man argumentieren, ein gutes Maß für Kindness. Es gibt eine Reihe ganz unterschiedlicher Organisationen, die versucht haben, Glück als Grundprinzip oder als Maß für die Lebensqualität zu nutzen. Die gleiche Idee steht hinter dem World Happiness Report, der seit 2012 durch das Sustainable Development Solutions Network herausgegeben wird. Bei ihrer jährlichen Befragung von rund 1.000 Menschen in jedem Land bittet die Gallup Organization die Teilnehmer darum, ihr Leben auf einer Skala von 0 bis 10 zu bewerten. Die 10 steht dabei für das bestmögliche Leben, die 0 für das schlimmstmögliche. Der Bericht bezieht auch Wirtschaftswachstum, Lebenserwartung und soziale Unterstützung mit in die Berechnung ein. 2022 machte Finnland das

Rennen, gefolgt von Dänemark, Island und der Schweiz. Deutschland belegte den 14. und die USA den 16. Platz. Es überrascht sicher nicht, dass Afghanistan das Schlusslicht bildete und der Libanon an vorletzter Stelle rangierte.

Wenn Sie Ihr Glück und Ihren Wohlstand als Land oder als Gesellschaft steigern wollen, dann, so zeigen es viele Studien, müssen Sie Frauen gegenüber einfach *kinder* sein! Wie es scheint – und das, wage ich zu behaupten, stellt keine Überraschung dar –, wird jeder (auch jeder Mann) nicht nur glücklicher sein, sondern auch länger leben und wirtschaftlich besser dastehen, je gleichberechtigter die Geschlechter in einer Gesellschaft sind.[251] Nach den Bewertungen des Global Gender Gap Index des Weltwirtschaftsforums von 2022 rangiert Island an der Spitze und Afghanistan am Ende. Dazwischen finden sich einige interessante Ergebnisse in den Platzierungen: So liegt etwa Namibia (8) vor Deutschland (10), Österreich (21) und den Vereinigten Staaten (22).[252]

Bruttonationalglück

Wie schwierig es ist, Vergleiche anzustellen oder auf irgendwelche objektiven oder subjektiven Messungen und Ranglisten zu vertrauen, zeigt das Beispiel Bhutan. Auf der Gleichstellungsliste bezüglich der Geschlechter rangiert das Land weit hinten auf Platz 126. Von daher könnte man es verstehen, dass es nicht auf der Liste des World Happiness Report erschien. Allerdings lag das nicht daran, dass die Bhutaner nicht glücklich genug wären, um sich in den Charts zu halten. Der Grund war vielmehr der, dass Gallup es offenbar nicht geschafft hatte, dort eine Umfrage durchzuführen. Davon abgesehen aber soll es sich bei Bhutan um ein sehr glückliches Land handeln, und dazu eines, das Glück als ein neues Paradigma für Entwicklung aktiv fördert.

Im Jahr 1972 kam der vierte König von Bhutan, König Jigme Singye Wangchuck, auf die großartige Idee des »Bruttonationalglücks« (BNG). Laut Ha Vinh Tho, dem Programmdirektor des Zentrums für Bruttonationalglück in Bhutan, ist das BNG ein besseres Maß für den Fortschritt als das BIP (Bruttoinlandsprodukt). Auf der Website des Zentrums heißt es, das BNG sei »ein ganzheitlicher und nachhaltiger Entwicklungsansatz, der materielle und nicht materielle Werte mit der Überzeugung in Einklang bringt, dass Menschen nach Glück suchen wollen. Ziel des BNG ist eine ausgewogene Entwicklung in allen Lebensbereichen, die für unser Glück wesentlich sind.« (GNHCentreBhutan.org) Die vier Säulen des BNG sind gute Führung, nachhaltige sozioökonomische Entwicklung, Bewahrung und Förderung der Kultur und Erhaltung der Umwelt – eigentlich unterscheiden sie sich also gar nicht so sehr von den Grundpfeilern der Kindness Economy. Unter der Leitung des Eurasia Learning Institute von Ha Vinh Tho hat BITIS, das größte vietnamesische Schuh-Unternehmen mit rund 10.000 Mitarbeitern und 200 Geschäften, ein vierjähriges Projekt eingerichtet, das der Förderung von BNG-Werten und Glückskompetenz dienen soll. Sie nennen es das »Happy BITIS«-Projekt.

Donut-Ökonomie

Nicht nur Bhutan findet, das BIP sei im 21. Jahrhundert nicht mehr zweckgemäß. Das BIP wird aus vielen Gründen als veraltet angesehen. Erstens ist es eine rein monetäre Messgröße, die in den USA während der Großen Depression der 1930er-Jahre erfunden wurde. Und zweitens »beziffert es nur den Wert dessen, was verkauft wurde«, wie es die Ökonomin Kate Raworth ausdrückt. »Es beziffert nicht den Wert dessen, was verloren gegangen ist. Es gibt also nur den Wert des Nutzholzes an. Es gibt nicht den Wert des Waldes an, der abgeholzt wurde.«[253] In einem Interview bei *BBC-Newsnight* 2019 brachte es Raworth auf den Punkt: »Egal, wie wohlhabend wir schon sind, wir denken immer, die Lösung unserer Probleme liege in mehr Wachstum. Wir sind süchtig nach endlosem Wachstum, und das ist die existenzielle ökonomische Frage unserer Zeit.«[254]

Raworth hat eine ganz spezielle Art entwickelt, auf die Wirtschaft zu blicken: durch die Linse (oder sollte ich sagen, das Loch) der Donut-Ökonomie. In ihrem Buch *Doughnut Economics: Seven Ways to Think Like a 21st Century Economist* entwirft sie folgende Prinzipien:

1. *Das Ziel verändern*
2. *Das Gesamtbild erfassen*
3. *Die menschliche Natur pflegen und fördern*
4. *Systemisches Denken lernen*
5. *Auf Verteilungsgerechtigkeit zielen*
6. *Auf Regeneration zielen*
7. *Eine agnostische Haltung zum Wachstum einnehmen*[255]

Das Geniale an der Idee, die Form eines Donuts zu verwenden, ist nicht einfach nur, dass sie die Wirtschaftstheorie gleichsam verdaulicher macht. Darüber hinaus bekommen wir damit auch ein einfaches visuelles Hilfsmittel an die Hand, das uns weg vom alten linearen oder vertikalen Denken und hin zu einem zirkulären System führt. Raworths Donut besteht dabei aus zwei konzentrischen Ringen: Der innere Ring – sozusagen das Donut-Loch – bildet die soziale Grundlage (lebensnotwendige Dinge wie Bildung, Gleichberechtigung der Geschlechter, Wasser, Nahrung und Gesundheit). Sie ist eine Grenze, die nicht unterschritten werden darf. Der äußere Ring stellt die ökologische Obergrenze dar, die nicht überschritten werden darf, um die lebenserhaltenden Systeme der Erde zu schützen (Stichwort Biodiversität, aber auch Umweltverschmutzung, Klimawandel usw.). Zwischen diesen beiden Grenzen liegt der Donut-förmige Raum, der ökologisch ebenso sicher wie sozial gerecht ist: der optimale Raum, in dem wir wachsen und gedeihen können

Mit »DEAL«, dem »Doughnut Economics Action Lab«, soll die Donut-Ökonomie umgesetzt werden. DEAL »schlägt ein ökonomisches Mindset vor, das unserer Zeit gewachsen ist. Dabei handelt es sich nicht etwa um diverse Politiken und Institutionen, sondern um eine Art zu denken, die für genau die Regenerations- und Verteilungsdynamik sorgt, nach der dieses Jahrhundert verlangt.«[256] Dieses Mindset lässt sich vielfach anwenden und ist ja auch vielfach angewendet worden, von der Unterstützung des digitalen Technologiesektors bei der Bewältigung seiner Umweltauswirkungen bis hin zu den grünen Parteien in Europa, die es mit auf den Weg brachte. Berichten zufolge hat es sogar den Stadträten von Glasgow geholfen, eine Möglichkeit zu finden, »in den Donut hineinzukommen« und eine C40City zu werden.[257]

Kindness-Performance-Indikator

Fast jeder mag Donuts, aber genauso auch schicke Akronyme. Eines, das man in der Geschäftswelt häufig antrifft, ist »KPI«, für »Key Performance Indicator«. Das hört sich erst mal ziemlich imposant an. Dabei werden mit KPIs einfach Möglichkeiten bezeichnet, die Performance eines Unternehmens zu messen, und zwar in der Regel anhand quantifizierbarer Größen wie Gewinn- und Umsatzwachstum, aber auch der Kundenbindungsrate oder Kundenzufriedenheit. Wie viele andere Akronyme – zum Beispiel LOL (von dem ich ganz Boomer-mäßig dachte, es bedeute »lots of love« und nicht »lots of laughter«) – lässt sich auch KPI umfunktionieren. Es bietet sich wunderbar an, um als *Kindness* Performance Indicator neu in Erscheinung zu treten. In Mary Portas' Buch *Rebuild* taucht der Ausdruck in genau dieser Bedeutung auf. »Unternehmen«, so sagt sie, »müssen für sich selbst bessere Messgrößen entwickeln. Solche, die klar und scharf wie ein Laser und genau auf ihre eigene Organisation zugeschnitten sind. Betrachten Sie sie als Ihren persönlichen KPI.«

Wie auch immer man es sehen oder nennen will – das Messen, Zählen, Beurteilen und Bewerten der Ökonomie ist gleichsam ein Minenfeld. Traditionell hat man sich dabei auf das konzentriert, was die Autorin Rebecca Solnit als »Buchhaltungssysteme« bezeichnet, »die nicht zählen können, was wirklich zählt«.[258] Meine Hoffnung ist, dass wir eines Tages dahinkommen, Kindness als ein Kriterium einzubeziehen, mit dem sich der Zustand bestimmen lässt, in dem sich die Wirtschaft oder ein Unternehmen oder eine Stadt, ein Arbeitsplatz oder eine Gemeinschaft befindet. Stellen Sie sich ein Verzeichnis oder einen Beleg vor, auf dem die Gesamtbilanz der ökonomischen Kindness gegenüber Mensch und Planet erstellt wird. Und das ist dann das Kindness-Zertifikat! Eine leichte Aufgabe ist das nicht, aber wie der Architekt Bjarke Ingels einmal sagte: »Manchmal kann man es dadurch erleichtern, etwas Aufregendes zu tun, dass man die Lösung des Problems erschwert.«[259]

DIE ZUKUNFT DER KINDNESS

Vom Anthropozän zum Symbiozän

»Hoffnungsfroh sein, das heißt, unsicher zu sein hinsichtlich der Zukunft, zärtlich zu sein gegenüber den Möglichkeiten und sich aus ganzem Herzen für Veränderungen einzusetzen.«[260]

REBECCA SOLNIT, Schriftstellerin, Historikerin und Aktivistin

Mit einem Geständnis habe ich begonnen, und mit einem Geständnis möchte ich auch schließen. Es klingt ein bisschen *unkind*, aber ich muss zugeben: Es nervt mich, wenn Leute sich bei Starbucks aufbauen, einen Hafermilch-Latte bestellen und dazu verkünden, sie wollten damit die Erde retten. Dabei bezweifle ich gar nicht, dass sie es gut meinen oder dass sie tatsächlich glauben, sie könnten die Welt mit jedem Kaffee ein Stück weit verändern. Und es ist ja nicht so, als würde ich nicht auch »meinen Teil beitragen«, indem ich Recycling-Jeans lease, Bio-Frühstückstee trinke und Elektroauto fahre. Es ist auch nicht so, dass ich nicht daran glaube, dass wir die globale Erwärmung eindämmen und die Lebensbedingungen der Menschen auf der Welt verbessern können. Es ist auch nicht so, dass die Leute (in der Regel) etwas für ihre Retter-Einstellung können. Greenwashing, Kindwashing und, was noch schlimmer ist, Woke-Washing sind schuld daran.

Die berühmte englische Primatenforscherin Jane Goodall sagte einmal: »Du kannst die Probleme der Welt nicht lösen, also versuche es auch nicht.

Frage dich stattdessen jeden Tag, was du heute tun kannst, um diesen Ort in einem besseren Zustand zu hinterlassen, als du ihn vorgefunden hast.«[261] Die Botschaft ihres Bestsellers *The Book of Hope* lautet im Kern: Hoffnung ist ansteckend und »hoffnungsvolles Handeln ermutigt andere«.[262] Auch die Klimapsychologin Caroline Hickman glaubt, dass »kleine Veränderungen viel ausmachen. Es geht jedoch nicht nur um Wirkung und Resultate. Es geht auch um die Seele; darum, sein Leben möglichst gut zu leben.«[263] In ihrem Geiste werden am anderen Ende des Generationenspektrums heute junge Influencer zu sogenannten De-Influencern und rufen ihre Anhänger zu weniger und besserem Konsum auf.

Es gilt, eine schwierige Balance herzustellen zwischen »nichts tun«, »etwas tun« oder »mehr und besser tun«. »Ich sage nicht«, so der Aktivist und Schriftsteller George Monbiot, »dass die kleinen Dinge nicht wichtig sind. Ich sage nur, sie sollten nicht so wichtig sein, dass wichtigere Dinge zu kurz kommen. Jede Kleinigkeit zählt. Aber eben nicht sehr viel.«[264] Monbiot ist leidenschaftlich überzeugt, dass wir das System auf eine neue Art des Denkens umstellen müssen. Und dazu gehöre auch die Abkehr vom BIP als dem Maßstab für menschliches Wohlergehen. In der *BBC*-Sendung *Frankie Boyle's New World Order* sagte er: »Wir müssen in das Innerste des Kapitalismus vordringen und ihn zu Fall bringen.«[265] Die Sendung ist ein beliebtes britisches Comedy-Programm, in dem Fall aber meinte Monbiot es völlig ernst.

Monbiot ist eine erwachsene Version von Greta Thunberg. Bei ihm kann man sich darauf verlassen, dass er bei jeder Gelegenheit zu einer Tirade ansetzt und gegen die Wirtschaft loswettert. Wobei er nicht einmal schlecht argumentiert. Das Problem ist nur, dass dieser ganze Lärm und all diese Wut die Menschen womöglich abschrecken. Sie könnten glauben, dass wir nur dann imstande sind, die Erde zu retten, wenn wir Jahrzehnte oder gar Jahrhunderte zurückgehen und so weitermachen wie damals. Und das wiederum führt dazu, dass wir uns machtlos und ohnmächtig fühlen.

Doch es gibt eine treibende Kraft in unserer Gesellschaft, um die Kindness Economy voranzubringen – seien Sie überrascht: Es sind die Männer.

Klischee hin oder her: Kindness, sei es im Geschäftsleben, im täglichen Leben oder in Umweltfragen, gilt nach wie vor als weibliche Charaktereigenschaft oder Soft Skill. Und auch wenn in diesem Klischee tatsächlich viel Wahrheit steckt, heißt das nicht, dass wir es nicht ändern können. Es gilt, Männern die Angst vor dem Stereotyp »grün = weiblich« zu nehmen, und hier können Unternehmen und umweltbewusste Vermarkter eine Menge tun. Laut einer in *Scientific American* veröffentlichten Studie können ökologische Werbebotschaften und Werbematerialien so gestaltet werden, dass Männer sich noch immer »männlich« fühlen, wenn sie sich umweltfreundlich verhalten.[266] Wie sich in einem Experiment zeigte, waren Männer eher geneigt, ein umweltfreundliches Reinigungsprodukt zu kaufen, wenn sie sich dabei in ihrer Männlichkeit bestätigt fühlten.

Männer müssen sich also immer noch als »Männer« fühlen können, wenn sie sich der Umwelt gegenüber netter verhalten. Unternehmen und Organisationen können dafür »männlichere« Schriftarten, Farben, Wörter und Bilder in ihrem (Produkt-)Branding verwenden. Diese Art von Marketing hat sogar schon eine Bezeichnung: Man nennt es, Produkte »menvironmentally friendly« zu machen. In der Studie von *Scientific American* konnte der Zusammenhang anhand eines Experiments nochmals verdeutlicht werden. Männer waren eher interessiert, Geld an eine gemeinnützige grüne Organisation zu spenden, wenn deren Logo ein männliches Erscheinungsbild aufwies: Ein in schwarzer und dunkelblauer Farbe gehaltenes Logo mit einem heulenden Wolf und dem fett gesetzten Schriftzug »Wilderness Rangers« erwies sich als wirksamer als ein in grüner und hellbrauner Farbe gehaltenes Logo, das einen Baum zeigte und dazu die Bezeichnung »Friends of Nature« in einer »mädchenhaften« Schrift.[267]

Positiv betrachtet können wir gesichert davon ausgehen, dass wir nicht dort wären, wo wir heute sind, wenn der Drang nach Kindness kein natürliches Bedürfnis in unserer Gesellschaft und nicht irgendwo in unserer DNA verankert wäre. Die Frage ist nun, wie wir dieses Bedürfnis »ausschlachten« bzw. wie wir es in der Wirtschaft effektiver einsetzen können. Wie können wir zum Beispiel das Image der Kindness Economy so fördern, dass sie für alle Männer »männlich genug« ist?

Unabhängig davon, welchen Rahmen man ihr geben oder welchem Geschlecht oder welcher Bevölkerungsgruppe man sie zuschreiben möchte – das Potenzial der Kindness erschöpft sich nicht darin, nett zu seinen Nachbarn zu sein oder seinen Sitzplatz in einem Bus für jemand anderen aufzugeben. Das sind Mindestanforderungen an das Verhalten, von denen man erwarten sollte, dass sie in unserer Gesellschaft eingehalten werden. So wie die »52 Acts of Kindness: How to Spread Joy in Every Week of 2023«, die im Januar 2023 unter diesem Titel im *Guardian* veröffentlicht wurden – darunter beispielsweise der »act of kindness« für die 14. Woche, anderen Komplimente zu machen, etwa indem man einer Person sagt, sie habe tolle Haut oder dass einem ihre Schuhe sehr gefallen.[268]

Auch der Vorschlag für Woche 19, seinen Angestellten oder Kollegen wie der Weihnachtsmann anonym eine Schachtel Pralinen in die Kaffeeküche zu stellen, ist weit von dem entfernt, was Kindness bedeutet. In der Idee der Kindness steckt so viel mehr Potenzial, das sich im Geschäftsleben fruchtbar nutzen lässt. Insbesondere von Unternehmen, die über große Reichweite und großen Einfluss in der Gesellschaft verfügen. Wenn man bedenkt, dass die 300 größten länderübergreifend tätigen Unternehmen mindestens 25 Prozent des gesamten Produktivvermögens auf der Erde kontrollieren,[269] mag es wie eine riesige, undankbare und hoffnungslose Aufgabe erscheinen, hier eine Kindness Economy zu etablieren. Dennoch ist »endlich«, wie auch der *Spiegel* schreibt, »eine echte Chance da, einen sanfteren Kapitalismus zu entwickeln. Gerechter. Nachhaltiger.«[270]

Große Unternehmen, von denen man das nicht erwartet hätte, engagieren sich bereits in diese Richtung. Selbst Unilever – laut Börsenindex der *Financial Times* eines der bestverdienenden Unternehmen und ein Gigant im Geschäft mit Haushaltwaren – nimmt zumindest einige Prinzipien der Kindness Economy für sich in Anspruch. Das könnte man jedoch durchaus auch als Werbestrategie abtun. So fiel es mir zugegebenermaßen schwer, meine Skepsis zu überwinden, als ich mir auf *BBC Radio 4* ein Interview mit dem CEO von Unilever, Alan Jope, anhörte. Ich bemühte mich nach Kräften, das Bild abzustreifen, dass hier jemand war, der auf einen fahrenden Trendzug aufzuspringen versuchte. Jope, der seit 2019 CEO ist (und 2023 in den Ruhestand gehen will), sprach davon, dass es notwendig sei, auf den Anstieg beim »nachhaltigen Konsum« zu reagieren. Seine Vision für eine *kinder* Economy bezieht sich nicht nur auf den Klimaschutz (er strebt bis 2039 eine Netto-Null bei den Emissionen an), sondern auch auf neue Beschäftigungsmodelle. »Oberste Priorität«, sagt er, »haben bei uns die Mitarbeiter. Dann kümmern wir uns um unsere Kunden und Konsumenten, unsere Geschäftspartner, den Planeten, die Gesellschaft, in der wir jeweils tätig sind – wenn wir all das gut hinbekommen, sind unsere Aktionäre dran, ordentlich entlohnt zu werden.« Jope glaubt außerdem, dass »Nachhaltigkeit das Wachstum fördert, die Kosten senkt, das Risiko reduziert und ein absoluter Magnet für junge Talente ist«.[271] Natürlich aber würden diese Kindness-Werte auch eine Möglichkeit darstellen, den Gewinn des Unternehmens zu steigern. Werte, die in sozialer Verantwortung wurzeln, werden, so Jope weiter, »definitiv ein Grund dafür sein, dass sich die Leute bevorzugt für unsere Marken entscheiden«.[272] Wie er zudem einräumt, sei diese Unternehmenspolitik, »genauso ein geschäftliches Muss wie ein moralisches«.[273]

Selbst die konservativen Abgeordneten des britischen Parlaments bestreiten inzwischen nicht mehr, dass ein Hinausschieben der Maßnahmen zum Klimaschutz der wirtschaftlichen Entwicklung Großbritanniens schaden könnte. Liz Truss, die britische Regierungschefin mit der kürzesten Amtszeit (44 Tage), hatte einen Bericht in Auftrag gegeben, in dem die Netto-Null-Vorgabe durch die Regierung geprüft werden sollte. Dabei ging es darum, sicherzustellen, dass die Umsetzung der entsprechenden Maßnahmen »Wachstum und Wirtschaft zugutekommt«. Der Autor des Berichts, der ehemalige Energieminister und jetzige Abgeordnete Chris Skidmore, kam zu dem Schluss, die Regierung müsse ihre Klimapolitik konsequenter und ehrgeiziger verfolgen. Wie viele andere Länder, hinkt auch Großbritannien bei den Zielen hinterher und braucht einen neuen Ansatz. Der Bericht fordert, innerhalb von zwei Jahren 25 Maßnahmen zu ergreifen, darunter die Vergabe von Umweltkennzeichen für Lebensmittel sowie den Beginn der schrittweisen Abschaffung von Gasheizkesseln bis 2033. Laut Ed Miliband, Labours Schattenminister für Klimafragen, mangelt es der Regierung an »Dringlichkeit und Konsequenz«; dadurch »beraubt sie unser Land der wirtschaftlichen Möglichkeiten, die sich mit dem Klimaschutz bieten«.[274] Falls Sie abergläubisch sind, sollten Sie wissen, dass die Ergebnisse des Berichts am Freitag, dem 13. (Januar 2023) veröffentlicht wurden.

Daumendrücken, so viel steht fest, hilft der Sache jedenfalls nicht weiter. Stattdessen sollten die Minister Mary Portas unterstützen, die sich dafür einsetzt, dass man die für Unternehmen in Großbritannien geltenden Gesetze ändert. Der »Better Business Act« würde, sollte er verabschiedet werden, dafür sorgen, dass Unternehmen, die Gewinne erwirtschaften, auch per Gesetz in der Verantwortung sind, Arbeitnehmern, Kunden, Gemeinden und der Umwelt zu nutzen (BetterBusinessAct.org). Im Geiste der Kindness Economy werden Unternehmen nicht nur den Aktionären, sondern auch den Menschen und dem Planeten gegenüber in der Pflicht stehen. Neben Portas gibt bzw. gab es noch eine andere »Agent Provocateur«, die für ihre Lobbyarbeit bei Politikern in Großbritannien bekannt wurde: die inzwischen verstorbene Dame Vivienne Westwood. Die Punk-Provokateurin und -Designerin war maßgeblich daran beteiligt, andere Designer und Einzelhändler für die Entwicklung neuer Materialien und die Anwendung umweltbewusster Herstellungsverfahren zu gewinnen. »Wir müssen«, so sagte sie, »auf Kooperation und Zusammenarbeit setzen, um unsere Einflussmöglichkeiten zu maximieren, und wir müssen jetzt handeln! Was gut für den Planeten ist, ist auch gut für die Wirtschaft.«[275]

Ich hoffe, Sie fragen sich jetzt nicht immer noch ernsthaft, ob die aktuelle Aufregung um die Kindness Economy bloß ein Hype oder das Wunschdenken von *woken* Hipstern ist, die in Designer-Birkenstocks herumlaufen. Glauben Sie wirklich immer noch, es handele sich dabei einfach um einen weiteren Trend, wie ABBA und Schlagjeans? Eine Modeerscheinung, die verblasst, von Zeit zu Zeit kurz wiederbelebt und gefeiert wird? Ich hoffe, ich habe Sie in dieser Hinsicht enttäuscht. Es besteht kein Zweifel, es *gibt* einen Trend: Immer mehr Menschen in den verschiedensten Branchen denken und handeln wie Westwood und Portas. Diese sind ebenso wichtige wie starke Vorbilder und Botschafter für die nächste Generation. Fragt man aber heute Kinder, was sie einmal werden wollen, meinen Sie, irgendeins von ihnen sagt dann, es würde gern *kinder* werden? Vielleicht können wir ja ein neues Studienfach schaffen, das sich »Kindness Economics« nennt und in dem Äsops Fabel von dem Löwen und der Maus zur Pflichtlektüre gehört. In dieser Fabel öffnet ein großer, furchterregender Löwe, der von einer Maus geweckt wurde, sein gewaltiges Maul, um das kleine Tier zu verschlingen. Die Maus aber, geistesgegenwärtig, bittet den Löwen, es sich noch einmal zu überlegen, da sie ihm, wie sie sagt, in der Zukunft vielleicht noch einmal nützlich sein könnte. »Sehr witzig«, denkt sich der Löwe, doch unerwarteterweise – und *kind* – lässt er sie ziehen. Als der Löwe später einem Jäger in die Falle geht, ist die Maus so *kind* und kaut den Strick durch, um ihn zu befreien. Die Moral der Geschichte ist nicht nur, dass kleine Dinge und Gesten viel bewirken können, sondern auch, dass es sich lohnt, *kind* zu sein, wenn man Macht besitzt.

In unserer Kultur gibt es eine starke Tendenz, von den Beweggründen der Menschen (und der Löwen) nur das Schlimmste zu denken, vor allem, wenn es darum geht, Profit zu machen. Ich habe einmal einen befreundeten Psychologen gefragt, warum das so sei. »Aus dem einfachsten, ältesten und besten aller Gründe«, brachte er es brutal auf den Punkt: »Es spart Zeit.« Das Gleiche ließe sich vom Pessimismus sagen. Dabei glaube ich, dass wir, wenn wir nur etwas zusätzliche Mühe und Fantasie aufbringen, durchaus mit Optimismus in die Zukunft blicken können.

Ebenso sollten wir auch einen Blick in die sehr ferne Vergangenheit werfen – zurück in eine besonders unfreundliche Zeit vor etwa 66 Millionen Jahren, als die Erde von Dinosauriern bevölkert wurde. Es war eine Zeit des Fressens und Gefressenwerdens. Aber war das Leben für die Dinosaurier nur böse und brutal? Gab es auch irgendwelche Kindness? Neue Forschungen haben gezeigt, dass möglicherweise sogar die gefährlichsten Dinosaurier eine »nette« Seite hatten. In der Hell Creek Formation im Nordosten von Montana wurde das Skelett eines schwangeren Tyrannosaurus-Weibchens entdeckt, das einen gebrochenen Mittelfußknochen aufwies. Die Verletzung, die schon länger zurücklag, hätte sich für das Tier katastrophal ausgewirkt, da es damit unmöglich noch jagen konnte. Wie die Befunde zeigen, war Barbara (wie man das Weibchen nannte) »in der Lage, ihren Ernährungsmodus komplett von Raubtier auf Aasfresser umzustellen«. Offenbar lebte sie nicht allein und wurde aufgrund ihrer Verletzungen mit Beutetieren, die von anderen Mitgliedern des Rudels für sie gefangen oder übrig gelassen wurden, ernährt.[276] Nach Angaben der Paläontologen, die Barbara untersuchten, überlebte sie also dank anderer Dinosaurier, die ihr Schutz boten und Nahrung mit ihr teilten. Vielleicht bestand diese Nahrung ja tatsächlich nur aus Resten von deren Mahlzeiten. Aber selbst wenn, handelte es sich dabei um ein vergleichsweise soziales Verhalten, zumal in einer Zeit, die nicht für höfliches Entgegenkommen bekannt war. Dazu gibt es allgemeine Hinweise auf »häufiges gemeinschaftlich praktiziertes Nisten, was die Möglichkeit zulässt, dass verletzte Jungtiere Schutz durch Eltern und Gruppe besaßen. Die Existenz von Familiengruppen, Rudeln oder Herden lässt die Möglichkeit des Schutzes oder die der Fütterung mit Rudelbeute zu.«[277] Ich weiß, es ist ziemlich gewagt, von Tieren auf Menschen zu schließen, aber lassen Sie uns einfach sagen: Wenn T-Rexe im Kampf um Ressourcen *kind* zueinander sein konnten, so gibt es sicherlich Hoffnung, dass auch wir in nicht allzu ferner Zukunft *kinder* werden können.

Damit wir uns als Zivilisation weiterentwickeln und überleben, müssen wir vorwärts und nicht rückwärts denken. Denn wie irgendein Witzbold in Bezug auf Boris Johnson sagte – nachdem dieser gedrängt worden war, im Oktober 2022 erneut für den Parteivorsitz der Tories zu kandidieren: dass man sich rückwärtsbewegt, um schließlich vorwärtszukommen, funktioniert eigentlich nur auf Parkplätzen.[278] Gott sei Dank sind wir weit über das Mesozoikum hinaus und längst im Holozän angekommen. Das Zeitalter, in dem wir jetzt leben, wird (inoffiziell) auch Anthropozän genannt, sprich, es ist die Zeit in der Erdgeschichte, in welcher der Mensch begonnen hat, das Klima und die Ökosysteme des Planeten durch seine Aktivitäten ganz erheblich zu beeinflussen. Doch was kommt als Nächstes? Nach Ansicht des Philosophen Glenn A. Albrecht sollte die nächste Ära der Menschheitsgeschichte die Bezeichnung

»Symbiozän« erhalten. Dieser Begriff, von Albrecht 2011 geprägt, leitet sich von dem Wort »Symbiose« bzw. von dem Zusammenleben zum gegenseitigen Nutzen ab. Wenn wir wieder an die Dynamik von Trend und Gegentrend und an die Logik der Symbiose denken, dann wird klar, dass die Kindness Economy in der nächsten Phase unserer Evolution eine entscheidende Rolle spielen wird. Und wenn Sie immer noch nicht ganz überzeugt sind, dann denken Sie daran: Die Menschen haben einst über die Erfindung des Rades gelacht.

DANKE

Kindnesses – große, kleine und unvergessliche

Wenn du die Worte hast«, so sagte der irische Dichter Seamus Heaney einmal, »besteht immer die Chance, dass du auch den Weg findest.« Ich hätte die Worte nicht finden können, hätte ich nicht die Hilfe vieler Menschen und Orte gehabt.

Zuerst geht mein Dank an das kleine Städtchen Dunfanaghy im irischen County Donegal. Im November 2022 reiste ich für eine »Workation« (work + vacation) allein dorthin, um mit dem Schreiben dieses Buches zu beginnen. »Workation« kann ein dreister Euphemismus dafür sein, dass man faul am Strand herumliegend ein paar E-Mails verschickt. In meinem Fall aber war es definitiv mehr Arbeit als Urlaub (es empfiehlt sich nicht, im November an einem Strand in Donegal zu liegen). Für den »Urlaubspart« habe ich dem Team bei Narosa Surf zu danken, allen voran meinem sehr geduldigen Trainer Adam Quinn. Er konnte mich auch dann motivieren, als ich dachte, mir fehle die mentale oder körperliche Energie, um noch eine Welle zu surfen. Ein Dank für die Versorgung nach dem Surfen und Schreiben geht an die Pizzeria »Rusty Oven« (deren Sauerteigpizza die beste ist, die ich je gegessen habe; aber bitte nicht weitersagen, sonst bekomme ich nie wieder einen Tisch). Danken möchte ich auch dem begabten irischen Maler Charlie Scott für seine künstlerischen Einblicke und Inspirationen. Das Verdienst für die musikalische Begleitung gebührt der irischen zweisprachigen Geigerin Clare Sands, deren Konzert im »Workhouse« eine Offenbarung war.

Viele Menschen haben mir durch ihre Unterstützung auf die richtigen Schreibwellen geholfen. Wie immer gilt mein unendlicher Dank meinem Vater, Paul Strathern, der die Messlatte für das Schreiben sehr hoch gelegt hat. Ich werde es nie schaffen, so gute und so viele Bücher zu schreiben, aber er hat mich immer mit tollen Ideen versorgt und es nie an Ermutigung fehlen lassen. Ein großes Dankeschön an meine beiden wunderbaren Söhne Tristan und Julian (typisch Mutter, das ist ihnen jetzt vermutlich ein bisschen peinlich): Tristan dafür, dass er mir »erlaubt« hat, aus seinen tollen und sehr empfehlenswerten Büchern *Unsere Fucking Zukunft* und *Sinnmaximierung* zu zitieren; Julian, meinem geduldigen, talentierten Illustrator-/Künstler-Sohn, für die genialen Zeichnungen, die er für dieses Buch angefertigt hat. Danke an Matthias für die ebenso wunderbare wie mutige, wenn auch nicht ganz freiwillige Bereitschaft, das Vorwort zu schreiben (allerdings sagte er, es sei das Schwierigste gewesen, was er je schreiben musste!); außerdem hat er sich netterweise mit meinen Surf-Workations und Surf-Urlauben abgefunden.

Ich danke Professor Dr. Michael Braungart, den ich 2022 per Zufall in einer Lounge des Frankfurter Flughafens traf. Wir diskutierten über die Notwendigkeit, dass die Wirtschaft vom traditionellen Wertschöpfungsdenken zu einem wertebasierten Denken übergehen muss (von der Wirtschaftskette zur Wertschätzungskette). Als Begründer der C2C-Bewegung wies er zu Recht darauf hin, dass wir auf Wertschätzungskreisläufe umschalten sollten.

Ein weiterer Dank geht an Sofia Castiglioni Reich für ihre Ideen, Begeisterung und jede Menge Tee. Michaela Nemeth und Thomas Alexander danke ich dafür, dass sie das Büro am Laufen hielten, während ich mit Schreiben beschäftigt war. Erno Serrano – was würden wir nur ohne Dich tun. Danke, Sabine Markovic, für unsere gemeinsamen Power Walks am Wochenende und all Deine wunderbare Energie und Unterstützung. Harald, ich danke Dir für Deine außergewöhnliche Unterstützung genau dann, wann und wo ich sie brauchte. Uli, herzlichen Dank für Deine unkomplizierte und kompetente fachliche Unterstützung – Du bist in der Tat das Paradebeispiel für einen »*kind* Alphamann«. Dank auch an Zong und die Trainer in der »Sporthalle«, die mich surf-fit gehalten haben, während ich in Wien auf dem Trockenen festsaß. Nicht zu vergessen die wunderbaren Gastgeber meiner anderen Lieblingsorte: Jan Breus und Stefan Turowoski im legendären Waldhaus »Rudolfshöhe« in Bad Gastein und Evelyn Ikrath im »Haus Hirt«.

Und nicht zuletzt danke ich dem sehr geduldigen Lektorats-, Übersetzungs- und Layout-Team sowie Bettina Schmidt, Nadine Feßler und André Jünger vom GABAL Verlag, die mir und meinem irischen Humor mit diesem Buch vertraut haben.

ÜBER DIE AUTORIN

OONA HORX STRATHERN ist seit über dreißig Jahren als Autorin, Zukunfts- und Trendforscherin und Rednerin tätig. Seit ihrem Studium der Humangeographie geht sie der Frage nach, wie wir in Zukunft leben und arbeiten werden, und hat als Trendberaterin für internationale Unternehmen wie BMW, Audi, Axor, L'Oréal, Avanade und A1 gearbeitet.

Als Geschäftsführerin des Zukunftsinstitut Horx möchte sie Menschen dazu inspirieren, optimistisch in die Zukunft zu blicken.

Oona ist Autorin mehrerer Bücher und Studien, darunter *Die Visionäre: Eine kleine Geschichte der Zukunft* und der jährliche *Wohnreport* des Zukunftsinstituts über das Wohnen und Bauen in der Zukunft.

Sie wuchs in Dublin und London auf und hat in ganz Europa gelebt und gearbeitet. Sie ist durch Afrika getrampt und hat vor Kurzem ihre Leidenschaft für das Surfen entdeckt. Derzeit lebt Oona mit ihrem Mann Matthias Horx und ihrem geretteten Straßenhund Bubbles in einem experimentellen, selbst entworfenen »Zukunftshaus« (Future Evolution House) in Wien. Gelegentlich kommen auch ihre beiden erwachsenen Söhne Tristan und Julian dort vorbei.

strathern.eu, horx.com, tristan-horx.com, julian-horx.com,
www.kindness-economy.com, www.kindness-economy.eu

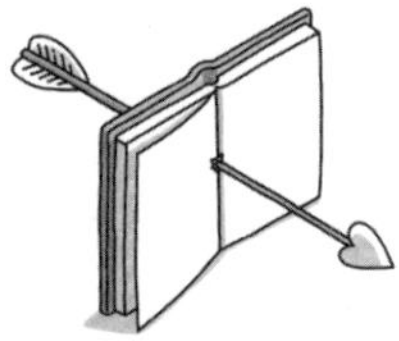

QUELLENVERZEICHNIS

1 Stephen Grosz, *The Examined Life: How We Lose and Find Ourselves* (New York: W. W. Norton, 2014), 157. [Eigene Übersetzung]

2 Wolfram Eilenberger, »Die Sache mit dem Surfen«, philosophie Magazin, 7. Juli 2022, *https://www.philomag.de/artikel/die-sache-mit-dem-surfen.*

3 Mary Portas, *Rebuild: How to Thrive in the New Kindness Economy* (London: Transworld, 2021). [Eigene Übersetzung]

4 Annie Lowrey, »A Crisis Historian Has Some Bad News for Us«, *The Atlantic*, 5. Juli 2022, *https://www.theatlantic.com/ideas/archive/2022/07/adam-tooze-chartbook-substack-newsletter-inflation-crisis/661467/.* [Eigene Übersetzung]

5 David Sax, »Visions of the Future«, *Monocle Alpino* (Winter 2022), 16. [Eigene Übersetzung]

6 Gina Miller, »Our Country Is Broken Because Our Politics Is Broken«, 24. November 2022, in: *Beautiful Misfits with Mary Portas,* Podcast, produziert von Pixiu, *https://podfollow.com/maryportas/episode/a11e0b0ee33995a5246c03e0bb11ea6aa203f5e7/view.* [Eigene Übersetzung]

7 Paul Watzlawick, *Wie wirklich ist die Wirklichkeit? Wahn – Täuschung – Verstehen* (München: 1986), 13.

8 Adam Phillips und Barbara Taylor, *On Kindness* (London: Penguin, 2010), 109, dt. zitiert nach: Richard Dawkins., Das egoistische Gen (Berlin, Heidelberg, New York: Springer-Verlag, 1978), 3.

9 Vgl. *https://dictionary.cambridge.org/dictionary/english/kindness.*

10 »TikTok: ›Random Act of Kindness' Backfires When Woman Objects to Viral Video«, *BBC Newsround*, 20. Juli 2022, *https://www.bbc.co.uk/newsround/62207711.* [Eigene Übersetzung]

11 Andrew Curry, »Ancient Greeks Didn't Kill ›Weak‹ Babies, New Study Argues«, *Science*, 10. Dezember 2021, *https://www.science.org/content/article/ancient-greeks-didn-t-kill-weak-babies-new-study-argues.* [Eigene Übersetzung]

12 Curry, »Ancient Greeks«.

13 Phillips und Taylor, »On Kindness«, 109, dt. zitiert nach: Richard Dawkins., *Das egoistische Gen* (Berlin, Heidelberg, New York: Springer-Verlag, 1978), 3.

14 Brian Hare und Vanessa Woods, »Survival of the Friendliest: Understanding Our Origins and Rediscovering Our Common Humanity« (New York: Random House, 2020), xxiv. [Eigene Übersetzung]

15 Adam Omary, »Is Kindness Genetically Predetermined?« *Psychology Today*, 25. August 2022, *https://www.psychologytoday.com/us/blog/natured-nurture/202208/is-kindness-genetically-predetermined.* [Eigene Übersetzung]

16 Angela Giuffrida, »Render Unto Rome – Contrite Tourists Return Pilfered Relics«, *The Guardian*, 29. Dezember 2020, *https://www.theguardian.com/world/2020/dec/29/render-unto-rome-contrite-tourists-return-pilfered-relics.* [Eigene Übersetzung]

17 Kevin Braddock, »Man Down: Why Do So Many Suffer Depression in Silence?«, *The Guardian*, 13. August 2017, *https://www.theguardian.com/society/2017/aug/13/why-do-men-suffer-depression-in-silence.* [Eigene Übersetzung]

18 »List of Countries by Suicide Rate«, Wikipedia, *https://en.wikipedia.org/wiki/List_of_countries_by_suicide_rate#Analysis.*

19 Carl O'Brien, »Cillian Murphy: ›Irish People Are Afraid of Emotion. Acting Saved Me from That‹«, *Irish Time Magazine*, 8. Oktober 2022, 18, *https://www.irishtimes.com/health/your-*

wellness/2022/10/08/cillian-murphy-we-need-an-empathy-revolution/. [Eigene Übersetzung]

20 O'Brien, »Cillian Murphy«.

21 Michael Vlerick, »Explaining Human Altruism«, *Synthese* 199 (2021): 2395–2413, *https://doi.org/10.1007/s11229-020-02890-y.* [Eigene Übersetzung]

22 Sanxing Sun, »From Defensive Altruism to Pathological Altruism«, *SAGE Open* 8, Nr. 2 (2018), *https://doi.org/10.1177/2158244018782585.* [Eigene Übersetzung]

23 Martin Love, »Altruism Is a Selfless Act. So Why Did Helping a Stranger Leave Me Feeling So Foolish?«, *The Guardian*, 13. August 2022, *https://www.theguardian.com/lifeandstyle/2022/aug/13/altruism-is-a-selfless-act-so-why-did-helping-a-stranger-leave-me-feeling-so-foolish-*. [Eigene Übersetzung]

24 Zitiert nach: *El País Semanal* (18. August 2018) in: Rob Hopkins, *From What Is to What If: Unleashing the Power of Imagination to Create the Future We Want* (White River Junction, VT, und London: Chelsea Green Publishing, 2019). [Eigene Übersetzung]

25 »Stoicism«, Wikipedia, *https://en.wikipedia.org/wiki/Stoicism.* [Eigene Übersetzung]

26 David Dorsey, »Growing Pains«, *Fast Company* 39 (Oktober 2000), 308. [Eigene Übersetzung]

27 Moya Lothian-McLean, »Facing Eviction, I've Learned That Relying on ›Good Landlords‹ Is a Feudal Throwback«, *Guardian*, 22. Dezember 2022, *https://www.theguardian.com/commentisfree/2022/dec/02/eviction-landlords-private-tenants-kindness-legal-safety-net.* [Eigene Übersetzung]

28 D. D. Raphael und A. L. Macfie, (Hg.), *The Glasgow Edition of the Works and Correspondence of Adam Smith*, Bd. 2a (Oxford, UK: Clarendon Press, 1976), 26–27. Dt., Adam Smith, *Eine Untersuchung über das Wesen und die Ursachen des Reichtums der Nationen*: in drei Bänden (Berlin: Akademie-Verlag 1963–1984), Bd. 1, 16 f.

29 Adam Smith, *The Theory of Moral Sentiments* (London: Andrew Millar; Edinburgh: Alexander Kincaid und J. Bell, 1759). Dt., ders., *Theorie der ethischen Gefühle*, (Hamburg: Felix Meiner Verlag 2010), 216 f.

30 Alex Hern, »Polyamory, Penthouses and Plenty of Loans: Inside the Crazy World of FTX,« *Guardian*, November 19, 2022, *https://www.theguardian.com/technology/2022/nov/19/polyamory-penthouses-and-plenty-of-loans-inside-the-crazy-world-of-ftx.* [Eigene Übersetzung]

31 Hern, »Polyamory«.

32 Alex Hern, »Founder of Failed Crypto Exchange FTX Apologises to Ex-Employees«, *Guardian*, 23. November 2022, *https://www.theguardian.com/technology/2022/nov/23/founder-of-failed-crypto-exchange-ftx-apologises-to-ex-employees-sam-bankman-fried.* [Eigene Übersetzung]

33 »Effective Altruism«, Wikipedia, *https://en.wikipedia.org/wiki/Effective_altruism.* [Eigene Übersetzung]

34 Moya Lothian-McLean, »The Gods of Silicon Valley Are Falling to Earth. So Are Their Warped Visions for Society«, *Guardian*, 25. November 2022, *https://www.theguardian.com/commentisfree/2022/nov/25/big-tech-business-model-silicon-valley-twitter.* [Eigene Übersetzung]

35 Marina Hyde, »All Hail Jeff Bezos the Philanthropist! The Rest of Us Will Just Keep Paying Our Taxes« *Guardian*, 15. November 2022, *https://www.theguardian.com/commentisfree/2022/nov/15/jeff-bezos-philanthropist-taxes-amazon-founder.* [Eigene Übersetzung]

36 »Theranos Founder Elizabeth Holmes Jailed for Fraud«, *BBC*, 19. November 2022, *https://www.bbc.com/news/world-us-canada-63685131.* [Eigene Übersetzung]

37 Heather Somerville und Julie Chang, »In Holmes Trial, Ex-Theranos Workers Describe Secretive Culture«. 15. November 2021, in: *WSJ Tech News Briefing*, Podcast, *https://on.wsj.com/3n15Dlz.* [Eigene Übersetzung]

38 John Carreyrou, »A Look Inside Theranos' Dysfunctional Corporate Culture«, *Wired*, 21. Mai 2018, *https://www.wired.com/story/a-new-look-inside-theranos-dysfunctional-corporate-culture/.* [Eigene Übersetzung]

39 Carreyrou, »A Look Inside«.

40 Rebecca Bellan, »More Layoffs at Twitter, and Loyalist Esther Crawford Isn't Spared«, *TechCrunch*, 26. Februar 2023, *https://techcrunch.com/2023/02/26/more-layoffs-at-twitter-and-loyalist-esther-crawford-isnt-spared/.* [Eigene Übersetzung]

41 »Patent Pledge, Tesla.com, *https://www.tesla.com/legal/additional-resources#patent-pledge.* [Eigene Übersetzung]

42 »Elon Musk Doesn't Care About Patents. Should You?«, *Harvard Business Review*, 4. März 2021, *https://hbr.org/2021/03/elon-musk-doesnt-care-about-patents-should-you.* [Eigene Übersetzung]

43 Charles Duhigg, »Dr. Elon & Mr. Musk: Life Inside Tesla's Production Hell«, *Wired*, 13. Dezember 2018, *https://www.wired.com/story/elon-musk-tesla-life-inside-gigafactory/.* [Eigene Übersetzung]

44 Duhigg, »Dr. Elon«.

45 Benjamin Artz, Amanda H. Goodall und Andrew J. Oswald, »How Common Are Bad Bosses?«, (IZA DP Nr. 11825, IZA Institute of Labor Economics, Bonn, September 2018), *https://repec.iza.org/dp11825.pdf.* [Eigene Übersetzung]

46 Barbara Tierney, (Hg.), »The Shortlist«, McKinsey & Company, 15. Juli 2022, *https://www.mckinsey.com/~/media/mckinsey/email/shortlist/186/2022-07-15b.html#:~:text=It's still quitting time.&text=.* [Eigene Übersetzung]

47 Denis Campbell, »Severely Ill Refusing Sicknotes as They Cannot Afford Time Off, Says GPs' Head«, *Guardian*, 22. November 2022, *https://www.theguardian.com/business/2022/nov/22/severely-ill-refusing-sicknotes-as-they-cannot-afford-not-to-work-says-gps-head.* [Eigene Übersetzung]

48 Kimberly Breevaart, Barbara M. Wisse und Birgit Schyns, »Trapped at Work: The Barriers Model of Abusive Supervision«, *Academy of Management Perspectives* 36, Nr. 3 (2022): 936–954, *https://dro.dur.ac.uk/33311/1/33311.pdf.* [Eigene Übersetzung]

49 Breevaart et al., »Trapped«.

50 André Spicer, »The Elon Musk Effect: Have We Reached Our Limit with Awful Bosses?«, *Guardian*, 18. November 2022, *https://www.theguardian.com/commentisfree/2022/nov/18/elon-musk-twitter-billionaire-awful-boss.* [Eigene Übersetzung]

51 George Monbiot, »I'm Part of the ›Anti-Growth Coalition‹ Liz Truss Loves to Hate – and I'm Proud of It«, *Guardian*, 12. Oktober 2022, *https://www.theguardian.com/commentisfree/2022/oct/12/liz-truss-anti-growth-coalition-class-power.* [Eigene Übersetzung]

52 Monbiot, »Anti-Growth Coalition«.

53 Jason Hickel, »Outgrowing Growth: Why Quality of Life, Not GDP, Should Be Our Measure of Success«, *Correspondent*, 19. März 2020, *https://thecorrespondent.com/357/outgrowing-growth-why-quality-of-life-not-gdp-should-be-our-measure-of-success.* [Eigene Übersetzung]

54 Monbiot, »Anti-Growth Coalition«.

55 John Maynard Keynes, »Economic Possibilities for Our Grandchildren«, in Essays in Persuasion (New York: Harcourt Brace, 1932), 358–373. Dt., ders., *Wirtschaftliche Möglichkeiten für unsere Enkelkinder*, in: Norbert Reuter (Hrsg.): *Wachstumseuphorie und Verteilungsrealität: Wirtschaftspolitische Leitbilder zwischen gestern und morgen.* (Marburg: Metropolis 2007), 135–147, hier 136.

56 Mary Portas, *Rebuild: How to Thrive in the New Kindness Economy* (London: Transworld, 2021). [Eigene Übersetzung]

57 »Possibilist«, Wiktionary.com, *https://en.wiktionary.org/wiki/possibilist.* [Eigene Übersetzung]

58 »Possibilism«, Collins Online Dictionary, *https://www.collinsdictionary.com/dictionary/english/possibilism.* [Eigene Übersetzung]

59 Portas, *Rebuild*, xii.

60 Johann Hari, *Der Welt nicht mehr verbunden: Die wahren Ursachen von Depressionen – und unerwartete Lösungen*, (Hamburg: HarperCollins 2019), 118.

61 Portas, *Rebuild*, 59.

62 »2022 Predictions Report: This Is Not a Drill«, Positive Luxury, zitiert und übersetzt nach *https://www.positiveluxury.com/content/uploads/2022/01/PL_PredictionsReport2022_embargo13Jan.pdf.*

63 »About Long Now«, Long Now Foundation. [Eigene Übersetzung]

64 »About Long Now«.

65 Portas, *Rebuild*, 55.

66 Portas, *Rebuild*, 53.

67 John Donne, *Nacktes, denkendes Herz* (Köln: Jacob Hegener 1969), 83.

68 Hartmut Rosa, *Resonanz: Eine Soziologie der Weltbeziehung* (Berlin: Suhrkamp 2016).

69 Portas, *Rebuild*, 83.

70 Mary Portas, »Portas POV«, Newsletter vom 1. Oktober 2020. [Eigene Übersetzung]

71 Charlotte Higgins, »›Like Witnessing My Own Funeral‹: Michael Landy on Destroying Everything He Owned«, *Guardian*, 27. Januar 2021, *https://www.theguardian.com/artanddesign/2021/jan/27/like-witnessing-my-own-funeral-michael-landy-shredding-everything-owned-yba-break-down.* [Eigene Übersetzung]

72 Yvon Chouinard, *Let My People Go Surfing: The Education of a Reluctant Businessman* (New York: Penguin, 2005, 2016), 160. Dt., ders., *Lass die Mitarbeiter surfen gehen! Die Erfolgsgeschichte eines eigenwilligen Unternehmers* (München: Redline 2010), Übers. geänd.

73 Gina Miller, »Our Country Is Broken Because Our Politics Is Broken«, 24. November 2022, in: *Beautiful Misfits with Mary Portas*, Podcast, produziert von Pixiu, *https://podfollow.com/maryportas/episode/a11e0b0ee33995a5246c03e0bb11ea6aa203f5e7/view.* [Eigene Übersetzung]

74 *A Brief History of the Future: How Visionary Thinkers Changed the World and Tomorrow's Trends Are ›Made‹ and Marketed*, Robinson: Running Press 2007. [Eigene Übersetzung]

75 Charlotte Perkins Gilman, *Moving the Mountain* (New York: Charlton Company, 1911). [Eigene Übersetzung]

76 »Looking Forwards«, *Monocle Forecast* 2023, Ausgabe 13, 17. November 2022. [Eigene Übersetzung]

77 Lydia Polgreen, »What My Father's Death Taught Me About Living«, *New York Times*, 6. Oktober 2022, *https://nyti.ms/3LGvARQ.* [Eigene Übersetzung]

78 Lewis Hyde, *The Gift: How the Creative Spirit Transforms the World* (Edinburgh: Canongate, 2007), xi. Dt. ders., *Die Gabe* (Frankfurt a. M.: S. Fischer 2008), 11.

79 Hyde, *Die Gabe*, 87.

80 »Jumbo Opens ›Chat Checkouts‹ to Combat Loneliness Among the Elderly«, *DutchNews*, 28. September 2021, *https://www.dutchnews.nl/news/2021/09/jumbo-opens-chat-checkouts-to-combat-loneliness-among-the-elderly/.* [Eigene Übersetzung]

81 Hyde, *Die Gabe*, 87.

82 Hyde, *Die Gabe*, 88.

83 Mary Portas, »›Service. It's a Sign of Humanity …,‹ with Thomasina Miers«, 15. Dezember 2022, in *Beautiful Misfits with Mary Portas*, Podcast, produziert von Pixiu, *https://podcasts.apple.com/us/podcast/service-its-a-sign-of-humanity-with-thomasina-miers/id1463034553?i=1000590241562.* [Eigene Übersetzung]

84 Michel Hogan, »Death of the Charismatic Founder«, *The Entrepreneurs* Nr. 6 (2022): 069. [Eigene Übersetzung]

85 Yvon Chouinard, »Earth Is Now Our Only Shareholder«, *https://www.patagonia.com/ownership/.* [Eigene Übersetzung]

86 Simon Keane-Cowell, »Furniture Design Week: Konstantin Grcic«, 26. Januar 2021, *https://www.architonic.com/en/story/simon-keane-cowell-furniture-design-week-konstantin-grcic/20170985.* [Eigene Übersetzung]

87 Yvon Chouinard, *Let My People Go Surfing: The Education of a Reluctant Businessman* (New York: Penguin, 2005, 2016), 3. Dt. *Lass die Mitarbeiter surfen. Die Erfolgsgeschichte eines eigenwilligen Unternehmers* (München: Redline 2010), 15.

88 Chouinard, *Lass die Mitarbeiter surfen*, 30.

89 Chouinard, *Lass die Mitarbeiter surfen*, 36.

90 Chouinard, »Earth«.

91 Chouinard, *Lass die Mitarbeiter surfen*, 224 f.

92 Chouinard, *Lass die Mitarbeiter surfen*, 221.

93 Chouinard, *Lass die Mitarbeiter surfen*, 227.

94 Conor Purcell, »How the Stories Driving Economics Spread Like Epidemics«, *Irish Times*, 2. April 2020, *https://www.irishtimes.com/news/science/how-the-stories-driving-economics-spread-like-epidemics-1.4211814.* [Eigene Übersetzung]

95 Purcell, »Stories«; Robert J. Shiller, *Narrative Economics: How Stories Go Viral and Drive Major Economic Events* (Princeton, NJ: Princeton University Press, 2019); dt. Narrative Wirtschaft: *Wie Geschichten die Wirtschaft beeinflussen – ein revolutionärer Erklärungsansatz* (Kulmbach: Börsenmedien AG 2020).

96 »The Road to 100«, MUD Jeans, 16. Juni 2022, *https://mudjeans.eu/blogs/news/the-road-to-100.* [Eigene Übersetzung]

97 Roland Wijnen, Moniek Tiel Groenestege, Business Models Inc BV, »MUD Jeans: A Circular Economy Business Model Case«, 2018, *http://www.r2piproject.eu/wp-content/uploads/2019/05/MUD-Jeans-Case-Study.pdf.* [Eigene Übersetzung]

98 Wijnen et al., »MUD Jeans«.

99 Emily Dugan, »Workers in Thailand Who Made F&F Jeans for Tesco ›Trapped in Effective Forced Labour‹«, *Guardian*, 18. Dezember 2022, *https://www.theguardian.com/business/2022/dec/18/workers-in-thailand-who-made-ff-jeans-for-tesco-trapped-in-effective-forced-labour.* [Eigene Übersetzung]

100 »F&F Denim«, Tesco, *https://www.tesco.com/zones/clothing/womens/denim?preservedReferrer=https://www.google.com/.* [Eigene Übersetzung]

101 Dugan, »Workers«.

102 Lidz-Ama Appiah, »Slave-Free Chocolate: A Not-So-Guilty Pleasure«, CNN, 7. Juni 2017, *https://cnn.it/2H8oQeD.* [Eigene Übersetzung]

103 »Tony's Chocolonely Loses ›Slave Free Chocolate‹ Label«, *NL Times*, 16. Februar 2021, *https://nltimes.nl/2021/02/16/tonys-chocolonely-loses-slave-free-chocolate-label.* [Eigene Übersetzung]

104 Terry Pratchett, *Men at Arms* (London: Gollancz, 1993), 32; dt. *Helle Barden* (München: Goldmann 1996), 20.

105 Jon Alexander mit Ariane Conrad, *Citizens: Why the Key to Fixing Everything Is All of Us* (Kingston upon Thames, UK: Canbury Press, 2022), 12. [Eigene Übersetzung]

106 Alexander, *Citizens*, 16.

107 Alexander, *Citizens*, 27.

108 Alexander, *Citizens*, 30.

109 »Our Beer Journey So Far«, BrewDog, *https://www.brewdog.com/au/our-history*. [Eigene Übersetzung]

110 Mary Portas, *Rebuild: How to Thrive in the New Kindness Economy* (London: Transworld, 2021), 37. [Eigene Übersetzung]

111 »Our Responsibilities«, BrewDog, *https://www.brewdog.com/uk/responsibility*. [Eigene Übersetzung]

112 Ellen Ormesher, »BrewDog: Timeline of a Controversial Brand«, The Drum, 11. Januar 2023, *https://www.thedrum.com/news/2022/01/24/brewdog-timeline-controversial-brand.* [Eigene Übersetzung]

113 »Supermarket Bag Use Cut Nears 50% Target«, *BBC*, 25. August 2010, *https://www.bbc.com/news/uk-11084876.* [Eigene Übersetzung]

114 »Supermarket Bag«; »I Am Not a Plastic Bag«, Anya Hindmarch EU, *https://eu.anyahindmarch.com/pages/im-not-a-plastic-bag.* [Eigene Übersetzung]

115 »I Am a Plastic Bag«, Anya Hindmarch EU, *https://u.anyahindmarch.com/blogs/experience/i-am-a-plastic-bag.* [Eigene Übersetzung]

116 »Our Commitments«, Anya Hindmarch EU, *https://u.anyahindmarch.com/blogs/experience/corporate-social-responsibility.* [Eigene Übersetzung]

117 »Return to Nature«, Anya Hindmarch EU, *https://us.anyahindmarch.com/pages/return-to-nature.* [Eigene Übersetzung]

118 »The Founder Myth«, *https://us.sheepinc.com/pages/about-us.* [Eigene Übersetzung]

119 Sven Schumann und Johannes Bonke, *No Idea Is Final: Quotes from the Creative Voices of Our Time* (London: Phaidon, 2021), 79. [Eigene Übersetzung]

120 George Monbiot, »My Burning Shame: I Fitted My House with Three Wood-Burning Stoves«, *Guardian*, 27. Dezember 2022, *https://www.theguardian.com/commentisfree/2022/dec/27/wood-burning-stove-environment-home-toxins.* [Eigene Übersetzung]

121 Schumann und Bonke, *No Idea*, 302.

122 Schumann und Bonke, *No Idea*, 97.

123 Sally McDonald, »›I Realised I Was a Misfit but It's Not a Weakness, It's Really a Superpower‹: Retail Guru and Author Mary Portas on How Pain in Her Past Shapes Her Present«, *Sunday Post*, 22. November 2022, *https://www.sundaypost.com/fp/mary-portas/.* [Eigene Übersetzung]

124 Mary Portas, »›Service. It's a Sign of Humanity …,‹ with Thomasina Miers«, 15. Dezember 2022, in: *Beautiful Misfits with Mary Portas*, Podcast, produziert von Pixiu, *https://podcasts.apple.com/us/podcast/service-its-a-sign-of-humanity-with-thomasina-miers/id1463034553?i=1000590241562.* [Eigene Übersetzung]

125 Interview mit Sandra-Stella Triebl, *Ladies Drive* no. 58 (2022): 44. [Eigene Übersetzung]

126 »Jobs with Benefits«, *The Entrepreneurs* no. 6 (2022): 120. [Eigene Übersetzung]

127 William Echikson, »A ›Working‹ Bath: Finland's Answer to Negotiations. SAUNA DIPLOMACY«, *Christian Science Monitor*, 15. September 1987, *https://www.csmonitor.com/1987/0915/obath-f.html.* [Eigene Übersetzung]

128 »Jobs with Benefits«, 128.

129 Eliza Reid, *Secrets of the Sprakkar:* Iceland's Extraordinary Women and How They Are Changing the World (Naperville, IL: Sourcebooks, 2022). [Eigene Übersetzung]

130 »Tackling Sexual Harassment Could Bring Sizeable Economic Dividends«, *Economist*, 10. Dezember 2022, *https://www.economist.com/finance-and-economics/2022/12/08/tackling-sexual-harassment-could-bring-sizeable-economic-dividends.* [Eigene Übersetzung]

131 Thomas Schulz, Susanne Beyer und Simon Book, »Grüner Kapitalismus: Hatte Marx doch recht?«, *Der Spiegel*, 30. Dezember 2022, *https://www.spiegel.de/wirtschaft/gruener-kapitalismus-die-chance-auf-eine-nachhaltigere-wirtschaftsordnung-a-00f49cb5-6509-456f-94ad-f420fab94200.*

132 Claudia Hammond, *The Keys to Kindness: How to Be Kinder to Yourself, Others and the World* (Edinburgh: Canongate Books, 2022), 29. [Eigene Übersetzung]

133 Aaron R. Brough und James E. B. Wilkie, »Men Resist Green Behavior as Unmanly«, *Scientific American*, 26. Dezember 2017, *https://www.scientificamerican.com/article/men-resist-green-behavior-as-unmanly/.* [Eigene Übersetzung]

134 Eva Müller, »Welche Frauen die Billionen für den ökologischen Umbau organisieren« 9. Januar 2023, *https://www.manager-magazin.de/finanzen/klimawandel-welche-finanz-frauen-aktiv-gegen-die-klimakrise-kaempfen-a-600c389a-6a7e-4279-8506-8f42872a7024.*

135 Müller, »Frauen«.

136 Müller, »Frauen«.

137 Müller, »Frauen«.

138 Susan Ratcliffe (Hg.)., *Oxford Essential Quotations* (Oxford: Oxford University Press, 2016). [Eigene Übersetzung]

139 Jeremy A. Frimer Und Linda J. Skitka, »The Montagu Principle: Incivility Decreases Politicians' Public Approval, Even with Their Political Base«, *Journal of Personality and Social Psychology,* 115, Nr. 5 (2008), *https://www.researchgate.net/publication/327127198 _The_Montagu_Principle_Incivility_Decreases_Politicians'_Public_Approval_Even_With_Their_Political_Base.* [Eigene Übersetzung]

140 Nikol Chen, »Leadership Is Not About Being the Loudest in the Room«, Laidlaw Foundation, 28. Dezember 2020, *https://laidlawscholars.network/posts/leadership-is-not-about-being-the-loudest-in-the-room?room_id=1283-leadership-quote-of-the-week;* Jacinda Ardern, *I Know This to Be True: On Kindness, Empathy, and Strength,* hg. von Geoff Blackwell und Ruth Hobday (San Francisco: Chronicle Books, 2018). [Eigene Übersetzung]

141 Tiffany Turnbull, »Jacinda Ardern: New Zealand PM Quits Citing Burnout«, *BBC News*, 19. Januar 2023, *https://www.bbc.com/news/world-asia-64327224.* [Eigene Übersetzung]

142 Hammond, *The Keys*, 128.

143 Tristan Horx, *Sinnmaximierung* (Köln: Bastei Lübbe, 2022), 159.

144 Tristan Horx, *Unsere Fucking Future* (Köln: Bastei Lübbe, 2021), 34.

145 Horx, *Future*, 37.

146 »What Are the Top 5 Things People Want from Work? New Report«, World Economic Forum, 1. Februar 2023, *https://www.weforum.org/agenda/2023/02/work-economy-randstad-survey.* [Eigene Übersetzung]

147 Horx, *Future*, 43.

148 Marguerite Ward, »A Brief History of the 8-Hour Workday, Which Changed How Americans Work«, *CNBC*, 3. Mai 2017, *https://www.cnbc.com/2017/05/03/how-the-8-hour-workday-changed-how-americans-work.html.* [Eigene Übersetzung]

149 Horx, *Sinnmaximierung*, 11.

150 Horx, *Sinnmaximierung*, 71.

151 John Burn-Murdoch, »Millennials Are Shattering the Oldest Rule in Politics«, *Financial Times*, 29. Dezember 2022, *https://www.ft.com/content/c361e372-769e-45cd-a063-f5c0a7767cf4*. [Eigene Übersetzung]

152 Burn-Murdoch, »Millennials«.

153 Emma Jacobs, »The 4-Day Week: Does It Actually Work?«, *Financial Times*, 3. Dezember 2022, *https://www.ft.com/content/3ff0cc71-6cb1-42bf-8271-bcc32dcfa63b*. [Eigene Übersetzung]

154 Wolf Owczarek, »The Four-Day Work Week Will Change Your Life«, Kickstarter, 7. Oktober 2022, *https://updates.kickstarter.com/kickstarters-four-day-work-week/*. [Eigene Übersetzung]

155 Schulz, Beyer und Book, »Grüner Kapitalismus«.

156 Klaus Schweinsberg, »Wie sich die jungen Mittelständler zur Generation ESG entwickeln«, *Manager Magazin* (Oktober 2022): 124.

157 University of Bath, »Government Inaction on Climate Change Linked to Psychological Distress in Young People – New Study«, Pressemitteilung, 14. September 2021, *https://www.bath.ac.uk/announcements/government-inaction-on-climate-change-linked-to-psychological-distress-in-young-people-new-study/*. [Eigene Übersetzung]

158 Hammond, *The Keys*.

159 Horx, *Future*, 13.

160 Edward Glaeser, *Triumph of the City: How Our Greatest Invention Makes Us Richer, Smarter, Greener, Healthier, and Happier* (London: Penguin, 2011), 15. [Eigene Übersetzung]

161 »68% of the World Population Projected to Live in Urban Areas by 2050, Says UN«, UN Department of Economic and Social Affairs, 16. Mai 2018, *https://www.un.org/development/desa/en/news/population/2018-revision-of-world-urbanization-prospects.html*. [Eigene Übersetzung]

162 Norman Foster, »The Pandemic Will Accelerate the Evolution of Our Cities«, *Guardian*, 24. September 2020, *https://www.theguardian.com/commentisfree/2020/sep/24/pandemic-accelerate-evolution-cities-covid-19-norman-foster.* [Eigene Übersetzung]

163 Andrew Tuck, »Drive on the Right«, *Monocle Weekend Edition*, 18. Februar 2023. [Eigene Übersetzung]

164 GB News (@GBNews), Twitter, 11. Februar 2023, *https://twitter.com/GBNEWS/status/1624538770384261120?s=20&t=TcGh2q-o58VkuregRRMol6Q.* [Eigene Übersetzung]

165 Carlos Moreno, »Talk Wellington (New Zealand) – ›The 15 Minute City‹«. 1. März 2020, *https://www.moreno-web.net/talk-wellington-new-zealand-the-15-minute-city-1er-mars-2020/.* [Eigene Übersetzung]

166 Charles Handy, *The Empty Raincoat: Making Sense of the Future* (London: Arrow Books, 2002), 255.

167 Hilary Osborne, »›Every £1 Spent Is a Vote for How We Want to Live‹: Mary Portas on the High-Street Shops That Will Thrive After Lockdown«, *Guardian*, 19. Mai 2020, *https://www.theguardian.com/lifeandstyle/2020/may/19/people-will-want-brands-that-reflect-their-values-mary-portas-on-how-lockdown-will-change-the-high-street.* [Eigene Übersetzung]

168 Hari, *Der Welt nicht mehr verbunden.*

169 Christian Jauk, Constantin Veyder-Malberg und Wolfgang Dorner, Capital Bank Annual Report (2016), *https://capitalbank.grawe01.echonet.at/media/file/871_GB2016_DE_Textteil.pdf*, S. 11.

170 John T. Cacioppo und William Patrick, *Loneliness: Human Nature and the Need for Social Connection* (New York: W.W. Norton, 2008). [Eigene Übersetzung]

171 Hari, *Der Welt nicht mehr verbunden.*

172 Michael Bond, »The Hidden Ways That Architecture Affects How You Feel«, *BBC*, 5. Juni 2017, *https://bbc.in/3zevCZM.* [Eigene Übersetzung]

173 »About the Global Network for Age-Friendly Cities and Communities«, World Health Organization, *https://extranet.who.int/agefriendlyworld/who-network/*. [Eigene Übersetzung]

174 Gareth Jones, »Chatty Chairs Aim to Beat Isolation«, TFN, 22. Oktober 2019, *https://tfn.scot/news/chatty-chairs-aim-to-beat-isolation*. [Eigene Übersetzung]

175 Peter Yeung, »›It's a Beautiful Thing‹: How One Paris District Rediscovered Conviviality«, *Guardian*, 14. Juli 2022, *https://www.theguardian.com/world/2022/jul/14/its-a-beautiful-thing-how-one-paris-district-rediscovered-conviviality*. [Eigene Übersetzung]

176 »›We Are Not There to Do Politics or Repair the City, But to Give Value to Proximity.‹ How Paris Reconnected with the Power of Saying ›Bonjour‹« *The Alternative*, 14. Juli 2022, *https://www.thealternative.org.uk/dailyalternative/2022/7/17/hyper-voisins-conviviality-paris-city*. [Eigene Übersetzung]

177 Jane Jacobs, *The Death and Life of Great American Cities* (New York: Vintage Books, 1992). [Eigene Übersetzung]

178 Theodora Siegel, »If New York Is So Great, Why Isn't There Anywhere to Pee?«, *New York Times*, 15. Januar 2023, *https://nyti.ms/3zh9CNX*. [Eigene Übersetzung]

179 Alex Butterworth und Ray Laurence, *Pompeii: The Living City* (London: Weidenfeld & Nicolson, 2005), 112. [Eigene Übersetzung]

180 Jaime Lerner, *Urban Acupuncture* (Washington, DC: Island Press, 2014), 4. [Eigene Übersetzung]

181 Lerner, *Urban Acupuncture*, 29.

182 Megan Gibson (Hg.), »Civic Pride«, Monocle 141 (März 2021): 52, *https://monocle.com/magazine/issues/141/civic-pride/*. [Eigene Übersetzung]

183 GDE, »Streets Ahead«, *Forecast* 11 (2021): 44, *https://monocle.com/magazine/the-forecast/2021/*. [Eigene Übersetzung]

184 Robert J. Shiller, *Narrative Economics: How Stories Go Viral and Drive Major Economic Events* (Princeton, NJ, und Oxford, UK: Princeton University Press, 2019). [Eigene Übersetzung]
185 Sarah Wilson, »Could Telling Better Stories About Climate Change Save the Planet?«, *Big Issue UK*, 22. Januar 2022, *https://www.bigissue.com/news/environment/could-telling-better-stories-about-climate-change-save-the-planet/*. [Eigene Übersetzung]
186 Wilson, »Better Stories«.
187 Josh Fehnert (Hg.), »Quality of Life Survey: Part One«, *Monocle* 155 (Juli/August 2022), *https://monocle.com/magazine/issues/155/quality-of-life-survey-part-one/*. [Eigene Übersetzung]
188 Fehnert (Hg.), »Quality of Life«.
189 Nic Monisse (Hg.), »Small Fortune«, *Forecast* 13 (2023), *https://monocle.com/magazine/the-forecast/2023/small-fortune/*. [Eigene Übersetzung]
190 Andrew Tuck (Hg.), *The Monocle Guide to Building Better Cities* (Berlin: Gestalten Verlag, 2018), 12–17. [Eigene Übersetzung]
191 »The Global Liveability Index 2022«, Economist Intelligence Unit, *https://www.eiu.com/n/campaigns/global-liveability-index-2022*. [Eigene Übersetzung]
192 Jason Horowitz, »Athens Is Only Getting Hotter. Its New ›Chief Heat Officer‹ Hopes to Cool It Down«, *New York Times*, 21. August 2021, *https://nyti.ms/3KeIe9z*. [Eigene Übersetzung]
193 Phil Stubbs, »Jan Gehl Quotes«, Environment Show, 12. August 2020, *https://www.environmentshow.com/jan-gehl-quotes/*. [Eigene Übersetzung]
194 Rob Hopkins, *From What Is to What If: Unleashing the Power of Imagination to Create the Future We Want* (London: Chelsea Green Publishing, 2019), 6. Dt. Ders., *Stell dir vor … – Mit Mut und Fantasie die Welt verändern*, Innsbruck: Löwenzahn Verlag 2021, 12.

195 Genevieve Field, »Sarah Silverman Opens Up About Her Battle With Depression and Her Gutsiest Career Move Yet«, Glamour, 13. Oktober 2015, *https://www.glamour.com/story/sarah-silverman-on-i-smile-back-and-battle-with-depression.* [Eigene Übersetzung]

196 Hari, *Der Welt nicht mehr verbunden, XX.*

197 Alain de Botton, *The Architecture of Happiness* (London: Penguin UK, 2007), 55. [Eigene Übersetzung]

198 Tom Ravenscroft, »Becoming All-Electric a ›Natural Evolution‹ Says Harley-Davidson CEO«, *Deezen*, 13. Januar 2023, *https://www.dezeen.com/2023/01/13/jochen-zeitz-harley-davidson-ceo-interview/.* [Eigene Übersetzung]

199 »Wenn es drauf ankommt«, *Die Zeit,* 39, 22. September 2022, *https://www.zeit.de/2022/39/krise-bewaeltigung-energiekrise-egoismus-altruismus/seite-4.*

200 Hari, *Der Welt nicht mehr verbunden.*

201 »Why Men Are Lonelier in America than Elsewhere«, *Economist,* 1. Januar 2022, *https://www.economist.com/united-states/2022/01/01/why-men-are-lonelier-in-america-than-elsewhere.* [Eigene Übersetzung]

202 Saturday Night Live – SNL (@nbcsnl), »hear us out … a dog park … but for guys in relationships«, Twitter, 13. November 2021, 11:41, *https://twitter.com/nbcsnl/status/1459758373902200834?lang=en.* [Eigene Übersetzung]

203 »Weekend Woman's Hour: Sex Therapist Dr Ruth, Painful Gynaecological Procedures, Poetry for the Summer Solstice«, *BBC Radio 4 Woman's Hour*, 22. Juni 2019, *https://www.bbc.co.uk/programmes/m00066wv.* [Eigene Übersetzung]

204 Hari, *Der Welt nicht mehr verbunden.*

205 Naomi Alderman, »Hope Springs Eternal, But for It to Flourish It Must Be Shared«, *Guardian*, 27. Dezember 2020, *https://www.theguardian.com/lifeandstyle/2020/dec/27/hope-springs-eternal-but-for-it-to-flourish-it-must-be-shared.* [Eigene Übersetzung]

206 Hari, *Der Welt nicht mehr verbunden*, XX.

207 Moya Sarner, »The Social Biome: How to Build Nourishing Friendships – And Banish Loneliness«, *Guardian*, 24. März 2021, *https://www.theguardian.com/lifeandstyle/2021/mar/24/the-social-biome-how-to-build-nourishing-friendships-and-banish-loneliness.* [Eigene Übersetzung]

208 Mark Nepo, *More Together Than Alone: Discovering the Power and Spirit of Community in Our Lives and in the World* (New York: Atria, 2018). [Eigene Übersetzung]

209 »SällBo«; Innovation Helsingborg, 20. März 2020, *https://innovation.helsingborg.se/en/initiativ/sallbo/.* [Eigene Übersetzung]

210 Maddy Bowen, »How the Swedes Are Tackling Loneliness«, aufgenommen und veröffentlicht von Benoit Derrier, BBC *Crossing Divides* series, 26. Februar 2020, *https://www.bbc.com/reel/video/p083q0gz/how-the-swedes-are-tackling-loneliness.* [Eigene Übersetzung]

211 Richard Sennett, »Stadtplaner wissen zu wenig von den Bedürfnissen der Menschen«, Interview durch Thomas Bärnthaler und Lars Reichardt, *Süddeutsche Magazin,* 39, 1. Oktober 2014, *https://sz-magazin.sueddeutsche.de/gesellschaft-leben/stadtplaner-wissen-zu-wenig-von-den-beduerfnissen-der-menschen-80683.*

212 Jessica Mairs, »Pollard Thomas Edwards Completes UK's First Over 50s Co-housing Scheme«, *Dezeen*, 9. Dezember 2016, *https://www.dezeen.com/2016/12/09/pollard-thomas-edwards-architecture-first-older-co-housing-scheme-owch-uk/.* [Eigene Übersetzung]

213 Mairs, »Pollard Thomas Edwards«.

214 Hari, *Der Welt nicht mehr verbunden*, 121.

215 Happy Cities and Hey Neighbour Collective, »Happy, Healthy Tenants Benefit Landlords, Too«, Happy Cities, 6. Dezember 2022, *https://happycities.com/blog/happy-healthy-tenants-benefit-landlords-too.* [Eigene Übersetzung]

216 »Kleiner Nachbarschaftsknigge«, *WOGEDO Unser Dach*, Juli 2021, 7, *https://www.wogedo.de/fileadmin/user_upload/WOGEDO_Magazin_Unser_Dach_Web.pdf.*

217 Christine McLaren, »Treating Loneliness as a Medical Condition«, Reasons to Be Cheerful, 21. August 2019, *https://reasonstobecheerful.world/all-the-lonely-people-are-not-so-lonely-anymore/.* [Eigene Übersetzung]

218 Julia Hotz, »A Radical Plan to Treat Covid's Mental Health Fallout«, *Wired*, 18. August 2021, *https://www.wired.co.uk/article/social-prescribing.* [Eigene Übersetzung]

219 Emily White, »Loneliness Will Be the Next Great Moneyspinner«, *Guardian*, 20. September 2016, *https://www.theguardian.com/commentisfree/2016/sep/20/loneliness-next-great-moneyspinner.* [Eigene Übersetzung]

220 Wojciech Czaja, »Residences-Talk mit Star-Architekt Winy Maas«, Falstaff Living, 19. Mai 2022, *https://www.falstaff.at/living/nd/residences-talk-mit-star-architekt-winy-maas/.* [Eigene Übersetzung]

221 Mary Portas, *The Portas Review: An Independent Review into the Future of Our High Streets* (London: Ministry of Housing, Communities & Local Government; Department for Business, Innovation & Skills, 2011), *https://assets.publishing.service.gov.uk/government/uploads/system/uploads/attachment_data/file/6292/2081646.pdf.* [Eigene Übersetzung]

222 Marisa Meltzer, »Patagonia and the North Face: Saving the World – One Puffer Jacket at a Time«, *Guardian*, 7. März 2017, *https://www.theguardian.com/business/2017/mar/07/the-north-face-patagonia-saving-world-one-puffer-jacket-at-a-time.* [Eigene Übersetzung]

223 »Nike Community Stores«, Tether, *https://tether.com/work/nike-community-stores/.*

224 »People Do Not Buy Goods & Services. They Buy Relations, Stories & Magic« – Seth Godin – The History of Marketing« Marketing

Blog, 22. Juli 2016, *https://www.themarketingblog.co.uk/2016/07/people-do-not-buy-goods-services-they-buy-relations-stories-magic-seth-godin/*. [Eigene Übersetzung]

225 GRS, »All the Right Moves«, *The Entrepreneurs* Nr. 6 (2022), 32. [Eigene Übersetzung]

226 AMO und Rem Koolhaas, *Countryside: A Report* (Köln: Taschen, 2020).

227 AMO und Koolhaas, *Countryside,* 60.

228 Polina Pompliano, »The Profile Dossier: Brunello Cucinelli, the Philosopher King of Cashmere«, Profile, 24. Februar 2021, *https://theprofile.substack.com/p/brunello-cucinelli*. [Eigene Übersetzung]

229 Rebecca Mead, »The Prince of Solomeo«, *New Yorker,* 22. März 2010, *https://www.newyorker.com/magazine/2010/03/29/the-prince-of-solomeo*. [Eigene Übersetzung]

230 Mead, »Prince«.

231 Pompliano, »Cucinelli«.

232 Senan Molony, »Taoiseach Leo Varadkar Says Some People Are ›All Fur Coat and No Knickers‹ Amid Calls for a Wealth Tax«, *Irish Independent,* 18. Januar 2023, *https://www.independent.ie/irish-news/politics/taoiseach-leo-varadkar-says-some-people-are-all-fur-coat-and-no-knickers-amid-calls-for-a-wealth-tax-42296290.html.*

233 Jennifer Ouellette, »Did Lead Poisoning Cause Downfall of Roman Empire? The Jury Is Still Out«, *Ars Technica,* 5. Juli 2021, *https://arstechnica.com/science/2021/07/did-lead-poisoning-cause-downfall-of-roman-empire-the-jury-is-still-out/*. [Eigene Übersetzung]

234 Oliver Milman, »Revealed: Exxon Made ›Breathtakingly‹ Accurate Climate Predictions in 1970s and '80s«, Mother Jones, 16. Januar 2023, *https://www.motherjones.com/environment/2023/01/revealed-exxon-made-breathtakingly-accurate-climate-predictions-in-1970s-and-80s/*. [Eigene Übersetzung]

235 Johnny Wood, »Gen Z Cares About Sustainability More Than Anyone Else – and Is Starting to Make Others Feel the Same«, World Economic Forum, 18. März 2022, *https://www.weforum.org/agenda/2022/03/generation-z-sustainability-lifestyle-buying-decisions/.* [Eigene Übersetzung]

236 Tin Fischer und Hannah Knuth, »Phantom Offsets and Carbon Deceit«, *Die Zeit* 4, 19. Januar 2023, 23, *https://www.zeit.de/wirtschaft/2023-01/co*$_2$*-certificates-fraud-emissions-trading-climate-protection-english/komplettansicht.* [Eigene Übersetzung]

237 Mary Portas, *Rebuild: How to Thrive in the New Kindness Economy* (London: Transworld, 2021), 53. [Eigene Übersetzung]

238 Diana Verde Nieto, »Is 2022 Set to Be the Start of the Decade of Change?«, LuxurySociety, 19. Januar 2022, *https://www.luxurysociety.com/en/articles/2022/01/2022-set-be-start-decade-change.* [Eigene Übersetzung]

239 B Corp, The Declaration of Interdependence, *https://www.bcorporation.de/unsere-mission.* [Eigene Übersetzung]

240 *https://grantify.io/articles/what-is-b-corp-certification/*

241 B the Change, »Build an Economy, and Make It Inclusive«, B the Change Weekly, 9. Juli 2021, *https://bthechange.com/build-an-economy-and-make-it-inclusive-3611d71d1f61.* [Eigene Übersetzung]

242 Sarah Neish, »BrewDog Has Its B Corp Status Revoked«, Drinks Business, 5. Dezember 2022, *https://www.thedrinksbusiness.com/2022/12/brewdog-has-its-b-corps-certificate-revoked/.* [Eigene Übersetzung]

243 Michael Braungart und William McDonough, *Cradle to Cradle* (London: Vintage, 2009), 5. [Eigene Übersetzung]

244 Braungart und McDonough, *Cradle,* 16.

245 »Sustainability«, Coco de Mer, *https://www.coco-de-mer.com/pages/sustainability.* [Eigene Übersetzung]

246 Oona Horx Strathern, *Home Report 2022* (Wien: Zukunftsinstitut, 2021).

247 Andreas Jakwerth, »Wie sieht das perfekte Home-Office aus?«, *Falstaff Living* 4, 28. Mai 2021, 158.

248 »Our Story,« MIO Culture, *https://www.mioculture.com/pages/our-story*. [Eigene Übersetzung]

249 »Slow Furniture Movement«, DutchCrafters, *https://www.dutchcrafters.com/content/slow-furniture-movement/*. [Eigene Übersetzung]

250 »List of International Days and Weeks«, United Nations, *https://www.un.org/en/observances/list-days-weeks*. [Eigene Übersetzung]

251 Andre P. Audette, »Gender Equality Improves Life Satisfaction for Men and Women«, London School of Economics and Political Science, 24. August 2019, *https://blogs.lse.ac.uk/businessreview/2019/08/24/gender-equality-improves-life-satisfaction-for-men-and-women/*. [Eigene Übersetzung]

252 World Economic Forum Centre for the New Economy and Society, *Global Gender Gap Report 2022* (Geneva: World Economic Forum, 2022), *https://www3.weforum.org/docs/WEF_GGGR_2022.pdf*. [Eigene Übersetzung]

253 Portas, *Rebuild*, 7.

254 *BBC Newsnight*, »›We Are Addicted to Endless Growth and That Is the Existential Economic Question of Our Time.‹ Kate Raworth on Economics in the Time of an Environment and Climate Emergency«, Facebook, 2. Mai 2019, *https://www.facebook.com/bbcnewsnight/videos/we-are-addicted-to-endless-growth-and-that-is-the-existential-economic-question-/2335084250106026/*. [Eigene Übersetzung]

255 Kate Raworth, *Doughnut Economics: Seven Ways to Think Like a 21st-Century Economist* (White River Junction, VT: Chelsea Green Publishing, 2017). Dt., dies., *Die Donut-Ökonomie. Endlich ein Wirtschaftsmodell, das den Planeten nicht zerstört,* München: Hanser 2017.

256 »About Doughnut Economics«, Doughnut Economics Action Lab, *https://doughnuteconomics.org/about-doughnut-economics*. [Eigene Übersetzung]

257 Annika Hjelmskog, »Doughnut Workshop with Glasgow City Councillors«, Doughnut Economics Action Lab, 17. Januar 2023, *https://doughnuteconomics.org/stories/218*. [Eigene Übersetzung]

258 Rebecca Solnit, *Men Explain Things to Me* (London: Granta, 2014), 105. [Eigene Übersetzung]

259 Zitiert nach: Sven Schumann und Johannes Bonke, *No Idea Is Final: Quotes from the Creative Voices of Our Time* (London: Phiadon, 2021), 289. [Eigene Übersetzung]

260 Rebecca Solnit, »We Could Be Heroes: An Election-Year Letter«, *Guardian*, 15. Oktober 2012, *https://www.theguardian.com/commentisfree/2012/oct/15/letter-dismal-allies-us-left*. [Eigene Übersetzung]

261 Michael Segalov, »Jane Goodall: ›People Are Surprised I Have a Wicked Sense of Humour‹«, *Guardian*, 18. Februar 2023, *https://www.theguardian.com/science/2023/feb/18/jane-goodall-people-are-surprised-i-have-a-wicked-sense-of-humour*. [Eigene Übersetzung]

262 Jane Goodall und Douglas Abrams, *The Book of Hope* (New York: Celadon Books, 2021), xiv. Dt., dies., *Das Buch der Hoffnung* (München: Goldmann 2021), 12.

263 Emma Beddington, »›Instead of Living in Fear of Climate Catastrophe‹ I'll Do Something About It‹: The Thing I'll Do Differently in 2023«, *Guardian*, 30. Dezember 2022, *https://www.theguardian.com/lifeandstyle/2022/dec/30/fear-climate-catastrophe-thing-ill-do-differently*. [Eigene Übersetzung]

264 George Monbiot, »Capitalism Is Killing the Planet – It's Time to Stop Buying Into Our Own Destruction«, *Guardian*, 30. Oktober 2021, *https://www.theguardian.com/environment/2021/oct/30/capitalism-is-killing-the-planet-its-time-to-stop-buying-into-our-own-destruction*. [Eigene Übersetzung]

265 Frankie Boyle's *New World* Order, BBC Two, »›We Have to Overthrow This System Which Is Eating the Planet with Perpetual Growth.‹ George Monbiot on Stopping Climate Breakdown«, Facebook, 16. April 2019, *https://www.facebook.com/bbctwo/videos/2212779702173409/*. [Eigene Übersetzung]

266 Aaron R. Brough und James E. B. Wilkie, »Men Resist Green Behavior as Unmanly«, *Scientific American*, 26. Dezember 2017, *https://www.scientificamerican.com/article/men-resist-green-behavior-as-unmanly/*. [Eigene Übersetzung]

267 Brough und Wilkie, »Men«.

268 Emma Beddington, »52 Acts of Kindness: How to Spread Joy in Every Week of 2023«, *Guardian*, 3. Januar 2023, *https://www.theguardian.com/lifeandstyle/2023/jan/03/52-acts-of-kindness-how-to-spread-joy-in-every-week-of-2023*. [Eigene Übersetzung]

269 Jed Greer und Kavaljit Singh, »A Brief History of Transnational Corporations«, Global Policy Forum, 2000, *https://archive.globalpolicy.org/component/content/article/221-transnational-corporations/47068-a-brief-history-of-transnational-corporations.html*. [Eigene Übersetzung]

270 Schulz, Beyer und Book, »Grüner Kapitalismus«.

271 Post reporters, »Unilever Takes on Social Inequality with ›Trailblazing‹ Supply Chain Targets«, Pioneers Post, 22. Januar 2021, *https://www.pioneerspost.com/news-views/20210122/unilever-takes-on-social-inequality-trailblazing-supply-chain-targets*. [Eigene Übersetzung]

272 Mary Portas, *Rebuild: How to Thrive in the New Kindness Economy* (London: Transworld, 2021), 131. [Eigene Übersetzung]

273 Post reporters, »Unilever«.

274 Joshua Nevett und Ione Wells, »Net Zero: Climate Action Delay Will Hurt Economy, Tory MP's Review Says«, BBC, 13. Januar 2023, *https://bbc.in/3o7x1im*. [Eigene Übersetzung]

275 »Vivienne Westwood: SWITCH, Part of Back to Earth«, Serpentine Galleries, *https://www.serpentinegalleries.org/whats-on/vivienne-westwood-switch/*. [Eigene Übersetzung]

276 David A. Burnham und John R. Nudds, »Barbara the T.Rex: A Preliminary Report on a New Specimen of Tyrannosaurus Rex Named ›Barbara‹«, 16. Februar 2023, Tāmaki Paenga Hira Auckland

War Memorial Museum, *https://www.aucklandmuseum.com/getmedia/3cb71cfc-08d1-4c5e-9e35-a980aab184c0/Barbara-Scientific-Report-28th-November-2022.pdf.* [Eigene Übersetzung]

277 Les Hearn und Amanda C. de C. Williams, »Pain in Dinosaurs: What Is the Evidence?«, *Philosophical Transactions of the Royal Society B* 374, Nr. 1785 (November 2019), *http://doi.org/10.1098/rstb.2019.0370.* [Eigene Übersetzung]

278 Annalisa Barbieri, »Tory MPs, Beware a Boris: Our Advice Columnist on the Dangerous Allure of Exes«, *Guardian*, 21. Oktober 2022, *https://www.theguardian.com/politics/2022/oct/21/tory-mps-advice-boris-johnson-leader.* [Eigene Übersetzung]